Abuso verbal

ALBERT ELLIS
MARCIA GRAD POWERS

Abuso verbal

*Cómo salir de la confusión emocional
y recuperar el control de tu vida*

EDICIONES OBELISCO

Si este libro le ha interesado y desea que le mantengamos informado
de nuestras publicaciones, escríbanos indicándonos qué temas son de su interés
(Astrología, Autoayuda, Psicología, Artes Marciales, Naturismo,
Espiritualidad, Tradición...) y gustosamente le complaceremos.

Puede consultar nuestro catálogo en www.edicionesobelisco.com

Colección Psicología
ABUSO VERBAL
Albert Ellis y *Marcia Grad Powers*

1.ª edición: abril de 2002
3.ª edición: enero de 2021

Título original: *The Secret of Overcoming Verbal Abuse*

Traducción: *Montse Álvarez*
Diseño de cubierta: *JajajaStudio*

©2000, Albert Ellis Institute and Marcia Grad Powers
Publicado por acuerdo con Wilshire Book Company.
22647 Ventura Blvd.#314, Woodland Hills, CA 91364-1416 USA
www.mpowers.com
(Reservados todos los derechos)
© 2021, Ediciones Obelisco, S. L.
(Reservados los derechos para la presente edición)

Edita: Ediciones Obelisco, S. L.
Collita, 23-25. Pol. Ind. Molí de la Bastida
08191 Rubí - Barcelona - España
Tel. 93 309 85 25
E-mail: info@edicionesobelisco.com

ISBN: 978-84-9111-670-7
Depósito Legal: B-189-2021

Impreso en los talleres gráficos de Romanyà/Valls S. A.
Verdaguer, 1 - 08786 Capellades - Barcelona

Printed in Spain

*A los clientes, alumnos y lectores de nuestros libros anteriores
que con valentía compartieron
sus historias personales sobre el abuso verbal,
motivándonos a escribir este libro.*

AGRADECIMIENTOS

Nuestro agradecimiento a la directora de edición Carole Foley por su sincero compromiso, sus intuitivas contribuciones y su inquebrantable dedicación para la realización de este libro.

Nuestro sincero aprecio también para el editor de la versión en inglés, Melvin Powers, por su continuo entusiasmo durante la escritura de este libro y por su firme convicción de que el presente libro significaría una diferencia importante en las vidas de incontables mujeres que se enfrentan cada día con uno de los problemas sociales más inquietantes y amenazadores de nuestro tiempo.

PRÓLOGO A LA 1.ª EDICIÓN ESPAÑOLA

Es un placer para mí escribir este prólogo para la edición española de este magnífico libro de Albert Ellis y Marcia Grad Powers.

Éste es un libro de autoayuda y, como tal, explica de una manera sencilla y didáctica conceptos que te van a ahorrar sufrimiento emocional, ayudándole a superar los malos tratos en las relaciones de pareja. El libro está estructurado en 5 partes: en la primera parte se describe de forma exhaustiva y amena la realidad de las relaciones conflictivas de pareja, con ejemplos reales y confrontándolo con las expectativas poco realistas que se producen. Es a partir de esta descripción que en la segunda parte, se nos descubre «el gran secreto», que es la gran noticia que nos ha ido aportando a través de los años la teoría y la práctica filosófica de la Terapia Racional Emotiva y Conductual (TREC) aplicada por Albert Ellis desde 1955, y que Marcia Grad Powers (como yo mismo) descubrimos en *A Guide for Rational Living*.

Si se me permite un símil, diré que, así como una mountain bike te permite con sus múltiples recorridos, platos y piñones de todos los tamaños alcanzar y subir cuestas inimaginables de conseguir hasta entonces, de este mismo modo TREC es un proceso que, ante la misma situación cuesta arriba y que antes era insuperable, ofrece hoy los elementos para superar la situación de una forma profunda y mediante un esfuerzo a escala humana.

La aplicación de los aspectos filosóficos de la TREC, ante una situación activadora *x* tan específica como el abuso verbal, nos remite a los patrones de pensamiento clásicos relacionados con lo que continuamente te estás diciendo a ti mismo: la terribilización, la condena hacia las personas o la baja tolerancia a la frustración. Todo ello desde una idea fundamental: somos capaces de modular nuestro estado de ánimo de hechos exclusivamente externos, sin necesidad de que cambien los x y asimismo, mediante una mejor adaptación emocional, somos entonces más capaces de intervenir de manera asertiva y modificar realmente ese x, es decir, el abuso verbal que nos ocupa en este caso. Reconocer la parte que te corresponde de tu malestar, poner la pelota en tu tejado, identificar las exigencias, tus «tendría que…» o «debería de…», las terribilizaciones, la baja tolerancia a la frustración o la condena son algo fundamental para entender cómo se forma el malestar y ello es un paso previo para lograr desmontarlo.

En definitiva, la TREC te pone, como afirma gráficamente la autora, «en el asiento del conductor» para que, tal y como explica ya en la tercera parte de este libro, una vez recuperada la libertad, puedas decidir «realmente y libremente» qué quieres hacer con tu relación, si quieres mantenerla o bien dejarla. Una relación puede ser siempre modificada –cambiar el x– pero no es la única opción, ya que se puede mejorar sin tener que renunciar a ella, si no lo quieres, aprendiendo recursos para ello.

Conceptos como «libertad emocional» o «independencia emocional» no son conceptos vacíos sino que adquieren un pleno significado real y literal. Ideas más allá de la autoestima como la «aceptación incondicional» son aspectos determinantes y nos ayudan a trascender una terminología excesivamente usada y con muchas limitaciones como la idea de «autoestima» y nos trasladan a la aceptación incondicional, un concepto mucho más interesante y profundo que nos enseña a eliminar el termómetro de la autoestima dependiente del último comportamiento. Una cosa es la persona y otra distinta los comportamientos.

En la cuarta parte los autores profundizan y ayudan a superar el miedo paralizador que te mantiene en una relación que, por otra parte, tú podrías y querrías dejar. En este sentido pueden verse libros anteriores de Marcia Grad como *La princesa que creía en los cuentos de hadas*.

El mundo profesional da la bienvenida a un libro como éste ya que un libro de autoayuda de estas características facilita enormemente la tarea del terapeuta. Los que diariamente trabajamos como terapeutas sabemos bien que nuestra intervención se basa en proporcionar herramientas (*to provide tools*) para que la cliente/paciente tenga la oportunidad de resolver sus problemas emocionales que, en este caso, son los relativos al abuso verbal que padece. Poder recomendar la lectura de este libro facilitará la comprensión y la intervención en la consulta de psicología y psiquiatría general en un amplio campo unido a veces a patologías asociadas.

Desde la práctica profesional diaria como psiquiatra, me gustaría destacar también que el abuso verbal no tiene sexo. Así pues, el presente libro es útil no sólo para las mujeres que padecen el abuso verbal, sino también para los hombres ya que, si bien es cierto que el abuso verbal se da sobre todo del hombre hacia la mujer, igualmente cierto es que también se da en sentido inverso como en casos, por ejemplo, de la mujer con trastorno límite de personalidad hacia su pareja. Además, el abuso verbal se da también unido a otras patologías como el alcoholismo y otras adicciones y también en un marco más amplio de relaciones. Desde las toxicomanías, en los grupos de pareja que realizamos, encontramos todos esos comportamientos descritos prolijamente en el libro, que hacen que la droga afecte de manera intensa en la relación de pareja del drogodependiente.

La expresión «libertad emocional» o «independencia emocional», más allá de sus comportamientos, es una realidad que genera objetivamente una disminución de la intensidad del malestar, del tiempo y de la frecuencia del malestar en la mujer que antes era codependiente. Y, aunque aquí se plantea sobre todo desde un punto de vista de pareja, también es aplicable evidentemente a cualquier forma de abuso verbal como sería el caso de algunas relaciones entre hijos y padres en las que estos últimos se convierten en las víctimas de los pequeños dictadores. El presente libro será, pues, útil para todos cuantos padecen alguna de las múltiples formas de abuso verbal, aunque dicho abuso tenga lugar más allá del ámbito de la pareja.

El abuso verbal se produce en todos los ámbitos de la vida, desde los más intensos y complicados hasta los más sencillos y evidentes. Como dice Marcia Grad Powers en la parte final de este libro, la repercusión en el entorno familiar de lo que aquí se explica tiene una consecuencia directa en el bienestar de los hijos y demás miembros de la familia y, además, les enseña, como un nuevo legado, a través de nuevos modelos de relación para sus futuras parejas, teniendo un efecto preventivo en la salud mental.

Finalmente, quiero agradecer también la muy cuidada traducción que se ha hecho del libro, lo cual nos permite comprender de manera completa todo el sentido de los conceptos. El resultado final del libro es excelente y clarificador y estoy seguro de que proporcionará una autoayuda real a muchas personas que padecen abusos verbales y que, además, será de gran utilidad para aprender el modelo cognitivo conductual en el mundo de la psicología más general.

MANUEL BAS-BAGÀ BLANC
Médico Psiquiatra
Professional Associate del Albert Ellis Institute de Nueva York

PREFACIO

Hemos aprendido mucho desde que en los años ochenta se hicieran populares los primeros libros importantes que explicaban la dinámica de las relaciones abusivas. Ahora tenemos ya conocimiento sobre términos como la «codependencia» y las «familias disfuncionales», y hemos empezado a aprender cómo cuidarnos emocionalmente, y así mejorar nuestras vidas, tanto si deseamos continuar con nuestras relaciones verbalmente abusivas como si necesitamos continuar con ellas, o pensamos abandonarlas.

Desgraciadamente, aquellas de nosotras que continuamos, como hacemos muchas, nos damos cuenta de que saber porqué las cosas son como son y aprender algunas formas nuevas de mejorarlas no necesariamente nos hace sentir mucho mejor. No importa cuánto sepamos sobre nuestra situación, cuánto practiquemos nuevas maneras de responder a nuestro compañero abusivo, y cuánto intentemos mejorar la manera en que nos tratamos a nosotras mismas, la batalla diaria para aferrarnos a nuestra cordura prosigue. La inseguridad, la culpa, la ansiedad y la depresión también continúan. Luchamos con denuedo para encontrar alguna señal de paz interior e introducir un poquito de felicidad en nuestra existencia. Sin embargo, con frecuencia la paz interior y la felicidad nos esquivan, incluso si abandonamos la relación y la vida se vuelve mucho más placentera.

¿Por qué, si hemos aprendido tanto, no somos capaces de detener la tortura? ¿Por qué somos todavía tan infelices? ¿Por qué continuamos atrapadas en el auto-análisis y nos sentimos abrumadas por nuestras propias emociones al intentar hacer frente a nuestro abusador? ¿Por qué la mayoría de nosotras continuamos, aferrándonos a nuestro adorado cuento de hadas de ser felices por siempre jamás, incluso aunque éste se haya desintegrado ante nuestros ojos? ¿Por qué muchas de las que abandonamos la relación, volvemos una y otra vez? ¿Y por qué tantas de las que finalmente la abandonamos para siempre acabamos en otra relación abusiva?

Como autora de libros de autoayuda, conferenciante sobre el crecimiento psicológico y personal en escuelas y universidades, y editora superior en la Wilshire Book Company (especializada en libros de autoayuda), yo (M.G.P.) he escuchado cómo eran formuladas una y otra vez este tipo de preguntas por parte de personas que estaban sufriendo o habían sufrido abusos verbales. Tales cuestiones han aparecido de manera repetida en las cartas de los lectores de mis obras, en los debates con mis alumnos, y en los manuscritos presentados por aspirantes a autores de material de autoayuda. Estas personas, en su mayoría mujeres, expresan el dolor y el vacío de sentirse solas, la frustración por no sentirse comprendidas, el aplastamiento sistemático de la propia aceptación y del amor propio, y la desilusión y la decepción por haber visto su cuento de hadas destruido. Se sienten igual que si se encontrasen en una confusión emocional descontrolada con su abusador en los mandos. Se ahogan en un mar de emociones, gritan pidiendo ayuda, buscan una cuerda salvavidas que las salve.

Habiéndome sentido yo misma en una ocasión arrollada por una relación verbalmente abusiva, y sabiendo cuánto puede ayudar tener aunque sólo sea una persona que te entienda y te arroje un cabo salvavidas, escribí largas respuestas a las cartas de mis lectores. Y me quedé mucho rato después de que hubiesen finalizado mis conferencias en universidades, riendo, llorando, abrazando y compartiendo las lecciones personales con los grupos de estudiantes que claramente no eran capaces de decidirse a abrirse ante los demás. Para algunas de estas personas, era la primera vez que habían sido capaces de identificar como abuso verbal el maltrato que habían estado recibiendo. Otras, sabían que se estaba abusando de ellas y, sin embargo, lo negaban, incluso a sí mismas. Pocas de ellas se daban cuenta de que estaban experimentando un doloroso tipo de ataque psicológico y emocional que ha sido clasificado como una clase de violencia doméstica por la Asociación Médica Americana.

Consciente de la inmensa necesidad existente, tomé la determinación de encontrar una manera de ayudar a los millones de otras personas de las que se abusaba verbalmente y que sabía que había allí fuera, encerradas en completa soledad en sus prisiones emocionales. Al estar preocupada por este objetivo y siendo escritora, no me sorprendió que a no mucho tardar la voz de una dulce princesita sonase en mi cabeza y empezase a llamarme e insistiese para que le ayudase a contar su historia. De esta manera comenzó mi libro *La princesa que creía en los cuentos de hadas*, una alegoría poderosa que revela el dolor del abuso, lo siente, lo alivia, y cambia la propia percepción que tenemos sobre éste para siempre. El ser capaz de validar, inspirar, guiar y dar poder a los demás con las lecciones duramente aprendidas que transformaron mi vida y la vida de aquellas personas que me explicaron sus historias es uno de los aspectos más gratificantes de mi carrera.

He recibido muchas cartas efusivas de lectoras de Estados Unidos y de todo el mundo (*La princesa que creía en los cuentos de hadas* ha sido traducida a numerosos idiomas), agradeciéndome el haber escrito «su» historia. Muchas lectoras cuentan que ya no se siguieron encontrando solas y que «la princesa» había restaurado su poder personal y las había liberado emocionalmente. El libro ha sido apretado contra el corazón, empapado por las lágrimas, y recibido como a un querido amigo por un público más amplio de lo que nunca habría imaginado: hombres, mujeres, y niños de todas las edades y de todas las clases sociales.

A medida que recibía más cartas y hablaba con más gente, se me hizo patente que existía la necesidad de algo más: técnicas prácticas y cotidianas que ayudasen a las personas abusadas a disminuir su dolor, enfrentarse a sus temores, y curarse a sí mismas y a sus vidas de una manera más rápida y más completa de la que los métodos tradicionales habían sido capaces de hacer.

Dada la plétora de libros, artículos y programas de televisión y radio sobre el abuso, era difícil imaginar dónde podrían hallarse estas técnicas sino lo habían sido ya. Sin embargo, creía que en algún lugar de ahí fuera, en el ancho mundo, había algo importante que había sido ignorado: una llave que abriría el secreto para afrontar de manera efectiva el abuso verbal. De esta manera empezó mi búsqueda.

En el curso de mi trabajo como editora, trabajé en muchos manuscritos psicológicos y mantuve extensas discusiones sobre diversos métodos y técnicas con psicólogos, psiquiatras, consejeros y otros profesionales de la salud mental de todo el mundo. En ningún lugar encontré las técnicas que cubrirían las especiales necesidades de las personas abusadas que continuaban escribiéndome. Deseé que mágicamente el secreto se me desvelara, pero no ocurrió, por supuesto. Continué buscando.

Entonces, un día, un manuscrito, el manuscrito, por decirlo de alguna manera, «cayó en mis manos». Me fue asignado para su edición. Se trataba de una nueva y actualizada edición de un libro de los editores de Wilshire Book Company que había vendido 1,5 millones de ejemplares en ediciones anteriores. Este internacionalmente aclamado clásico del campo de la psicología, *A Guide to Rational Living*, enseña una técnica única y poderosa para que cualquiera deje de sentirse desgraciado a causa de prácticamente cualquier cosa.

Uno de los coautores es Albert Ellis, Doctor en Filosofía, fundador de la Terapia Racional Emotiva Conductual (TREC) y creador de la Terapia Cognitiva moderna. Se trata de un psicólogo y conferenciante de renombre mundial, y director del Instituto Albert Ellis de Nueva York, que atrae clientes y entrena psicoterapeutas de todas las partes del mundo. (Os recomiendo encarecidamente que leáis *A Guide to Rational living* como complemento de *Abuso verbal*).

Al ir leyendo el manuscrito me di cuenta de que por fin había encontrado exactamente lo que había estado buscando: la llave que liberaría el secreto para superar el abuso verbal. Me maravillaba que la idea de aplicar los métodos terapéuticos del Dr. Ellis de manera específica al abuso verbal no se me hubiera ocurrido antes, puesto que sus largamente probadas técnicas me habían sido familiares durante años.

Cuando le expliqué al Dr. Ellis que deseaba escribir un libro que pondría su filosofía y sus técnicas que cambian la vida al alcance de las personas que luchan en relaciones verbalmente abusadoras, se mostró entusiasmado. De esta manera comenzó una colaboración que creo que estaba escrita en las estrellas. El resultado es este libro que sostienes entre tus manos: *Abuso verbal*. El secreto que se desvela en estas páginas está reconocido como uno de los secretos peor guardados de todos los tiempos. Millones de personas han oído hablar de él y lo han utilizado con éxito para afrontar una gran variedad de problemas psicológicos. Sin embargo son pocas las personas conscientes de cuan particularmente revolucionario es cuando se aplica al abuso verbal.

Abuso verbal te ofrece una manera nueva por completo de percibir y afrontar tu abuso. Contiene técnicas sólidas, largamente probadas y demostradas que te envolverán como si fueran una manta gruesa, cálida y protectora, que te aísla del dolor del maltrato que estás recibiendo o has recibido en el pasado. Estas técnicas pueden ayudarte a:

* Detener tus dudas y confusión sobre ti misma, sobre tus percepciones, y sobre lo que te está sucediendo.
* Establecer y mantener tu equilibrio emocional y ponerte al mando de tus emociones y tu conducta: ya continúes o bien abandones.
* Restaurar tu dignidad, tu amor propio, tu respeto hacia ti misma, y tu innato poder personal.
* Experimentar la paz interior y la felicidad que has deseado, ansiado, y en tus lacrimosos momentos privados rezado... quizá durante años.

El Dr. Ellis y yo hemos escrito el libro que desearía haber tenido la primera vez que mi «Príncipe Azul» apuntó a mi corazón y lo hizo pedazos con sus palabras. Te ofrecemos los conocimientos y las herramientas que pueden liberarte del dolor, la confusión y el temor, tanto si continúas con él como si lo abandonas. Y lo harán de una manera más rápida y completa de lo que nunca hayas imaginado. Estos mismos conocimientos y herramientas te servirán ya seas un adolescente o un adulto, una mujer o un hombre, ya sea tu compañero del mismo sexo o del opuesto.[1] Si tienes hijos, estos conocimientos y herramientas pueden ayudarte a convertirte en un modelo mejor, lo que reducirá el riesgo de que tus hijos acarreen el legado del abuso a sus propias relaciones adultas.

Ahora vamos a comenzar el viaje de ilustración y poder que cambiará de manera radical tu vida.

MARCIA GRAD POWERS
North Hollywood, CA

---

1. Los términos «pareja abusiva» y «abusador», aunque en este libro se utilicen normalmente haciendo referencia al hombre, hemos pretendido aplicarlos a cualquier compañero abusivo verbal, psicológico y emocional de ambos sexos, ya se trate de un novio o de una novia, de alguien especial para ti, de un marido o de una mujer, de alguien que vive contigo o que vive aparte. El término «pareja abusada», aunque utilizado con frecuencia en este libro para referirnos a una mujer, hemos pretendido que haga referencia a cualquier persona que se encuentra en una relación en la que él o ella está sufriendo abuso verbal.

PRIMERA PARTE

FASCINADA POR EL CUENTO DE HADAS, DESOLADA POR LA REALIDAD

CAPÍTULO 1   **Érase una vez...**

Érase una vez una niñita que soñaba con encontrar a su Príncipe Azul y vivir feliz por siempre jamás. Yo (M.G.P.) era esa niñita. Quizá tú también lo eras: junto con millones de otras mujeres de todo el mundo.

NUESTRA HISTORIA

Érase una vez en que creíamos que un día caeríamos rendidas a los pies de un bello Príncipe Azul que nos amaría y protegería para siempre. Entonces nos mostraríamos jubilosas y nos sentiríamos completas. Nos sentiríamos tan especiales como una princesa: una princesa moderna e independiente con opiniones, metas y quizá una carrera propia. Nuestro príncipe nos apreciaría y adoraría y nos colocaría con amor en un pedestal: una posición de alta estima, dignidad y honor. Y, cuando por fin encontramos a nuestro Príncipe Azul, quizá esto fue así... durante algún tiempo.

Luego, un día, nuestro príncipe, convirtiéndose de repente en alguien menos encantador, nos lanzó unas cuantas palabras hirientes. Para algunas de nosotras, las palabras fueron tan sutiles que dudamos que pudieran significar lo que sabíamos que significaban. Para otras, las palabras fueron tan descaradas que difícilmente podíamos creer que realmente hubiésemos oído lo que sabíamos que habíamos oído. Nos sentimos aturdidas, nos sentimos heridas, y nos sentimos tristes. Simplemente no podía ser. Por supuesto que nuestro príncipe no diría ni haría nada que nos hiciese sentirnos mal. Después de todo, era nuestro amor, nuestro destino.

Nos dijo que nos lo estábamos imaginando todo o que no había querido decir nada con ello. Insistió en que por descontado deberíamos saber que nunca diría o haría nada para herirnos. Al notarnos inseguras, dijo que dejásemos de darle tanta importancia.

Algunos de nuestros príncipes nos echaban la culpa de todo. Más tarde, algunos decían que lo sentían, que nos amaban y que no sabían por qué nos habían hablado de aquella manera. Nos dijeron que se sentían presionados, o que estaban preocupados por algo y que no había sido su intención desahogarse en nosotras; que no nos lo merecíamos. Después nos suplicaron el perdón y prometieron que nunca más volvería a suceder. Y nosotras les creímos.

Pero sí que volvió a suceder de nuevo… y después otra vez más. Las palabras de nuestro príncipe golpeaban con fuerza, como un puño, y cortaban con tanta rapidez como una daga. Se nos hizo perder el equilibrio. Nos aferrábamos a nuestro pedestal más y más fuerte, nuestra mente daba vueltas y más vueltas, más y más rápido. No podía ser… ¿o sí? No podíamos estar seguras. Quizá lo estábamos imaginando, pero no lo creíamos así. Quizá lo estábamos inflando de manera desproporcionada, pero entonces ¿por qué nos sentíamos tan mal? ¿Era nuestro príncipe de verdad tan mezquino? No, no podía serlo. Seguramente tenía que haber una razón por la que decía las cosas que decía. Nos formulábamos preguntas. Analizábamos. Hacíamos objeciones. Tratábamos de hacer todo lo que él decía que deseaba. Procurábamos resolver los «malentendidos» de manera lógica. Intentamos hablar con él, le suplicamos, y le explicamos cómo nos sentíamos. Cuando nada de esto hizo ningún bien, tratamos con todas nuestras fuerzas de expulsar de nuestras mentes los incidentes dolorosos y pretendimos que todo seguía yendo bien. Pero en el fondo, en nuestro interior lo sabíamos con certeza, lo mismo que nuestro estómago, que comenzó a agitarse.

Día tras día, las palabras hirientes fueron cada vez más certeras y atravesaron nuestro corazón. Nos aferramos a nuestro pedestal con más fuerza que nunca, tratando con cada fibra de nuestro ser el evitar ser derribadas de nuestra posición. Pero los ataques siguieron llegando, y acabaron por estrellarnos contra el suelo. Una y otra vez, consternadas, nos repusimos y volvimos a subir sobre nuestro pedestal. Tras un tiempo, ya no fuimos capaces de volver a reunir fuerzas para alzarnos de nuevo. Pero ya no importaba. Ya no seguíamos creyendo que nuestro lugar fuera allá arriba.

La vida en el suelo era triste, vacía, solitaria y dolorosa. Dejamos de confiar en nuestros propios instintos y de creer en nuestra propia valía. Ya casi ni sabíamos quiénes éramos. Pasábamos más y más tiempo haciéndonos preguntas, preocupándonos, confiando, esperando, tratando de resolverlo, y sintiéndonos confusas. Analizábamos, explicábamos, nos defendíamos, suplicábamos, rogábamos, gritábamos, amenazábamos y llorábamos. Cuando nada de todo esto funcionó, nos sentimos enfadadas y frustradas, atemorizadas y perdidas, y lloramos más.

Al final, creímos que nos estábamos volviendo locas. Notábamos tan a menudo un nudo en el estómago que olvidamos cómo nos sentíamos cuando no lo teníamos. Andábamos con cuidado, caminábamos pisando huevos, esperábamos el siguiente acontecimiento, y nos preguntábamos con ansiedad quién aparecería: el amoroso Dr. Jekyll que, muy en el fondo, realmente creíamos que era nuestro compañero, o el odioso Mr. Hyde en el cual se transformaba con más y más frecuencia. Poco a poco, tan lentamente que casi no nos enteramos que estaba sucediendo, estuvimos hartas. Con el tiempo, estuvimos hartas de estar hartas.

Había una cosa de la que nos sentíamos seguras: no nos habíamos imaginado que sería así. Nos sentíamos impulsadas a determinar qué había ido mal: lo que habíamos estado diciendo y haciendo, o no diciendo o haciendo, que estaba transformando a nuestro Príncipe Azul en un hiriente adversario. Tratamos de averiguar cuándo nos habíamos convertido en el enemigo, y por qué perdíamos batalla tras batalla en una guerra que no queríamos librar, que no comprendíamos, que no podíamos creer que estuviéramos librando y –lo peor de todo– que nos sentíamos totalmente incapaces de parar. Allí sentadas, totalmente solas, rodeadas por el caos, sin ninguna idea de hacia donde girarnos en busca de refugio o consuelo, recordando cómo solía ser todo –y a veces todavía lo era– y deseamos y esperamos e incluso rezamos para que las cosas mejoraran.

Tras un tiempo, una niebla insensibilizadora se asentó e hizo que todo fuera mucho más oscuro que nunca. A pesar de todo, nos desplazamos con dificultad a través de ella buscando las respuestas que nos liberarían del dolor, la confusión, y el temor. Atormentamos nuestros cerebros en busca de una solución, nuestra vida parecía depender de encontrar una manera de arreglarlo: pero ¿cómo? El intentar resolverlo todo se convirtió en nuestra ocupación diaria, después en nuestra preocupación durante cada minuto.

¿Por qué nuestro príncipe no podía entender nuestro dolor? ¿No sabía cuánto le amábamos? ¿No se daba cuenta de que era nuestro Príncipe Azul, el hombre que habíamos soñado y esperado durante toda nuestra vida? ¿El hombre con el que habíamos contado para convertir en realidad nuestro sueño de ser feliz por siempre jamás? ¿Por qué éramos capaces de dominarlo todo en el trabajo pero no podíamos manejar esto en nuestro hogar? ¿Y por qué podíamos tener éxito con las demás personas de nuestra vida pero no con esta persona que para nosotras era la más importante? ¿Seguía teniendo sentido alguna cosa?

Continuamos tratando de manera desesperada de penetrar en lo insondable y de arreglar lo que era imposible de arreglar, hasta que al final algunas de nosotras desistimos: pero no supuso ninguna diferencia. De todas formas, se nos dejó solas, temblando en la oscuridad, preguntándonos si estábamos perdiendo la cabeza. Preguntándonos qué le pasó a nuestro mejor amigo: el maravilloso Príncipe Azul que acostumbraba a cogernos entre sus brazos y conseguía que el mundo entero se evaporase. Preguntándonos si alguna vez podríamos volver a sentir lo mismo. Y preguntándonos en qué parte del camino nos habíamos perdido. Nos sentíamos heridas. Nos sentíamos condenadas. Nuestra vida y nuestro corazón estaban llenos de tristeza y confusión, vacío y desesperación. No veíamos salida. Sólo teníamos preguntas sin respuesta, problemas sin solución, y no podíamos hablar sobre ello con nadie, ni siquiera con nuestra mejor amiga.

La historia que acabas de leer ¿suena como tu historia? Si es así, algunos de los siguientes sentimientos y experiencias puede que describan tus sentimientos y experiencias:

- Experimentas ese «sentimiento certero» de que algo no va bien, pero no sabes qué es.

- Te sientes como si se te hubiese anulado, pero no puedes concretar la causa.

- Tu compañero pasa del encanto a la ira sin avisar, con frecuencia pillándote con la guardia baja.

- A veces te trata como si fueras su enemiga. A menudo se enfada por las cosas más insignificantes. Lo que parecen problemillas a menudo se convierten en grandes batallas.

- La mayor parte del tiempo te sientes como si estuvieses pisando huevos, tratando de no «ponerte en su camino».

- Te sientes trastornada, tensa, agotada, triste o deprimida, y fuera de control la mayor parte del tiempo.

- Lo que enfada a tu compañero un día es diferente de lo que le enfada el siguiente. Con tanta rapidez como arreglas algo él pone objeciones, empieza a criticar, a quejarse o a enrabiarse por otra cosa. Parece que no puedas hacer nunca lo suficiente para satisfacerle.

- Espera que sepas lo que está pensando y sintiendo, para que te anticipes a sus necesidades y deseos no expresados, y que los lleves a la práctica por propia iniciativa.

- Te sientes como si te hallases ante una situación sin triunfo posible. No importa lo que digas o hagas, ni lo que dejes de decir o dejes de hacer, tu compañero lo retuerce para que parezca que estás equivocada.

- Te sientes frustrada porque tus intenciones y comentarios son malinterpretados. Encuentras difícil mantener una conversación lógica o resolver «diferencias». Tu compañero utiliza mucho de lo que dices para atacarte o criticarte de manera personal, sin importar cuán poco amenazadoramente lo expreses. Hay momentos en los que te sientes resentida.

- Racionalizas el vil comportamiento de tu pareja y fabricas excusas sobre él. Incluso llegas a mentir para cubrirlo.

- Analizas las conversaciones después de que hayan tenido lugar, intentando averiguar lo que realmente sucedió, cómo podrías haberlo controlado de forma diferente, y si tienes una parte de culpa.

- Las conversaciones y las intenciones que al principio parecían claras se han vuelto embrolladas. Te sientes confundida y dudas de tu visión sobre las cosas. A veces temes estar volviéndote loca.

- Tu pareja saca lo peor que hay en ti, haciendo que hagas y digas cosas por las que te desagradas a ti misma, sin embargo no parece parar.

- Con frecuencia te sientes inadecuada, incapaz, estúpida y mal contigo misma.

- Si tienes hijos, te sientes desgarrada entre tu relación con tu pareja y en protegerlos de él. El trato que te otorga delante de ellos socava tu autoridad y control.

- Es posesivo y celoso del tiempo que dedicas a tus hijos, a otros miembros de la familia, o a amigos. Le molesta el tiempo que pasas en el trabajo o practicando actividades en las que él no está involucrado.

- Intenta controlar cómo vistes y con quién hablas.

- Te sientes limitada, vigilada, examinada, y acusada de cosas que no has hecho.

- Tu pareja te desprecia o te insulta.

- Es mezquino contigo, después quiere sexo y te culpa porque no estás de humor.

- A veces se enfada tanto que tira o rompe cosas.

- No importa cuánto des, cuánto afecto despliegues, o qué palabras amorosas digas, no le puedes convencer de que le amas tanto como él te ama a ti. Su necesidad de amor y aliento es insaciable.

- Cuando tu compañero actúa de manera agradable, tiendes a olvidar su conducta hiriente anterior y crees que ha cambiado y que las cosas mejorarán. Piensas que quizá los buenos tiempos pesarán más que los malos.

- A menudo te sientes sola, incluso cuando tu pareja está justo a tu lado. Añoras a aquél que solías conocer y amar.

- No puedes explicarle a nadie por lo que estás pasando. No crees poder explicar lo que está ocurriendo de una manera que otra persona pudiera entender. Y temes que parecerás «la mala» porque la otra gente ve a tu pareja como una persona encantadora, maravillosa y simpática.

- Te sientes atrapada y sin esperanza.

Si este capítulo ha descrito tus experiencias y sentimientos, entonces te encuentras en una relación verbalmente abusiva. Pero no desesperes: aunque tu historia está lejos de acabar, debes saber que todavía puedes vivir feliz por siempre jamás: aunque quizá no de la manera que una vez creíste. Puede que esto no sea fácil de creer ahora mismo, pero pronto descubrirás que cada una de nosotras escribe su propia historia y puede crear el final que desee. Es cuestión de aprender cómo. Por tanto, viaja con el Dr. Ellis y conmigo mientras nosotros te guiamos con amor por la nueva senda de libertad emocional.

CAPÍTULO 2 Saber la verdad: tu primer paso hacia la libertad emocional

¿Cuántas veces has pasado el día con tu pareja sabiendo que algo iba mal, pero sin poder averiguar qué era? ¿En cuántas ocasiones has empezado a temblar sin tener idea del porqué? ¿Con cuánta frecuencia una conversación con tu compañero ha empezado pareciendo normal y lógica, para irse volviendo más absurda, más confusa y más molesta al ir avanzando? ¿En cuántas ocasiones se ha adentrado tu pareja en un monólogo que se ha ido haciendo más largo, más alto, más enfadado, y más insensato con cada minuto? ¿Y cuántas veces «ha salido perdiendo», y entonces te ha gritado que te callases?

Cuando suceden esta clase de incidentes, es probable que quedes tan atrapada al tratar de averiguar qué está pasando, esquivando los ataque verbales, y enfrentándote a tus sentimientos, que no puedas ver la situación en conjunto. Es más fácil observar estas situaciones cuando no estás en el centro de ellas. Al ir leyendo los siguientes ejemplos de incidentes típicos que trastornan a las parejas abusadas, decide de qué crees que trata cada una y escribe la respuesta en un trozo de papel. Más tarde te ofreceremos nuestras interpretaciones, que puede que te sorprendan.

Incidente 1 Cuelgas el teléfono tras una breve conversación. Tu compañero dice, «Dime, ¿con quién hablabas esta vez? ¿Otra vez con Mary… o con tu madre? Pasas demasiado tiempo hablando con ellas. Ejercen una mala influencia sobre ti. No tienes ideas propias».

Incidente 2 Explicas a tu pareja un incidente en el mercado en el que otra compradora ha sido desagradable contigo. Sabes que no fuiste la causa de su ira. Tu compañero dice, «Bueno, algo debes haber hecho para cabrearla o no te hubiera dicho eso».

Incidente 3 Recibes un ascenso largo tiempo esperado en el trabajo. Excitada, no puedes esperar para explicárselo a tu pareja. Cuando lo haces, te contesta, «Bien, un ascenso. ¡Fenomenal!» Después no abre la boca y se muestra malhumorado durante una semana.

Incidente 4 Tu pareja y tú vais camino de la fiesta de Navidad de su empresa. Te dice, «Quizá sería mejor que no hablaras mucho esta noche. En realidad, sería lo mejor». Desliza su brazo a tu alrededor y te mira a los ojos. «Sabes que te lo digo esto por tu bien, ¿verdad?».

Incidente 5 Tu pareja y tú asistís a una reunión social. Pasas un rato conversando con un hombre que enseña música, una de tus pasiones desde siempre. La conversación es muy interesante. Estás animada y la disfrutas con intensidad.

Más tarde tu compañero te echa bronca por hablar con otro hombre, diciéndote que nunca pareces tan excitada cuando hablas con él. Te acusa de flirtear y te dice que siempre le ignoras cuando estáis con otras personas. Después se lanza a una diatriba sobre otras ocasiones en que le «desairaste» en reuniones en favor de tus amigos o familia.

Incidente 6 Tu pareja y tú estáis a punto de salir de la consulta del médico. Cuando le das el tique de aparcamiento en recepción, te dicen que ya no vale. Al salir del edificio, tu pareja te dice, «Están escatimando». Le respondes, «Así parece». Te responde con sarcasmo, «¿Así parece? No sólo parece así, es así». Contestas «Sólo quería decir que puede que estén reduciendo sus gastos». Replica, «Eso es exactamente lo que he dicho. ¿No lo has cogido? Con los beneficios a la baja y la negligencia a la alta, tienen que reducir de algún sitio, por eso nos escatiman con el aparcamiento. Pero tú no entiendes de estas cosas».

Incidente 7 Tu pareja y tú vais en coche hacia un restaurante en el que él sólo ha estado una vez. Tu compañero empieza a girar a la izquierda en cierta calle. Le dices que supones que hay que girar a la derecha. Te contesta, «¡Estás equivocada! ¡No sabes ni dónde vas! Yo soy el que tiene un buen sentido de la orientación». Gira a la izquierda.

Tu pareja sigue conduciendo durante algunos minutos, entonces se da cuenta que ha realizado un giro equivocado. Empieza a refunfuñar. Comentas que no es un problema muy grave y que lo único que sucede es que recordaste por qué lado girar por la floristería de la esquina. Le sugieres que simplemente gire en redondo y vuelva a la esquina desde donde debería haber girado a la derecha.

Te replica con enfado, «¡Deja de decirme qué tengo que hacer! En primer lugar, es culpa tuya que hayamos girado por el sitio incorrecto. Estabas parloteando tanto, como siempre, que no me podía concentrar en lo que hacía».

Empiezas a objetar pero te interrumpe, «¡Déjalo!» Hace chirriar los neumáticos girando por completo en medio de una calle, esquivando por poco un coche aparcado, y después baja la calle a toda velocidad. Te sientes atrapada. Con tanta serenidad como te es posible, le pides por favor que se lo tome con calma.

Tu pareja explota, «¡Me lo estoy tomando con calma! Siempre piensas que estoy enfadado cuando no lo estoy. Eres tú la única que se exalta. No estaba ni siquiera cerca de aquel coche aparcado. ¡Si no te gusta cómo conduzco, bájate!» Después sube el volumen de la radio y te ignora.

Incidente 8 Normalmente tu compañero recoge sus trajes de la lavandería. Una mañana, cuando salís para ir a trabajar, te dice que quiere su traje azul para una importante reunión de negocios al día siguiente y que no estará listo hasta la tarde. Te pide que se lo vayas a recoger a la tintorería. Le contestas que tienes una reunión a última hora de la tarde y que no sabes si podrás llegar a la tienda antes de que cierren. Mientras se va en su coche te grita, «Emplea algo de tiempo para hacer algo por mí, para variar. Si tuvieses una cita para cortarte el pelo después del trabajo, encontrarías una manera para poder ir».

Vas a trabajar y pasas todo el día preocupada por llegar a la lavandería a tiempo. Tu reunión se alarga y se alarga. Tu jefe está presente y no puedes irte.

Llegas a la lavandería después de que hayan cerrado y vuelves a casa sin el traje. Tu pareja te espeta enfadado, «¡No puedo contar contigo para nada! Nunca haces nada por mi. Sólo te pedí una cosa y no pudiste hacer ni siquiera eso». Le contestas, «Te la quería traer. Lo intenté. De verdad que lo siento. No pude dejar la reunión. Temía que pasara esto».

Te responde, «Siempre tienes una excusa, pero tus excusas no te salvarán esta vez. ¡Sólo te preocupas de ti misma! Siempre soy la última de tus prioridades». Le replicas, «No, no lo eres. Sabes cuán importante eres para mí. Siempre te coloco en primer lugar. Lo sabes. Bueno, por ejemplo, ayer yo…».

Te interrumpe, «Si me hubieras puesto en primer lugar, ¡tendría mi traje ahora mismo!» Después coge su periódico y empieza a leerlo como si tú no estuvieras allí.

Incidente 9 Has planeado un día especial para los dos solos. Cuando salís de casa, tu pareja empieza a quejarse sobre algo que hiciste la semana pasada. Sientes «esa vieja y familiar sensación» y sabes que está volviendo a ocurrir. De alguna manera se las va a arreglar para arruinar el día entero.

Incidente 10 Tu pareja y tú asistís a una fiesta donde hay una considerable cantidad de bebida. Tras tomarse unas cuantas copas, empieza a bailar de manera provocativa con otra mujer. Cuando va hacia el bar, le sigues y le pides que no baile más con ella. Le comentas que la gente les miraba y que es embarazoso. Te contesta, «Sólo me estoy divirtiendo. No lo conviertas en un caso federal. Si no te gusta, vete». Estás tan alterada que pides a un amigo que te lleve a casa.

Más tarde, tu compañero aparece furioso, te despierta, y te grita por haber hecho una escena y marcharte. Le explicas cuán alterada y herida te sentías debido a su conducta, y le recuerdas que él te mandó que te fueras si no te agradaba lo que estaba pasando. Te interrumpe, diciéndote, «Estoy harto de tus patéticas excusas. Nunca te dije que te marcharas. Siempre dices recordar cosas que nunca ocurrieron. No estaba haciendo nada malo, nadie estaba observándome, y siempre exageras las cosas».

Después quiere sexo. Cuando te niegas, explicándole que todavía te sientes muy alterada, te contesta, «¡Oh, genial! La excusa de siempre. No importa. No me hagas ningún favor. De todas maneras, ya no te encuentro excitante».

Incidente 11 Tu pareja decide cambiar un aplique de luz del techo. Te dice que aguantes la escalera y le vayas pasando las herramientas cuando las necesite. Temes lo que va a pasar, pero aceptas, esperando que no sea tan malo como lo es siempre. Le conoces lo suficientemente bien como para no discutir con él. Sostienes la escalera con tanta firmeza como te es posible y le pasas las herramientas tan pronto como te las pide. Y no le contestas cuando te grita por no saber qué herramienta va a necesitar a continuación.

Te pide un destornillador. Le alargas uno. Te dice, «¡No, no, no el Phillips, idiota!» Mientras buscas el otro destornillador, te grita, «Sostén la maldita escalera. ¡Se está moviendo!» Entonces se rasguña en la mano y dice, «¡Mira lo que me has hecho hacer ahora!» Murmura unas palabrotas.

Cuanto más murmura, más se exalta, cuanto más se exalta, más frustrado se siente, y más errores comete. Se le cae uno de los destornilladores. «¡Mierda! Dame ese destornillador». Nerviosa, miras a tu alrededor buscando el destornillador mientras sostienes la escalera. «No sé dónde está. No lo veo», le contestas. Vuelve a estallar, «¿Cómo puede ser que no vieras dónde fue a parar? ¡Estabas ahí mismo!» entonces gruñe, «Estas tareas son el doble de difíciles cuando me estás ayudando».

Lo que crees que significan estos incidentes probablemente no es lo que significan realmente. Y lo que crees que significan los incidentes abusivos que de manera rutinaria experimentas en tu relación es probable que no lo signifiquen, tampoco. Si te encuentras en una relación verbalmente abusiva, tu visión de ti misma, o de lo que significa tu relación, y de cómo es en realidad tu Príncipe Azul sufren un continuo desafío. La fórmula para que acabes con tu confusión y empieces a clasificar las razones de tu dolor se halla en aprender la verdad sobre lo que realmente está aconteciendo. Para hacerlo, debes desprenderte de tu cuento de hadas lo suficiente como para ver tu relación por lo que en realidad es, y aprender algunos de los hechos básicos de ella.

Cuanto más aprendas sobre la dinámica de la relación, más probable será que te des cuenta que mucho de lo que creías sobre la manera en que funciona tu relación no es verdad, y que mucho de lo que creías de tu Príncipe Azul tampoco lo es. Su visión de la relación, sus expectativas sobre ella, sus metas, y las motivaciones de su conducta son bastante diferentes de las que tu piensas, que lo son y bastante diferentes de las tuyas propias. Darte cuenta de esto es el primer paso para liberarte del dolor, la confusión y el temor.

¿QUÉ ESTÁ OCURRIENDO REALMENTE CUANDO SE ABUSA DE TI VERBALMENTE?

Los incidentes que acabas de leer no son lo que parecen. No tratan de validaciones de recibos de aparcamiento, ni de llegar a la lavandería a tiempo, ni del camino correcto para ir a un restaurante. No se trata de flirtear ni de prestar escasa atención a nuestra pareja en las reuniones sociales. No se trata de malentendidos. No son conflictos corrientes. No se trata de quién dijo o no dijo qué. Tienen poco o nada que ver con los problemas planteados. De lo que tratan estos incidentes es del intento por parte de un miembro de la pareja de controlar al otro. Asentar y mantener este control es la meta real de la pareja abusiva, aunque es probable que él no sea consciente de ello. Lo hace enviando mensajes que dicen: «Soy válido», «Tú no eres válida», y «No puedes conseguirlo sin mi».

Como los compañeros abusadores expuestos antes, tu pareja no plantea los problemas para solucionarlos, para ofrecerte un consejo «provechoso», o para conseguir cualquier otro objetivo positivo. Sus afirmaciones y su conducta le ayudan a cubrir su necesidad de sentirse poderoso y a establecer un control sobre ti. El centrarte sobre los problemas individuales hace que no veas lo obvio: los problemas no son el problema. El problema es el abuso verbal. El problema es el control que intenta establecer. El problema es la irracionalidad de lo que está pasando. El problema es todo el proceso interactivo que tiene lugar entre tu pareja y tú una y otra vez.

Durante este proceso interactivo, tu pareja y tú, con papeles específicos asignados, interpretáis de manera repetida escenas similares. Él dice o hace algo hiriente que provoca una reacción por tu parte. Tu reacción es un estímulo para una respuesta de él, y así sucesivamente. O bien, puede que digas o hagas algo inofensivo que provoque una respuesta hiriente por parte de él. Su respuesta sirve de estímulo para una respuesta defensiva por tu parte, que puede servir como estímulo para otro ataque de él.

Una vez que seas consciente de lo que está pasando, podrás identificar temas familiares con normalidad. Por ejemplo: él ataca, tú defiendes. Él culpa; tú explicas. Tú lloras; él se marcha. Tú intentas hablar sobre algo que te está preocupando; él cambia de tema y te critica por alguna otra cosa; acabas defendiéndote por el nuevo problema. De una u otra manera, interpretáis la misma «danza» verbal, psicológica, conductual con el otro una y otra vez, inconscientes de la corriente subyacente que impulsa estas conductas.

Tu pareja habla con autoridad y seguridad, pensando que tiene toda la razón. Es tan convincente que puede que creas que lo que dice es verdad y que lo que hace, como pretende, lo hace de corazón por tu bien. Quizá utilice cualquier combinación de conductas abusivas, tales como exigir, intimidar, culpar, criticar, degradar, ignorarte, o negar que esté haciendo algo incorrecto. Su conducta es irracional e impredecible, tiende a irse incrementando en intensidad, y se caracteriza por sus confusos juegos mentales y manipulaciones psicológicas. Tu abusador puede que sea dominante o muy controlador. Puede que se muestre irritable y enfadado la mayor parte del tiempo, o rara vez. Puede que se muestre extrovertido o introvertido. Puede ser atlético o intelectual, o ambas cosas.

Cada abusador es diferente en su propio «estilo» de abuso. Pero un abuso es un abuso. Para protegerte de ello, debes aprender a reconocerlo bajos sus varias formas.

Si tu pareja emplea palabras y conductas hirientes de manera descarada, es probable que seas consciente de que estás siendo atacada. Puede, por ejemplo, insultarte y acusarte de cosas que no hiciste. Sin embargo, si los ataques verbales de tu pareja son perpetrados de una manera callada y sutil, es probable que te sea difícil identificarlos como abusivos. Los ataques pueden no parecer sucesos demoledores, pero debido a que acontecen de manera insidiosa, difícil de identificar, e irracional, pueden tener resultados demoledores para la psique.

Aunque existe una fina línea entre el abuso sutil y el descarado, los separaremos con el propósito de discutirlos. La mayoría de las parejas de las que se abusa experimentan ambos, puesto que la intensidad del abuso fluctúa y los abusadores utilizan tácticas diferentes para momentos diferentes.

EL ABUSO SUTIL

El abuso sutil te produce la incómoda sensación de inquietud de que hay algo que está muy mal, pero no puedes llegar a averiguar qué es. Puede que sientas una sensación de malestar en el estómago, un nudo en la garganta, o alguna otra reacción física. Cuando convives con el abuso sutil, te tornas tan condicionada por él que no parece tan malo como una vez lo fue. La ansiedad callada se vuelve tu nueva norma. Pero el efecto acumulativo a través del tiempo de las múltiples repeticiones de abuso sutil puede ser devastador. Aunque las variaciones de abuso sutil son muchas, todas tienen que ver con el ser tratada con desconsideración. He aquí algunas de las formas más comunes que quizá hayas experimentado:

+ Expresiones desaprobadoras y acusatorias, tales como un rostro exasperado o enfadado, lo cual niega tu pareja, con lo que implica que te imaginas las cosas.

+ Tonos de voz desaprobadores, acusadores o sarcásticos, lo cual niega tu pareja, normalmente afirmando que has oído mal.

+ Comentarios hirientes emitidos con voz sincera y preocupada.

+ Críticas sobre tu apariencia, las cosas que dices, o la manera en que las dices, que tu pareja argumenta que son por tu propio bien.

+ Comentarios sobre que estás equivocada, eres estúpida, descuidada, inepta o por otra parte corta o incapaz, que tu pareja niega haber querido insinuar o decir en absoluto.

+ Juicios o incluso rechazo sobre la validez de tus ideas, percepciones o sentimientos. Tu pareja insiste en que conoce tus intenciones, pensamientos o sentimientos mejor que tú. Asegura que te conoce mejor de lo que te conoces a ti misma.

+ Te desafía o emite observaciones condescendientes sobre tus opiniones, creencias, elecciones, decisiones, metas, sueños, o logros. Tu pareja siempre te exige pruebas antes de creer lo que dices.

- Insultos, comentarios despectivos, u observaciones sarcásticas, que pueden incluir réplicas ácidas o desaires hacia ti, tu familia o amigos, tu trabajo, o las cosas que te gusta hacer. Tu pareja te explica que no quiere insinuar nada sobre ti, no quiere decir lo que piensas que quiere decir, sólo está bromeando, te lo estás imaginando, o puede que niegue haber llegado a hacer en absoluto el comentario.

- Bromas que te rebajan y que tu pareja afirma que te las has tomado mal. Te acusa de ser demasiado sensible y de exaltarte en exceso.

- Comentarios repetidos de que algún otro, siempre —o nunca— hace esto o aquello, queriendo insinuar que la otra persona es mejor que tú. Cuando consigues algo especial, tu pareja no lo ve como algo importante.

- Conducta insensible o hiriente cuando tú te sientes particularmente vulnerable y con necesidad de la comprensión y el apoyo de tu compañero.

- Conducta insensible o hiriente que arruina tu humor cuando te sientes feliz o excitada o cuando estáis celebrando algo especial.

- Interrupciones de tu pareja cuando conversáis. Te interrumpe, interrumpe tus conversaciones con otras personas, o contesta las preguntas dirigidas a ti.

- Repetidas acusaciones de que prestas más atención a tus hijos, a otros miembros de la familia o a amigos que a él.

Tu pareja también te está sometiendo a un abuso sutil si hace algo de lo siguiente:

- Altera tus palabras, distorsionando el significado de lo que dices.

- Dice lo que tiene que decir, después se niega a oír lo que tú tengas que decir.

- Te ignora o no te responde cuando le haces una pregunta.

- Te paga con silencios y rechaza que algo esté ocurriendo.

- Te oculta sus pensamientos y sentimientos.

- Con frecuencia no aparece en acontecimientos que son importantes para ti, llega tarde, o no viste de la manera adecuada.

- Espera o desea que estés en casa esperándole incluso cuando no sabe o no dice cuándo llegará.

- Rompe sus promesas y compromisos contigo: acepta hacer cosas pero no las hace, después afirma que se «olvidó» o te exige que dejes de regañarle por ello.

- De manera habitual se niega a llevar a cabo pequeñas peticiones que otras personas considerarían razonables: no parará para hacerte un recado (recoger ropa en la tintorería, por ejemplo), cuando estáis pasando cerca de allí. O bien tienes miedo de pedirle que se desvíe de su camino para hacer algo por ti, o crees que no vale la pena la lucha de pedirlo.

- Por rutina coloca sus deseos y «necesidades» por delante de los tuyos. Insiste en ir donde quiere ir y hacer lo que quiere hacer, y espera que vayas con él sin quejarte: incluso si te desagrada intensamente la actividad y no deseas ir. Cuando por fin va a donde deseas ir, se las arregla de alguna manera para hacerte lamentar habérselo pedido.

He aquí algunos ejemplos de algunas clases de comentarios abusivos que roban energía y que puede que hayas oído:

Comentarios que te vuelven loca

«No entiendo. ¿Qué dije (hice)?» «No dije (hice) nada malo». «Sabes que no quería insinuar nada con eso». «¿Cómo puedes decir (pensar) eso?» «Sabes que nunca diría (haría) nada que te hiriese». «Te lo digo por tu propio bien». «No sé de qué me estás hablando». «Nunca dije (hice) tal cosa». «Eso nunca ha ocurrido». «Te lo estás imaginando».

Comentarios cortantes

«Eso es una tontería». «Olvídalo». «Ya he escuchado suficiente». «Va, cállate. Se acabó». «¿Quién te ha preguntado?» «Estoy harto de tus quejas». «Ya he tenido bastante». «Siempre te exaltas». «Deja de armarla por todo». «No hay nada de qué hablar».

Comentarios vejatorios

«Te lo dije». «Ésa es tu opinión». «No tienes ni la más ligera idea de lo que estás hablando». «Sólo tú podías hacer eso». «Eres demasiado susceptible». «No eres tan lista como te crees». «No hables cuando no tienes nada que decir». «¡No puedo creer que hayas hecho tal cosa!» «¿Quién te nombró gobernadora del universo?».

EL ABUSO DESCARADO

Incluso cuando la conducta hiriente es descarada y sabes que estás siendo atacada, puede que no la consideres abusiva. Te puede parecer como si tu pareja y tú simplemente os peleaseis mucho, o quizá te digas a ti misma que «él es como es», o que debido al estrés que padece tiene buenas razones para comportarse como lo hace. El abuso descarado incluye conductas como las siguientes:

◆ Se muestra hipersensible ante los acontecimientos diarios y te culpa a ti por su irritabilidad, ira, o por las cosas que le ocurren cuando en realidad no tienes nada que ver con ellas.

◆ Te humilla en público y en privado. Te habla como si fueras una niña malcriada: «¿nunca eres capaz de hacer algo bien?» «¿Cuántas veces te tengo que repetir la misma cosa?» «¿Dónde vas? ¡Todavía no he acabado contigo!».

- Te grita, te insulta, te amenaza con dejarte, o te dice que te vayas.

- Utiliza observaciones críticas y de culpabilidad, como por ejemplo: «Me pone enfermo que analices (o argumentes) todo hasta la saciedad». «Me ponen enfermo tus excusas». «Me pone enfermo el sonido de tu voz». «Es culpa tuya. Tú te lo has buscado». «Si no fuera por tu estupidez, esto nunca hubiera pasado».

- Te critica delante de vuestros hijos o se pone de su parte en una disputa, de este modo socava tu autoridad maternal.

- Te acusa de flirtear con otros hombres o de tener aventuras cuando no es así. Insiste en que te vistas de una forma no provocativa.

- Se niega a salir contigo, a socializar con tus amigos, familia o colegas, o a permitir que vayan a tu casa. Te atormenta porque les ves o les llamas, o se muestra celoso del tiempo que pasas con ellos. Te aísla de las personas de tu vida que te apoyan.

- Se niega a compartir el dinero o a permitir que participes en la toma de decisiones concernientes con la economía familiar.

- Te quita el dinero que ganas, las tarjetas de crédito, o las llaves de tu coche.

- Te prohíbe salir de casa o te encierra fuera.

- Se niega a que trabajes o vayas a clases para prepararte para trabajar.

- Insiste en participar en tus decisiones personales.

- Te hace mantenerte despierta o te despierta para abusar verbalmente de ti. Se va a dormir o hace ver que duerme para evitar escuchar lo que tengas que decir.

- Intenta practicar sexo contigo cuando estás durmiendo o exige sexo cuando te sientes cansada o estás enferma. Espera que practiquéis el sexo poco después de haber sido abusivo contigo. Se enfada y te culpa cuando estás aún demasiado alterada y herida para obedecer.

♦ Te confisca o destruye documentos personales, fotos, u otros artículos que necesitas o atesoras.

♦ Rompe, golpea, pega, o lanza objetos. Empuña armas de manera amenazadora.

♦ Amenaza con maltratar a tus mascotas para herirte, o los maltrata de verdad.

♦ Te amenaza con hacerte daño a ti o a tu familia.

Algunas mujeres abusadas niegan la verdadera naturaleza de su relación y minimizan la severidad de su abuso. Hasta que no seas capaz de reconocer lo que está pasando en tu relación, compararas la conducta de tu pareja con el comportamiento de otras personas cuya conducta es peor, y dirás: «mi compañero no es así de abusivo. Él no hace ninguna de esas cosas». «Muchos otros hombres son mucho peores». «Mi situación no es así de mala. Puedo soportarla». Esto es particularmente cierto si sufres un abuso sutil. Pero incluso si tu abuso es descarado, puede que señales la conducta de parejas abusivas físicamente violentas de las que has oído hablar o has leído, y dirás las nueve mismas cosas.

No caigas en la trampa de minimizar tu dolor. Hasta que no entiendas y aceptes la verdad sobre tu relación, serás incapaz de controlarla de manera efectiva.

Ahora vamos a hablar sobre el modelo más común de conducta abusiva. Es una pauta que reconocerás de inmediato.

EL SÍNDROME DEL DR. JEKILL Y MR. HYDE

En los inicios de tu relación, tu pareja puede que haya mostrado siempre su «yo agradable». Después de un tiempo –es típico que suceda cuando ya está lo suficiente seguro de vuestra relación como para saber que no te sería fácil dejarla– a veces se relajará y se comportará de una forma hiriente. Esto no significa que haya planeado de manera consciente hacerlo o que sea consciente de que tenía un orden del día. A menudo el abuso es un proceso subconsciente. De todas maneras, te «puso a prueba» para ver hasta dónde podía llegar con impunidad, igual que un niño pequeño pone a prueba los límites paternales. Si de manera repetida le dejaste hacer y le concediste una prórroga –con o sin expresar objeciones profundas– él supo que podía llegar a tratarte casi de cualquier manera que deseara.

El abuso normalmente comienza con breves episodios ocasionales. Al ir pasando el tiempo, se van haciendo más frecuentes y duran más. Al ir inclinándose el equilibrio del poder en dirección a tu pareja, cada vez te vas dando más cuenta de que te enfrentas con un extraño mezquino en lugar de con el hombre que conocías y amabas.

Como muchos abusadores, tu pareja seguramente ha desarrollado un sexto sentido que le dice cuándo te ha empujado hasta el límite de la tolerancia. Cada vez que alcanzas ese punto, parece que de manera instintiva se echa para atrás. Puede que se trate de la clase que deja de abusar durante un tiempo pero que nunca pide disculpas por su conducta. O puede tratarse de la clase que hace algo agradable para desarmarte y convencerte de que tus reacciones ante el abuso son exageradas. Quizá te traiga flores, te regale algo especial, o repare algo para ti de la casa. Se disculpa profusamente y dice que no volverá a pasar nunca más. Después te trata bien durante un tiempo. Bajas la guardia y vuelves a ser vulnerable una vez más. Es inevitable que entonces reanude sus abusos sobre ti.

El modelo de impredecible, dramática y oscilante personalidad de tu pareja que se transforma de amorosa en hiriente y vuelta otra vez, se convierte en un modo de vida que se va haciendo cada vez peor al irse incrementando los incidentes dolorosos y disminuyendo los «amorosos». Este ciclo es tan común en las relaciones abusivas que a las fases se les han otorgado nombres como «período de luna de miel», «período de abuso», y «período de reconciliación». Y las parejas abusadas en ocasiones se refieren a sus abusadores como «el amoroso Dr. Jekyll» y en otros momentos, como «el odioso Mr. Hyde».

Cuando tu pareja está en su fase de Mr. Hyde, esperas y deseas el retorno del Dr. Jekyll. Cuando atraviesa su fase de Dr. Jekyll, vives ansiosamente con el temor a las expresiones faciales, la postura del cuerpo, o la entonación de la voz que señalan que se está transformando de nuevo. Con el tiempo, los períodos de Dr. Jekyll disminuyen, dejándote para que te enfrentes con Mr. Hyde la mayor parte del tiempo. Pero incluso si su yo amoroso desaparece por completo, puede que creas que el hombre que amabas está todavía en algún lugar «allí dentro», y esperes de todo corazón que un día vuelva a ti.

SÍ PERO... ES TAN ENCANTADOR

Muchas parejas abusadoras parecen ser personas encantadoras y apasionadas que, durante sus fases de amoroso Dr. Jekyll, son capaces de hacer palpitar tu corazón y de que tus rodillas empiecen a temblar. Esos momentos pueden ser tan maravillosos que te sientas como si estuvieras caminando por las nubes. Te hacen recordar qué adorable puede llegar a ser tu compañero, y qué dulce, atento, romántico, y divertido fue una vez. Recuerdas porqué te enamoraste de él en un primer momento. Tus recuerdos de sus períodos de abuso se vuelven vagos. Te sientes esperanzada, una y otra vez, de que quizá las cosas estén mejorando.

Entre toda la confusión, es posible que confundas su manipulación por encanto y tu dependencia por amor. He aquí unos cuantos hechos importantes sobre el considerable encanto de muchos abusadores:

- ◆ El encanto es una habilidad que aprenden –aunque normalmente no de una forma consciente– para convertirse en alguien grato, admirado, y por encima de todo reproche (¿como podría ser posible que fuera culpable de una conducta tan horrorosa cuando es un tipo tan fabuloso?).

- ◆ Aunque su encanto está muy desarrollado, sólo es superficial.

- ◆ Ser encantador es una de las maneras mediante las cuales toman la ofensiva para rechazar la desaprobación.

- ◆ De manera consciente o inconsciente, utilizan su encanto como herramienta para disfrazar sus verdaderos sentimientos de ira.

- A mucha gente le despista el encanto de los abusadores, lo cual les hace efectivos en el arte de desarmar, confundir y controlar a sus parejas.

En este capítulo has empezado a aprender la verdad sobre lo que realmente está sucediendo en tu relación. No es sorprendente que lo que has estado experimentando haya tenido un impacto importante en cómo te sientes, piensas y te comportas. Esto es de lo que vamos a hablar a continuación.

CAPÍTULO 3 Cómo te afecta. Lo que piensas, sientes y haces

Tu primera experiencia con el abuso verbal probablemente te conmocionó, hirió y confundió. No te podías creer que de verdad te estuviera pasando. Pero una vez que el incidente terminó, es posible que su impacto se evaporase y que estuvieses segura de que no volvería a suceder. Cuando el abuso continuó te sentiste menos conmocionada y más herida y confundida, y triste.

Ahora, mucho después de que tu compañero abusador haya provocado el incidente y se haya ido, sigues sufriendo. Analizas el incidente repetitivamente en tu mente, tratando de averiguar qué sucedió, cuál puede haber sido tu parte de culpa en todo ello, qué podías o deberías haber dicho que hubiera marcado la diferencia. Cuando alguna otra cosa llama tu atención, puede que de manera momentánea «olvides» el incidente. Pero pronto tu mente vuelve a analizarlo y tu cuerpo retorna al estado ansioso que has llegado a conocer tan bien. Después de un tiempo quizá sientas los signos físicos de la ansiedad todo el tiempo y olvides cómo era no sentirlos.

Cualquier tipo de pensamientos puede devolverte la preocupación mental o intensificarla, por ejemplo los pensamientos sobre volver a casa y encontrar allí a tu pareja, o sobre que él vuelve a casa contigo. Pensamientos sobre cuándo volverá a transformarse en la abusiva persona de Mr. Hyde; o acerca de qué deberías haber dicho o hecho durante el último «incidente»; o sobre cómo comunicarte con él; o sobre cómo se disculpa normalmente y dice que no quería decir lo que dijo, que no lo mereces, y que no volverá a suceder nunca más (sabes por experiencia que lo hará, sin embargo en cada ocasión esperas que sea diferente); o sobre cómo niega o rechaza como si fueran insignificantes las cosas hirientes que dice y hace; o sobre qué maravillosa te hace sentir cuando está actuando su «yo agradable», el yo encantador que tu «sabes con certeza» que es su yo real. ¿Cuántas veces has consumido tu energía con pensamientos de este tipo?

EFECTOS EMOCIONALES

Al haber ido soportando palabras y conductas hirientes con una frecuencia y una intensidad crecientes, es probable que tu sufrimiento se haya ido acrecentando. Puede que te sientas como una fracasada en tu relación y que hayas empezado a desagradarte a ti misma más y más. Puede que también te sientas de alguna o de todas las siguientes maneras:

- Ansiosa, tensa, temerosa, abrumada.
- Confundida, desconectada, desorientada, sin equilibrio, descontrolada.
- Frustrada, impaciente, enfadada, resentida.
- Solitaria, aislada, vacía, desvalida, desesperanzada.
- Frágil, hipersensible, deprimida.
- Inadecuada, incompetente, insegura, culpable, avergonzada.
- Castigada, atrapada, agotada.

Estos sentimientos crónicos pueden causar efectos sobre tu mente y tu cuerpo, volviéndote vulnerable ante un amplio abanico de problemas físicos y mentales. Cuanto más intensamente sientas estas emociones y cuanto más persistan, más probable será que tu mente y tu cuerpo se desmoronen de alguna manera.

EFECTOS MENTALES Y CONDUCTUALES

Puede que hayas experimentado algunos de los siguientes cambios en tu estado mental y en tu habilidad para funcionar en la vida diaria:

- Te sientes distraída, preocupada, y tienes problemas para concentrarte.

- Tu habilidad para percibir, pensar y razonar está deteriorada.

- No confías en tu intuición, juicio o percepciones tanto como solías hacer. Tienes dificultades para tomar decisiones.

- Eres compulsiva y tienes pensamientos obsesivos sobre tu situación.

- Olvidas las cosas, extravías los objetos, o eres torpe y con tendencia a sufrir accidentes.

- Duermes en exceso, trabajas sin descanso, o te mantienes muy ocupada con el fin de escapar de tus pensamientos y sentimientos.

- Te sientes sexualmente desmotivada por tu pareja.

- Tienes una aventura o desarrollas una adicción (por ejemplo la comida, el alcohol, las drogas, el sexo, el juego, las compras).

- En ocasiones tomas tranquilizantes o drogas para animarte.

- A veces te sientes incompetente en el trabajo o en clase.

- Tienes problemas para controlar a tus hijos.

- Te conviertes en una extraña para ti misma, una extraña que no te gusta. Eres impaciente y crítica, ruda e hiriente. Gritas a tus hijos y cortas a los conductores lentos. Explotas cuando te das un golpe en el codo o te rompes una uña. Y un vaso de leche derramada te reduce a las lágrimas o te hace estallar en un frenesí de chillidos. Haces y dices cosas que no puedes creer que hayas dicho o hecho. Puede que incluso te descubras a ti misma convirtiéndote en una abusadora manifiesta: sino para con tu pareja, sí para con tus hijos u otros. Y es probable que te odies por ello.

EFECTOS FÍSICOS

Un estado prolongado de estrés emocional –especialmente si te sientes fuera de control, abrumada y desamparada– literalmente socava y destroza tus nervios y tu sistema corporal. Si te hallas en el trastorno emocional crónico típico de las personas que sufren abusos, corres el riesgo de padecer problemas físicos. Esto puede incluir cualquier cosa desde comunes estados de molestia hasta enfermedades graves. ¿Por qué sucede esto? Porque la mente produce un efecto poderoso sobre la bioquímica del cuerpo. Múltiples investigaciones han demostrado que las emociones negativas crónicas causan reacciones químicas internas tóxicas que pueden ser muy dañinas. El malestar puede adoptar la forma de nuevas enfermedades o de manifestaciones de las latentes existentes. Es probable que también hayas desarrollado algunos de los siguientes problemas que experimentan comúnmente las personas abusadas:

- Dolor o una sensación incómoda en el estómago, un nudo en la garganta, presión en el pecho, sensación de que no puedes respirar.

- Nerviosismo, debilidad interna, tensión muscular, dolor corporal, dolores de cabeza. Estado constante de expectación.

- Fatiga y agotamiento. Te sientes como si estuvieras «consumida», hubieras sido «atropellada por un camión» o «apaleada»: en especial después de que haya tenido lugar un incidente abusivo.

- Dificultad para dormirte, sueño interrumpido o inquieto, pesadillas.

- Pérdida o ganancia substancial de peso.

- Baja actividad o hiperactividad del sistema inmunológico, provocando más y más frecuentes infecciones víricas graves (incluyendo resfriados y gripe), infecciones bacterianas primarias y secundarias, e infecciones por hongos parásitos (micosis). Otros problemas del sistema inmunológico incluyen el desarrollo de nuevas alergias, estallido de las existentes, y algunas clases de artritis. Padecer estos problemas durante un tiempo compromete el sistema inmunológico, haciendo a una persona más y más vulnerable ante una colección de enfermedades inmunedeficientes o autoinmunes más graves, incluyendo algunas clases de cáncer.

♦ Desórdenes de otros sistemas fisiológicos del cuerpo incluyendo el cardiovascular, el endocrino, el digestivo, el respiratorio, el nervioso y el muscular. Estos desórdenes oscilan desde la dificultad para respirar, la tos crónica, y los ataques de pánico hasta el síndrome del intestino irritable, hipogloucemia y diabetes; erupciones cutáneas y disfunciones en la articulación temporomandibular (dolor de mandíbula y desplazamiento del disco de la mandíbula debido a la tensión) pasando por la tensión arterial alta y otros estados vasculares y coronarios. La lista continúa y continúa porque un porcentaje muy alto de funcionamientos defectuosos del cuerpo y enfermedades tienen un componente emocional substancial.

Los conflictos de tu relación abusiva se representan literalmente en el campo de batalla de tu cuerpo, cuando circulan las substancias químicas tóxicas que causan perturbaciones en tu funcionamiento normal. Tus insanas emociones negativas libran una batalla contra tu cuerpo que éste probablemente perderá. Cuánto pueden tardar en darse estas crisis físicas, y la naturaleza de las mismas, dependerá de una gran variedad de factores que incluyen tu constitución y predisposiciones genéticas. Pero no te engañes, las fuertes emociones negativas que persisten en el tiempo normalmente cobran peaje de una manera u otra.

CÓMO INTENTAS SOLUCIONAR EL «PROBLEMA» DE QUE SE ABUSE DE TI VERBALMENTE

Cuando te encuentras en una relación verbalmente abusiva, se te empuja a «la escuela de la necesidad». Intentas todo lo que se te ocurre para complacer a tu pareja, para hacerle entender cómo te sientes y cómo percibes lo que está ocurriendo, y para detener su hiriente conducta. Pero tus esfuerzos se ven frustrados de manera sistemática.

Es natural que esperes que vuestras diferencias puedan solucionarse de una manera razonable y tierna. Pero te frustras intentando resolver lo que percibes como conflictos mediante la utilización de métodos que sólo pueden ser efectivos en relaciones normales y saludables, como por ejemplo tratando de explicar tu punto de vista y de entender la visión de tu pareja; intentando negociar, comprometerte, o adaptarte; considerando cuál puede ser tu parte de culpa en el «problema» y comportándote de manera más agradable; intentándolo con más ímpetu, haciendo más; disculpándote y aceptando las excusas si es que las hay. Cuando ninguno de estos métodos funciona, la frustración te puede hacer intentar escribir el guión de tu pareja, explicando lo que piensas que no entendió cuando trataste de explicárselo.

Tu recurso más probable frente tales conductas es defenderte, explicarte, disculparte, suplicar, chillar, exigir y amenazar. Desvías el centro de atención de ti y lo diriges a tu compañero. Empiezas a observar, juzgar, dirigir, controlar, manipular, anticipar, adivinar, apaciguar, ayudar, aconsejar, animar y elogiar haciendo todas y cada una de las cosas que crees que pueden enderezar la situación y acabar con el trato hiriente que estás recibiendo. Puedes encoger tu mundo para que se ajuste a él, reduciendo la cantidad de tiempo que pasas con otras personas y limitando las actividades que él rechaza. Por desgracia estos métodos normalmente te perjudican, situándote exactamente donde él te quiere: a la defensiva. Sólo incrementan el abuso e intensifican tu confusión y dolor.

O puede que continúes viendo a la gente y participando en las actividades que él rechaza, pero ocultas los hechos y mientes cuando es necesario para encubrir lo que estás haciendo. Esta solución tampoco funciona. Incluso aunque no lo descubra, vivir una existencia secreta bajo el dominio de un déspota sólo te añade más sensación de inutilidad, desconsideración y falta de control.

Puede que intentes convencer a tu pareja para que te acompañe a una terapia de pareja. Si es como muchos abusadores, se enfadará por la sugerencia y te dirá que eres tú la que necesita terapia: no él. Puede que entonces se vuelva aún más abusivo en un intento de aumentar el control que cree estar perdiendo. O, puede que acuda a terapia para apaciguarte o intentar controlar lo que dices o aprendes. Si va por estas razones, las probabilidades de que acabe con el abuso son muy pocas o ninguna.

Si tu pareja acude a terapia porque desea cambiar su conducta y salvar vuestra relación, las posibilidades de que pueda detener el abuso algún día mejorarán. Sin embargo, superar un modelo de abuso y conseguir un cambio duradero requiere compromiso y tiempo. Por tanto ten cuidado con las parejas que acuden a sesiones de terapia durante unas pocas semanas o un par de meses y afirman estar «curados» de sus modos abusivos para siempre.

Puesto que el abuso físico siempre comienza con el abuso verbal, debes tomar en serio cualquier amenaza de peligro. Si no te sientes segura o tienes miedo de lo que podría suceder, haz caso a tu instinto y consigue ayuda, aléjate de tu pareja, o preferiblemente ambas cosas. Si el abuso verbal se incrementa y empieza a tirar objetos o a golpear el puño contra una mesa o la pared, ten por seguro que tú serás la siguiente. En este caso, es importante dar de modo inmediato los pasos para protegerte de los posibles futuros ataques físicos. Terapeutas del abuso, líneas de ayuda y agencias están disponibles para ayudarte.

Aunque te sientes trastornada en este momento por recordar los cambios que has visto en ti misma, es probable que experimentes un alivio al saber que no estás sola en la manera que has estado pensando, creyendo y actuando. Muchas personas que han sufrido o sufren abusos están pasando por las mismas cosas que tú. En el siguiente capítulo vamos a responder las preguntas que probablemente te hayas formulado miles de veces.

CAPÍTULO 4 ¿Por qué, por qué tiene que ser así?

¿Por qué actúa tu pareja de la manera en que lo hace? ¿De quién es la culpa? ¿Y por qué te heriría a ti, de entre toda la gente? Las respuestas a estas preguntas te acercarán a la liberación de tu dolor, confusión y temor.

¿POR QUÉ ES ABUSIVA TU PAREJA?

Aunque numerosos factores pueden contribuir a que las personas se conviertan en abusivas, existen dos que normalmente son la razón fundamental de los demás. Primero, puede que tengan tendencias biológicas innatas para comportarse como lo hacen. Todos sabemos que las personas nacemos diferentes. Evidencias científicas han confirmado que todos nacemos con una combinación única de rasgos inherentes. Muchos se hacen aparentes en la infancia. Algunas personas abusivas, por ejemplo, pueden ser propensas de forma innata a mostrarse ansiosas, hipersensibles o agresivas. Después las experiencias de su vida pueden conseguir que estas tendencias innatas se hagan más pronunciadas. Las pautas de conducta como la agresividad y la sumisión son en ocasiones obvias. Un niño pequeño que empuja a los otros niños puede convertirse en un niño que intimida, y después en un adulto que abusa. Un niño callado, sensible e inseguro quizá se convierta en un adulto dubitativo convirtiéndose en el blanco perfecto para el abuso.

La segunda razón por la que algunas personas se vuelven abusadoras es porque poseen una profunda reserva de fuertes sentimientos negativos dolorosos –vergüenza, dolor, miedo e ira– provocados por experiencias de la infancia y necesidades infantiles no satisfechas. Sus entornos familiares infantiles puede que hayan variado, desde ser de alguna manera estrictos a abiertamente abusivos. Quizá fueron maltratados o supercontrolados por los padres u otros adultos, o pueden haber sentido que lo eran.

Si se les crió en el abuso, se les enseñó que no eran válidos y que no está bien sentir lo que sienten. Y es probable que fueran testigos de cómo una figura paterna abusaba de manera regular de la otra. Si su madre abusaba de ellos o no se protegía a sí misma o a ellos del abuso paterno, no es extraño que hayan aprendido a ver a las mujeres como seres débiles o controladores, o ambas cosas, y a odiarlas por ello. Con frecuencia, bajo estas circunstancias, los niños desarrollan una visión distorsionada de cómo funcionan las relaciones, cómo satisfacer las necesidades, y cómo hacer frente a las emociones. Se sienten confundidos por lo que respecta a la masculinidad, las mujeres, el amor, las relaciones, y el poder personal. Aprenden a equiparar el amor con el dolor y la masculinidad con la dominación sobre los demás y aprenden a desconfiar.

Mientras estos niños crecen, si se van metiendo más y más fuertes sentimientos negativos en la protuberante reserva de resentimiento y dolor, la presión se va constituyendo de modo muy parecido a la de un volcán. En parejas explosivas, las erupciones se producen como medio de aliviar la presión interna creada por las poderosas emociones reprimidas. Los abusadores sutiles alivian la presión de manera más lenta, descargándola un poco en cada ocasión, de forma muy parecida a una tetera humeante. Ambas clases de abusadores expresan su rabia contenida haciendo lo que son propensos a hacer y lo que han aprendido a hacer mediante el ejemplo y la experiencia. Y el legado sigue y sigue avanzando.

Algo crucial es darse cuenta que aunque el detonador de los estallidos de tu pareja abusiva puede parecer externo, realmente es interno. Utiliza lo que dices o haces como excusa para descargar su ira acumulada. Cuando está preparado para descargarse, no importa si estás haciendo o diciendo algo censurable, encontrará algo para abusar de ti de todas maneras.

Puesto que nadie es perfecto, tu pareja tendrá de manera ocasional razones para enfadarse contigo. Pero incluso entonces, cuando se excite y se comporte de manera hiriente, no lo estará haciendo a causa de tus errores, insuficiencias, personalidad, apariencia, opiniones, reacciones, o cualquier otra cosa. La fuente continua de combustible para su conducta abusadora es su reserva de antiguo dolor. Esto explica porqué sus reacciones son tan impredecibles e irracionales.

Tu pareja puede intentar obtener el control ahora porque se sentía sin control cuando era niño, y todavía se siente así. Puede intentar sentirse poderoso ahora porque se sintió desvalido de niño, y todavía se siente así. Puede estar intentando, una vez más, dominar su indefensión y falta de control «desahogándose» en ti y quizá en vuestros hijos. Puede que esté intentando de manera desesperada hacer lo «correcto» esta vez, tratando de conseguir ahora todo lo que tan desesperadamente quería entonces, pero que no consiguió.

Por desgracia, no lo está planteando correctamente y de hecho este sistema nunca le funcionará. Exige cantidades enormes de amor y aceptación, aprobación y estimación. Pero no importa cuánto consiga, no se siente lo suficientemente digno de amor o aceptable para creer que es real. Nada llena el vacío que ha acarreado desde niño. Su mayor temor es ser rechazado o abandonado. Irónicamente, se protege del rechazo y el abandono al comportarse de manera abusiva con aquéllos más cercanos a él, aquéllos que es más probable que le den el amor que siempre ha deseado. Ahora mismo se trata de ti y quizá de tus hijos.

El abusador utiliza al resto de personas como objetos para sentirse mejor, y se encuentra tan embebido en sí mismo que piensa que sus preocupaciones son lo único que importa. Creer que su mundo interior está fuera de control mueve a tu pareja a intentar controlar su mundo exterior. Piensa que la manera de hacerlo es controlando y ejerciendo el poder sobre las demás personas: igual que los adultos de su infancia tenían poder y control sobre él.

Necesidades no satisfechas, una baja opinión de sí mismo, y su gigantesca reserva de dolor antiguo hacen que tu pareja muestre una baja tolerancia a la frustración. Lo que significa que se exalta con facilidad ante nuevos estreses, presiones, o problemas en su vida. Al carecer de las habilidades para sobrellevarlos, controla el estrés mediante el abuso. Si es infeliz en el trabajo, si no gana lo suficiente, si está enfadado consigo mismo por haber cometido un error, o si se está enfrentando a muchas decepciones o presiones, algo tan insignificante como que tú mires a otro hombre o que un hijo deje caer un juguete al suelo es suficiente para que se ponga furioso. Si abusa de las drogas o del alcohol —como hacen muchas parejas abusadoras en un esfuerzo para llenar su vacío e insensibilizar su dolor— aplaza sus problemas y añade más combustible a su conducta abusiva.

Acostumbrado a inflar sus problemas en lugar de enfrentarse a ellos, tu pareja puede que reserve toda su ira hacia el resto de la gente, como sus padres o su jefe, y la descargue en ti, en lugar de discutirlos y enfrentarse a ellos. En su mente, es más seguro.

Sea cual sea el motivo por el que abusa, el resultado es el mismo: te conviertes en el vertedero para la basura psicológica de tu compañero abusador; la desviación que emplea para evitar llegar a la fuente de sus problemas.

El abuso es una venda que sirve como un «arreglo» temporal para su dolor. Consigue una relajación inmediata de la tensión y una «subida» momentánea cuando experimenta el control y el poder que anhela. Pero puesto que los problemas y sentimientos subyacentes y sin resolver no están siendo afrontados, y puesto que continúa poniendo más sentimientos negativos en su reserva de dolor antiguo, continúa sufriendo y continúa abusando.

Tu pareja aprende con exactitud qué decir y cómo decirlo para conseguir el control y el poder que desea. Llega a saber cómo piensas, sientes y reaccionas. Aprende tus vulnerabilidades y las utiliza sin misericordia para su propio provecho. Utiliza de manera experta las palabras y la conducta como armas para desarmar a la persona que ha llegado a creer que es su enemiga. No estás segura de porqué o cuándo empezó a tratarte como si fueras su enemiga, pero sabes que él lo es porque a menudo te sientes como si estuvieras viviendo en una «zona de guerra».

Aunque puede que no sea consciente de ello, el objetivo de tu pareja es confundirte y debilitarte, haciéndote más manejable. Para esta finalidad, inicia una socavación de tu percepción de tu yo, así como de tu respeto, sensación de valía, amor propio, auto-confianza, sensación de bienestar, percepciones, equilibrio emocional y psicológico, habilidad para hacer frente a las cosas, y una multitud de otros elementos básicos para la estabilidad mental. Se trata de un proceso tan insidioso que quizá no te hayas percatado de que ha estado teniendo lugar. Y si fuiste tratada con desconsideración de pequeña —como lo fueron muchas de las parejas abusadas— o creciste viendo cómo uno de tus padres dominaba y controlaba al otro, seguramente muestras dificultades para reconocer la conducta de tu pareja como algo fuera de lo corriente sean aún mayores. De hecho, incluso te parece familiar.

Por tanto, ¿cuál es aquí el resultado definitivo? Que tu pareja abusiva está descargando la rabia de su interior vertiendo la ira de su infancia sobre ti. Que es un matón grande y enfadado que no se gusta a sí mismo, que sólo se siente poderoso y en control del mundo que le rodea cuando abusa, y que consigue sentirse a sí mismo como «el número uno» degradándote. Y que te vas volviendo más y más condicionada a aceptar esta conducta y a creer que de alguna manera eres parte causante de ella, especialmente si experimentaste un tratamiento similar de niña.

SIN EMBARGO, ¿DE QUIÉN ES LA CULPA?

Puede que sientas pena por tu abusador cuando reflexiones acerca de las causas de su conducta abusiva. Puedes empezar a creer que su conducta tiene excusa y que no tiene otra opción que volverse un abusador. Bueno, medítalo de nuevo.

¿Es triste que pueda ser propenso a comportarse de manera abusiva? Sí, pero otros experimentan la misma tendencia, y sin embargo no actúan de esta manera. ¿Es triste que no se le enseñase de manera diferente, que no fuese condicionado de manera diferente, y que no disfrutase de una infancia diferente o de experiencias diferentes en la vida? Sí, pero muchos de nosotros hemos tenido pasados dolorosos y familias de origen que nos enseñaron conductas insanas, y sin embargo no abusamos de las demás personas.

En la edad adulta es cuando la mayoría de nosotros asumimos la responsabilidad de nuestras acciones, a pesar de lo que podamos ser propensos a hacer de manera innata, y de lo que nos haya sucedido en nuestra infancia. Tu pareja abusadora tiene que ser tratada como un adulto y aceptar la responsabilidad de sus acciones. Responder a sus exigencias y premiar su mala conducta con amor y lealtad no le hará volverse un compañero modelo, igual que no harían que un niño malcriado y fuera de control se convirtiese en un niño modelo.

También tú necesitas superar cualquier tendencia innata negativa que poseas, que te haga sentir débil, ser servil, y pensar de manera irracional. También tú necesitas cambiar cualquier pauta aprendida que te mantenga apegada a tu conducta destructiva. Por tanto debes dejar de pensar en este mismo momento que si amases a tu pareja lo suficiente él dejaría de abusar de ti y se volvería repentinamente capaz de amarte de la manera que deseas que lo haga. No puedes controlar su conducta con tu amor, no importa cuánta cantidad viertas sobre él. Es como es. No le puedes cambiar. No puedes arreglar la parte de él que está estropeada. ¿No crees que ha llegado la hora de que dejes de intentar lo que es imposible y reconozcas que tu pareja puede elegir por sí misma? He aquí lo que tu pareja puede hacer:

- Puede optar por ignorar o negar los problemas que su conducta crea en su vida y en las vidas de aquéllos a los que se supone que ama, y continuar con el abuso.

- Puede optar por reconocer que su conducta es un problema pero culpar a su herencia, su pasado, sus padres, la sociedad, el estrés, o a ti, y creer que su conducta es inevitable e imposible de cambiar.

- Puede optar por excusarse de manera repetida e insistir una y otra vez que está mejorando, cuando se está volviendo peor.

- O puede optar por aceptar la responsabilidad de la destrucción que ha estado causando, buscar ayuda profesional voluntariamente porque quiera acabar con el abuso, y comprometerse con determinación hasta que haya superado los problemas que está causando su conducta abusiva, y ya no volver a abusar.

Nadie tiene porqué ser pasto indefenso de un pasado o de unas tendencias biológicas que le trastornan, ni siquiera él. Se trata de una elección: su elección. Por tanto, ¿de quién es la culpa de que la conducta de tu pareja sea abusiva? De él y solamente de él. Nadie tiene que abusar de los demás: ni siquiera si nació biológicamente propenso para hacerlo, ni siquiera si tuvo una infancia horrenda, ni siquiera si está justificadamente lleno de rabia sobre algo pasado o presente, ni siquiera si tiene presiones aplastantes contra las que enfrentarse, ni siquiera si cree de todo corazón que eres la causa de su ira, ni siquiera si... ¡nada! Elige abusar, igual que tú eliges quedarte y ser abusada.

No eres responsable ni de que tu pareja esté siendo abusiva ni de las razones por las que se volvió abusiva. Y no eres responsable de que te eligiera a ti para abusar. De lo que eres responsable es de que optes por permitirte a ti misma ser el recipiente de su abuso y de que consientas que su abuso te afecte de una manera tan profunda como lo hace.

Todos tenemos elecciones que hacer en la vida. Una de las elecciones de tu pareja es abusar de ti. Y aunque es probable que no sea consciente de las razones o motivos de su conducta, es consciente de que está diciendo y haciendo cosas que te causan un gran dolor y afectan de una manera adversa a vuestra relación. Ve tu dolor y es indudable que le has explicado cuán doloroso es cómo te trata. Sin embargo, una y otra vez elige continuar con su conducta. Elige no aceptar la responsabilidad de sus acciones y no comprender lo que realmente está sucediendo. Elige no explorar ni resolver los problemas psicológicos que hacen que se comporte como lo hace. Puede que también abuse del alcohol o las drogas y elija no reconocer su adicción ni hacer nada para detenerla. Incluso si tu pareja es una persona apacible y amable que no posee un solo rincón de maldad en su cuerpo, y que de verdad no entiende lo que está haciendo «mal», aun así puede elegir analizar largo y tendido su conducta, en lugar de asumir que estás encontrando fallos donde no los hay. Se trata de una conducta claramente irresponsable.

No te engañes a ti misma pensando que no puede evitar conducirse de manera abusiva. Puede si elige hacerlo. No abusa de su jefe, ¿verdad? Probablemente elige no abusar de mucha otra gente fuera del hogar. De hecho, los que abusan de su pareja normalmente lo hacen de puertas para adentro y el resto de la gente los percibe como «encantadores, atractivos, afectuosos, simpáticos y personas agradables».

Cualesquiera que sean las razones para el abuso de tu pareja, se hallan en él —no en ti— incluso aunque no seas una persona perfecta. En una relación saludable y no abusiva, tus debilidades, inseguridades, incapacidades, idiosincrasias y vulnerabilidades no serían utilizadas para atacarte. Herir repetidamente a aquél que amas nunca está justificado. Es algo crucial que se ha de recordar. Puede que lo encuentres difícil de creer ahora mismo, pero cuando llegues a ver la verdad que hay en ello, habrás dado un paso gigante hacia la liberación del abuso.

Una vez que te des cuenta de que tu pareja no es una pobre víctima de su herencia biológica, su pasado, o de circunstancias más allá de su control, no caerás en la trampa de sentir pena por él o de intentar «ayudarle» a ponerse bien. Sabrás que la única manera de que cambie será escogiendo cambiarse a sí mismo. Cuando dejes de intentar arreglarlo, habrás dado otro gran paso hacia la liberación.

¿POR QUÉ TÚ?

Si el abuso de tu pareja es el resultado de su propia naturaleza y de sus propios asuntos y tú no eres la causa, entonces ¿por qué te escogió a ti? ¿aquélla a la que se supone que ama más? Quizá haya desarrollado un concepto distorsionado de lo que una relación amorosa debería ser, en especial si creció en un hogar abusivo o en una cultura que acepta tratar a las mujeres como una propiedad. Quizá cree que ser tu pareja le autoriza para tratarte de cualquier manera que le vaya bien; que tiene el derecho de ser tu dueño, tu maestro, tu guardián, tu juez, tu jurado y tu carcelero. Esto puede servir para vuestros hijos, también. O pudiera ser que fueses el objetivo de su ira porque ocupas un papel similar al de su madre o al de otras mujeres que puede que haya amado en el pasado que le decepcionaron, hirieron o abandonaron. Cuando reacciona con ira ante ti, puede que en realidad esté proyectando su antigua ira hacia ellas.

Podemos seguir y seguir conjeturando razones por las que tú eres aquélla de la que abusa, pero existen dos básicas. Primero, elegiste estar con él. Puedes decir que no supiste que tu compañero era «así» hasta que estuviste realmente comprometida con él. Quizá no eras consciente de los signos conductuales que había. O quizá viste algunos signos pero pensaste que no eran importantes. O quizá te atrajeron su encantadora o masculina personalidad de «asumo el mando». O quizá le elegiste porque él te eligió. No pudiste resistir su intenso romanticismo: que te desease tanto, que te amase tanto, que te necesitase tanto, y te dijese que eras bella, maravillosa, especial, una princesa sin comparación: todas las cosas que llevabas tu vida entera esperando oír. Pese a quien pese, le introdujiste en tu vida, concediéndole acceso a ti.

¡La segunda razón por la que abusa de ti es porque puede! Porque estás ahí. Porque continúas. Porque lo aceptas. Porque, a algún nivel, él cree que tienes demasiado invertido en la relación como para dejarla. Porque sabe que tus debilidades, inseguridades, y torpes necesidades te mantienen encerrada en ella. Porque eres una adicta a sus vaivenes conductuales hacia delante y hacia atrás entre el amor y la ira. Porque aceptas los repetidos ataques a tu auto-valía y le permites degradarte. Porque continúas reforzando su conducta abusiva al permitirle mantener su poder «en lo más alto» a expensas de ti. Porque sabe cuantísimo llegarás a tolerar. Pero hay buenas noticias: se trata de razones respecto a las cuales tu puedes hacer algo.

Pregúntate a ti misma, ¿A quiénes suelen elegir para maltratar los matones? ¿Intimidan a las personas fuertes que se enfrentan a ellos, o tiranizan a aquéllas que son débiles, indefensas y temerosas? Incluso si en alguna ocasión consigues la fuerza de voluntad suficiente para decirle a tu pareja que su conducta es irracional y que no la aguantarás más, él sabe que lo harás –que es una amenaza vacía– porque lo has dicho antes, y sin embargo aún sigues allí.

Puede que estés actuando con debilidad e ineficacia en tu relación más importante incluso si eres una mujer fuerte, competente, asertiva e independiente en las otras áreas de tu vida y en tus otras relaciones. Lo mismo puede suceder si eres un hombre. Una cantidad sorprendente de hombres, algunos poderosos, exitosos, y ricos, están siendo abusados verbalmente por una mujer. Porque es en las relaciones amorosas donde nos volvemos verdaderamente vulnerables: y nuestros cuentos de hadas de felices por siempre jamás, nuestras ilusiones acerca del amor, y nuestras debilidades, inseguridades, torpes necesidades y percibidas indefensiones pueden con nosotros.

En el capítulo siguiente aprenderás lo que es el amor verdadero y saludable y lo que no lo es. Y someterás a prueba el estado de tu relación utilizando algunos sencillos, y sin embargo sorprendentes criterios.

CAPÍTULO 5   Parece amor pero... ¿lo es?

¿Cuántas veces has escuchado «No estaría tan enfadado si no te amase tanto» o «Sólo te estoy diciendo esto porque te quiero muchísimo»? Esta clase de afirmaciones, y la intensidad que hay detrás de ellas, envían mensajes muy confusos. Justifican la expresión de la ira y la inflicción de dolor en nombre del amor. No es sorprendente que las parejas abusadas a menudo confundan la poderosa conexión entre ellos mismos y sus parejas como amor, cuando, de hecho, normalmente se trata de algo bastante diferente.

Puesto que tu pareja y tú estáis henchidos de horrorosas necesidades adquiridas en vuestro pasado y puesto que ambos aprendisteis a asociar el amor con la ira y el dolor, estos sentimientos se entremezclan hasta que no podéis diferenciar el uno del otro. Equiparas la intensidad del sentimiento con el amor: incluso cuando el sentimiento es dolor.

Una de las distinciones más básicas entre relaciones abusivas y no-abusivas es que las saludables relaciones no-abusivas se llenan de amor, no de ira. Las relaciones abusivas, por otra parte, se nutren de ira, no de amor. ¿Sabes distinguir si tu relación está basada en el amor o en la ira?

La diferencia entre una relación en la que reina el amor y una en la que lo hace la ira está explicada con claridad en mi (M.G.P.) libro *La princesa que creía en los cuentos de hadas*. En el siguiente extracto, el sabio búho que toca el banjo, adalid de la princesa, Henry Herbert Hoot, Dr.C. (Doctor del Corazón), le explica lo que es el verdadero amor:

—El verdadero amor significa libertad y crecimiento en lugar de posesión y limitaciones. Significa paz en lugar de confusión, y seguridad en lugar de temor, –le explicó Doc, empezando a hablar cada vez más rápido–. Significa comprensión, lealtad, aliento, compromiso, unión, y… ah, ésta es una parte especialmente importante para ti, Princesa: respeto. Porque cuando alguien no es tratado con respeto, casi siempre hay dolor; un dolor intenso, perturbador, destructivo, inquietante que nunca forma parte de la belleza que es el verdadero amor.

La princesa replicó, –Ahora lo sé muy bien, todo eso. Y también sé que era mi obligación no aceptar nada menos que respeto, pero seguramente incluso el verdadero amor debe pasar por momentos difíciles. Quiero decir que a veces la gente se enfada y dice cosas…

—Sí, pero uno puede estar enfadado por algo que otra persona dice o hace sin menospreciar o maltratar a la persona que lo dijo o hizo. El amor verdadero significa avenirse a discrepar como amigos o compañeros, en lugar de como adversarios o competidores, porque el verdadero amor no trata de luchar o vencer. –Su voz se hizo más alta y profunda, y se irguió, con el pecho hinchado como el de un pavo real–. Y nunca es degradante, nunca es cruel, nunca es agresivo, nunca es violento. Hace de un hogar un castillo, nunca una prisión.

¿QUÉ TE DICEN ESTAS PRUEBAS SOBRE TU RELACIÓN?

Las experiencias diarias te proveen de una intuición valiosa sobre cómo te sientes de verdad con respecto a varios aspectos de tu vida. Es importante prestar atención a estos sentimientos y aprender de ellos. Los sentimientos son señales que quieren alertarte de que algo está o no está funcionando en tu beneficio. Varias situaciones pueden sacar a colación sentimientos que dicen mucho sobre lo que está ocurriendo en tu relación. He aquí tres interesantes situaciones que puedes encontrar útiles.

LA PRUEBA DE LA BODA

Los mismos sentimientos expresados por Doc sobre el amor verdadero son expresados con frecuencia en las ceremonias nupciales. Quizá hayas pasado por la experiencia de presenciar la boda de alguien o de mirar una boda en el cine o por la televisión, luchando por refrenar las lágrimas al escuchar cómo eran dichas las promesas de matrimonio de que deberían amarse, respetarse, y ser fieles el uno al otro, y que deberían ser la fuente principal de fuerza del otro. Que su hogar debería ser un santuario del mundo, un refugio, un lugar de serenidad y renovación. ¿Sentiste que la tristeza y el dolor te inundaban mientras recordabas los sueños que una vez tuviste de cuidar a tu amado, y de ser cuidada? ¿Te pareció que todo lo que habías deseado simplemente se había desvanecido?

LA PRUEBA DE LA TARJETA DE FELICITACIÓN

¿Cómo te sientes al elegir una tarjeta de cumpleaños, de aniversario o de San Valentín para tu pareja? ¿Has leído alguna vez tarjeta tras tarjeta que daba las gracias por ser adorable, ser maravilloso, ser la luz de tu vida: y dejar cada una con un dolor en tu corazón que iba creciendo y creciendo? ¿Se te encogió el corazón y brotaron lágrimas de tus ojos al darte cuenta de que la única tarjeta que le podrías ofrecer con honestidad a tu pareja no diría ninguna de estas cosas cariñosas? ¿Acabaste dejando la tienda con el corazón roto y las manos vacías?

LA PRUEBA DE «NUESTRA CANCIÓN»

¿Cuando oyes «nuestra canción» te sientes igual de alegre que una vez te sentiste? ¿O te sientes deprimida y te preguntas qué es lo que no ha funcionado? Cuando escuchas canciones sobre el amor perdido ¿te hacen sentir ganas llorar? ¿Las canciones que hablan de la devoción amorosa te provocan dolor por dentro porque es lo que esperaste tener, pero no tienes? ¿Has desconectado la radio deseando evitar el dolor? ¿Y, de todas maneras, seguiste sintiendo un gran dolor en el corazón?

La prueba de la boda, la prueba de la tarjeta de felicitación, y la prueba de «nuestra canción», aunque pueda parecer sorprendente, son métodos veraces para descubrir tus verdaderos sentimientos sobre tu pareja y tu relación. (Se desarrollan desde las experiencias comunes de ocho mujeres que eran miembros del «Club Felices-por-siempre-jamás» original: un extraordinario grupo de terapia en el cual yo [M.G.P.] participé).

He aquí una afirmación que aclarará mejor lo que es tu relación y lo que no es. Utilízala como criterio para evaluar las relaciones de tu vida.

«El amor debería ser demostrado de pensamiento, palabra y obra».

Decir solamente que te ama no es suficiente. Si los pensamientos de tu pareja no son amorosos, si sus palabras no son amorosas, si sus obras no son amorosas, –constantemente–, entonces lo que tienes no es amor.

Ahora párate a pensar por un momento: basándote en todos los criterios mencionados hasta ahora, ¿clasificarías tu relación de «amorosa»?

He aquí algunas otras preguntas para que te formules a ti misma:

- ¿Es tu bienestar la prioridad de tu pareja?
- ¿Te acepta, le agradas, te honra y respeta como eres?
- ¿Le aceptas, te agrada, le honras y respetas como es?
- ¿Te aceptas, te agradas, te honras y respetas a ti misma cuando estás con él?
- ¿Saca lo mejor de ti?
- ¿Es tu mejor fuente de apoyo emocional y de estímulo?
- ¿Cree en ti y en tus habilidades?
- ¿Estimula tu crecimiento personal?
- ¿Te sientes como una persona separada con opiniones, creencias y preferencias válidas?
- ¿Está orgulloso de tus logros y éxitos?
- ¿Te sientes comprendida, valorada, segura y en paz?
- ¿El estar con él afirma e intensifica tu vida?
- ¿Eres feliz cuando estás con él?

ES HORA DE ENFRENTARTE A LOS HECHOS

¿Se te llenan los ojos de lágrimas y el corazón de tristeza después de leer las pruebas de relación y de pensar en las respuestas a las preguntas de más arriba? Por muy difícil que sea enfrentarte a la verdad de tu situación, es la única manera de liberarte del dolor. Por tanto, puede que te sientas un poco peor antes de que te sientas mejor, pero valdrá la pena.

Si te encuentras en una relación abusiva es porque tu pareja no está interesada en arreglar los dolorosos «malentendidos». No está interesado en discutir el «problema». No está interesado en hacer las paces. No está interesado en escuchar cómo te está hiriendo o en entender cómo te sientes. No está interesado en tu bienestar o en el bienestar de su relación contigo. No está de tu parte.

Es tu oponente en un fiero tira y afloja mental continuo: un hecho que niega inexorablemente. No puedes fiarte ni de su conducta hacia ti ni de las cosas que te dice. Está interesado en aumentar su control sobre ti y utilizará casi cualquier medio a su alcance para establecer y mantener ese control, ya se dé cuenta o no de que lo está haciendo. Hace cualquier cosa para volverse más fuerte y debilitarte más a ti, para conseguir más control y que tú tengas menos. Su conducta está alimentada por la ira: no por el amor. La ira —no el amor— es el pegamento que mantiene unida vuestra relación. Y la base de ella es vuestra mutua dependencia emocional: cada uno de vosotros depende de la opinión y las respuestas del otro para su sensación de yo.

Si crees que «no puedes vivir sin él», tu relación está basada en la necesidad, no en el amor. Y si tu pareja está utilizando cualquier medio posible para retenerte —incluyendo el hacerte que te sientas demasiado débil e insegura como para dejarle— simplemente tiene miedo de vivir sin ti. Esto tampoco es amor. La intensidad de tus sentimientos puede engañarte y creer que estás enamorada, cuando de hecho lo que estás experimentando es el resultado de necesidades inconscientes, una adicción emocional o sexual, u otros problemas.

Sentir un fuerte deseo de ser amada y aprobada por tu compañero es algo bastante natural. Es parte de la condición humana. El investigador John Bowlby y otros psicólogos han demostrado que algunos niños nacen con una fuerte tendencia a encariñarse con sus padres y otros cuidadores, a mostrarse cariñosos y a exigir amor a cambio. Como adolescentes y adultos, conservamos esta tendencia biológica. Por desgracia, algunos de nosotros (especialmente aquellos que no satisficieron sus necesidades de niños) exageramos nuestra tendencia innata a una desesperada necesidad de amor y aprobación de los demás y podemos pasar una buena parte de nuestra vida cubriendo esta necesidad.

El amor saludable está basado en el deseo de amor y aprobación, y no en la necesidad de él. Cuando no lo obtienes, te sientes triste y decepcionada. Te sientes motivada a buscarlo y a incorporarlo a tu vida, pero no te sientes desesperada. Y cuando personas a las que quieres no se muestran cariñosas o son emocionalmente inaccesibles, te das cuenta de que no estás obteniendo lo que deseas de ellos y que se desprenden de ti y miran en otra dirección. El amor saludable sólo se da si ambos componentes de la pareja son plenamente capaces de vivir sus vidas sin el otro pero eligen estar juntos. Eligen la fuerza en lugar de la desesperación.

Una desesperada necesidad de amor y aprobación es algo bastante diferente, y es insano. Cuando la aprobación y el amor son bloqueados o reemplazados por una conducta y una desaprobación nada amorosas, puede que te convenzas a ti misma que puesto que no tienes en absoluto lo que necesitas, es horrible, eres repugnante, no te mereces el amor, y quizá eres despreciable en todos los aspectos.

Cuando sientes una necesidad horrorosa de amor y aprobación y te encuentras con una pareja abusiva, tienes de verdad problemas. Cuanto más se comporta de manera abusiva, más alterada y deprimida te sientes, y con más fuerza intentas «hacer» que te dé el amor y la aprobación que imploras. Entonces te vuelves más que nunca apegada a él y todavía más dependiente de su aprobación. Cuando no está siendo abusivo, y es realmente agradable, te sientes como si estuvieras subiendo al cielo en un carro dorado. Cuando vuelve a ser abusivo, te vienen arranques de melancolía y te sientes deprimida.

Puede que hayas vivido un guión similar con una o ambas figuras paternas o con tus cuidadores cuando eras niña. Si es así, tu desesperación por conseguir que aquél al que amas te vuelva a amar es una repetición de una antigua lucha que te aprisiona en tu relación y que puede que la mente te juegue malas pasadas.

No te engañes. Recuerda: tu compañero abusivo no es tu amigo, incluso aunque a veces pueda comportarse como un amigo. Es un lobo con piel de cordero, un adversario amedrentador con una bien concebida –aunque quizá inconsciente– estrategia para la batalla. Te hace sentir mal derribándote, te pilla con la guardia baja, después entra a matar: una y otra vez. Si le permites continuar, te sentirás tan gastada por la lucha, batalla tras batalla que finalmente perderás la guerra: la guerra para preservar tu salud física y mental y para llevar una vida llena de amor y alegría.

He aquí más hechos duros y fríos:

- El abuso verbal es una forma de violencia doméstica. Es una forma de tortura psicológica y emocional. Es una forma de lavado de cerebro. No es nunca una forma de amor.

- La poderosa conexión entre la pareja en una relación abusiva normalmente se percibe como amor, cuando de lo que realmente se trata es de una desesperada dependencia emocional mutua.

- Intentar llegar de manera emocional hasta una pareja que se está comportando de forma irracional es algo que está condenado al fracaso.

- Los abusadores verbales que no reciben ayuda profesional no mejoran; casi siempre empeoran.

- El abuso verbal en ocasiones se extiende hasta incluir los ataques físicos a objetos: golpeando, tirando, desgarrando y rompiendo las cosas. Los ataques físicos a objetos pueden extenderse a ataques físicos sobre la pareja.

- El abuso verbal es la primera etapa del abuso físico. El abuso verbal siempre precede y acompaña al abuso físico, pero muchas parejas que abusan de manera verbal nunca se vuelven violentos.

- Las amenazas verbales de hacer daño y el blandir armas deben tomarse muy en serio.

- Cuando el abuso verbal que ha estado sucediendo en privado empieza a tener lugar delante de otras personas, a menudo es una señal de que el abuso está avanzando hacia la segunda etapa: el abuso físico.

- Cuando sea evidente que existe una amenaza física, debes tomar medidas preventivas. Consigue ayuda y márchate. O, al menos, prepárate a conciencia para el caso de que alguna vez tengas que marcharte apresuradamente.

◆ Es mucho más fácil salir de una relación verbalmente abusiva antes de que hayas estado en ella durante años y que, a largo plazo, te haya cobrado un peaje emocional, psicológico y físico enormemente debilitador.

SUFRES, APRENDES Y MEJORAS Y... SUFRES UN POCO MÁS

A pesar de todo, muchas parejas abusadas continúan e intentan sacar lo mejor de su situación, pero a menos que hagan algo radicalmente diferente, sólo sufren más. Otras, se marchan, pensando que esto las liberará, y para algunas funciona, pero muchas otras continúan sufriendo. Aunque ya no siguen sufriendo por los continuados ataques de su anterior Príncipe Azul, puede que sufran por los ataques del siguiente, o el siguiente, mientras se preguntan cómo han podido caer de nuevo en la misma situación. Aquéllas que se marchan y no caen en esta trampa puede que todavía sigan sufriendo debido al dolor, la confusión, el temor, y la pobre autoimagen que a menudo persiste mucho después de que hayan puesto tiempo y distancia entre ellas y su relación abusiva.

Ya continúen o se vayan, las parejas abusadas intentan muchas cosas para detener su sufrimiento. Algunas esconden la cabeza bajo el ala y soportan el dolor en soledad. Otras leen sobre su situación, hablan sobre ella, y se incorporan a grupos de terapia. Intentan crecer, aprender, ser más fuertes, continuar, cuidarse de ellas mismas, convertirse en alguien más espiritual: y esto ayuda. Pero no importa cuánto mejor se encuentren ya que si continúan en su relación todavía se enfrentan a la lucha diaria para restablecer y mantener repetidamente su equilibrio emocional, psicológico y físico.

Si se marchan, se enfrentan con años de lucha para superar lo que han estado soportando para, finalmente, encontrarle un sentido a todo, para sanar su cuerpo sitiado por el estrés, para superar los retos prácticos y los nuevos temores que amenazan con aplastarlas cuando se adentran en una vida propia, y para cambiar sus pautas de conducta y por tanto no volver a caer en la misma situación con otro «Príncipe Azul» abusador.

Así pues, ¿está todo perdido? ¿Estás destinada a revolcarte en el lodo de tu vida para siempre? La respuesta es inequívoca: ¡No! Tanto si continúas como si te marchas, puedes adentrarte en cada nuevo día con confianza, con la cabeza bien alta. Puedes felicitarte a ti misma en lugar de vapulearte. Los instantes de tu vida pueden brillar como joyas bajo el Sol. ¿Que cómo lo sabemos? Porque hemos conocido a muchas mujeres de las que se ha abusado verbalmente que estaban cansadas y enfermas y confundidas y tristes y solas y atemorizadas, que ahora son enérgicas y más fuertes y más tranquilas y más felices y más realizadas y seguras de lo que nunca hayan estado en su vida. Cada día brilla con la comprensión de que han elegido utilizar su experiencia con el abuso como una herramienta de aprendizaje para volverse más fuertes y más sabias. Han elegido emplear su poder innato para sanarse a sí mismas, para componer sus sueños rotos, y para volver a tejer sus vidas.

Tú puedes hacer lo mismo. Esas mujeres y tú sois similares en vuestras mentes, vuestros corazones, vuestros sueños y sueños destrozados: todas sois princesas. Y también tú, que cifraste tus esperanzas de felicidad en encontrar y amar al Príncipe Azul, descubrirás que la manera más segura de vivir feliz por siempre jamás está en encontrarte y amarte a ti misma primero.

EL ABUSO ES UNA LLAMADA DE ALERTA...
¿LA CONTESTARÁS?

El abuso es una llamada para que despiertes a tu propio respeto, tu dignidad, tu amor propio, y tu poder personal. Es una motivación para buscar la claridad y la paz, y una oportunidad para crecer y florecer como persona: para averiguar quién eres, qué sentido tiene la vida, y qué es el verdadero amor. El abuso puede ser una puerta hacia la intuición y la sabiduría o, por el contrario, una dolorosa prisión de la que no parece existir escapatoria. Tú eliges. Y es una elección.

Tu relación es como un espejo que refleja lo que debes aprender. Te puede enviar a efectuar una profunda búsqueda dentro de ti misma para que averigües cosas como porqué te atrajo un hombre abusivo, porqué reaccionas ante el abuso como lo haces, y qué viejas heridas te han mantenido enganchada a él y a una alianza insana con el dolor y el sufrimiento. Las respuestas a estas preguntas te pondrán cara a cara con las creencias que gobiernan tu vida, y te proporcionarán la oportunidad de un crecimiento personal y de una transformación.

Puede que te parezca que tu dolor emocional es tu enemigo, pero cumple un objetivo importante. Es una señal que se esfuerza por llamar tu atención, una gran bandera roja ondeando con más y más frenesí ante tu rostro hasta que ya no lo puedes seguir ignorando por más tiempo. El dolor es un catalizador para un tú mejor, para una vida mejor. Te ayuda a reconocer lo que deseas y te empuja para que des los pasos necesarios para conseguirlo. Te puede forzar a crecer fuerte, a aprender más, a sentirte mejor contigo misma. Puedes transformarlo en algo positivo en tu vida y utilizarlo para hacer cosas que nunca creíste posibles.

Puedes obtener lo que quieres más que cualquier cosa del mundo: que se te libere, desprenderte de tu dolor, tu confusión, tu miedo, y tu sensación de no ser lo suficientemente buena. Puedes obtener verdad, comprensión, y validación. Puedes ser respetada, apreciada y amada. Puedes recuperar la fe y el respeto en ti misma, encontrar el sentido y la realización, y descubrir el amor verdadero y duradero que no hiere. Puedes tener paz en tu cabeza y tu corazón, y puedes aprender a creer de nuevo que en verdad es posible alcanzar tu felicidad por siempre jamás, después de todo.

Todas hemos creído en cuentos de hadas sobre nosotras y nuestras vidas que hemos esperado que se harían realidad. Tú todavía puedes. No es demasiado tarde. No es imposible. No importa cuáles sean tus problemas pasados o presentes, puedes aprender a transformar tus experiencias difíciles en herramientas para construir sueños nuevos. Recuerda: en cada cuento de hadas hay un malvado al que vencer. La presencia del mal no significa que el cuento de hadas no pueda convertirse en realidad. ¿Qué hubiera sucedido si la Cenicienta se hubiera sentido tan asolada por el trato recibido durante años por su madrastra y hermanastras que hubiera perdido toda esperanza en ella misma y en sus sueños, y no hubiera tenido el valor de asistir al baile? Piensa en ello. ¿Cómo podrás nunca saber qué cosas maravillosas puede que te estén esperando si pierdes las esperanzas en ti misma y en tus sueños?

Eres más fuerte de lo que crees ser. Enfrentarse a la verdad sobre tu relación y sobre ti misma requiere valor, ¡pero lo estás haciendo! Estás dando ese primer paso crucial para romper las ataduras del abuso. Siéntete bien contigo misma y concédete el crédito de ser capaz de observar de manera objetiva lo que está sucediendo. No es fácil. No toda pareja abusada elige hacerlo. Tú eres una de las fuertes, o no estarías leyendo este libro.

Cuanto más aprendas, más fuerte te volverás y serás más capaz de tomar medidas que llevarán la paz a tu corazón y la alegría a tu vida. Este libro te enseñará cómo, paso a paso. Incluso si tu príncipe se ha convertido en un sapo, puedes aprender cómo vivir feliz por siempre jamás. Otras lo han hecho. Ahora vas a aprender el secreto para conseguir que te suceda a ti.

SEGUNDA PARTE

EL SECRETO DESVELADO

CAPÍTULO 6 Éste es el secreto

¿Has llegado a creer algunas de las cosas que tu pareja abusiva dice sobre ti, sin importar con qué intensidad hayas intentado ignorarlas? ¿Crees que el abuso verbal es el responsable de que hayan bajado tu autoaceptación y tu autovalía? ¿Qué ha minado tu energía, te ha robado la confianza y el respeto que sientes hacia ti misma, y te ha atrapado en una interminable red de dolor?

Si has respondido afirmativamente a las preguntas anteriores, entonces, los siguientes hechos incuestionables puede que te sorprendan porque son lo contrario de lo que puede que creas y de lo que hayas oído y leído en otros lugares:

+ No tienes que sentirte gravemente herida, no importa de qué se trate. No tienes que culparte a ti misma o sentirte culpable o estúpida o fea o mala o corta o incompetente o responsable por el abuso que estás recibiendo. Y no importa si las cosas negativas que tu abusador dice sobre ti son verdaderas, falsas, o se hallan en un punto intermedio: no tienes en absoluto que sentirte muy herida por esas cosas.

+ Tienes el poder de evitar que tu compañero abusivo –o cualquier otra persona– te convierta en una criatura servil, confundida, temerosa y patética que en ocasiones duda de su propia cordura.

+ Puedes salir de la confusión emocional tanto si tu abusiva pareja cambia como si no.

- Tienes control sobre tu sufrimiento y puedes detenerlo.

- Tienes control sobre tu propia paz mental y tu felicidad y puedes elegir tenerlas.

¿Encuentras difícil creer que puedes sentirte enormemente mejor incluso si se continúa abusando de ti? No es sorprendente que te sea difícil. Es indudable que ya has intentado varias maneras de reducir tu sufrimiento que no han funcionado. Intentar ser «menos sensible» no ha funcionado, ni lo ha hecho el procurar «mostrarte superior a ello». Acordarte del antiguo refrán «palos y piedras pueden romper mis huesos, pero las palabras nunca podrán lastimarme» definitivamente no ha funcionado. Incluso defenderte no ha ayudado a que te sientas mejor.

Que estas vías no hayan funcionado no significa que nada funcionará. Has intentado de manera instintiva reducir la severidad del impacto de tu abusador en ti asumiendo el control de tus emociones de las maneras que conoces. Ahora vas a aprender una manera diferente: una manera verificada. No tienes que creer que será efectiva. Sólo tienes que estar dispuesta a probarla. Lo has intentado todo. ¿Estás dispuesta a intentar una cosa más? Si lo estás, a la larga acabarás triunfando sobre tu dolor.

POSEES UN GRAN PODER PERSONAL AUNQUE QUIZÁ NO LO SIENTAS EN ESTE MISMO MOMENTO

Te mostraremos que aunque el abuso verbal puede aplastarte y destruir tu felicidad y tu paz mental —como lo hace en la mayoría de las parejas abusadas— no es inevitable. Puedes cambiar la apariencia de tu mundo, incluso si el mundo que te rodea se mantiene inalterable. Cuando aprendas cómo asumir el mando de tus emociones, te darás cuenta de que tienes poderes que creías perdidos o que carecías de ellos: el poder de controlar tus sentimientos y tu vida; el poder de decidir cómo te percibes a ti misma, a tu abuso, y a tu abusador; y el poder de decidir cómo reaccionarás ante ellos y les harás frente. De hecho, tienes tanto poder personal como creas que tienes.

Si eres una mujer de baja estatura y con una fuerza física menor a la de tu compañero, y si no posees las habilidades o la experiencia para mantenerte económicamente a ti misma, es comprensible que pudieras pensar que no tienes mucho poder. Pero algunas mujeres fuertes y atléticas, y algunas que tienen exitosas carreras, también se sienten indefensas en su relación con su pareja abusadora. ¿Has pensado alguna vez qué es lo que haría que te sintieses fuerte y poderosa? Piénsalo.

Ahora piensa en los hombres de los que su pareja abusa intensamente. Por sorprendente que parezca, soportan calladamente su secreto humillante y su agudísimo dolor, lo mismo que hacen las mujeres. Algunos son hombres corrientes con vidas corrientes. Hay de la clase robusta y atlética y de la clase erudita e intelectual. A pesar de todo, en su vida personal, son como niñitos aterrorizados, que permiten que una pareja dominante y crítica del tipo maternal les aplaste bajo su dedo.

Estos hombres son variadas combinaciones de grandeza, fuerza, independencia económica, éxito, riqueza, influencia, inteligencia, educación y vida mundana: todos los atributos que quizá pienses que te ayudarían a obtener poder personal. No obstante, tienen demasiado miedo a vivir su vida de la manera en que desean. Miedo a hacer algo que disguste a su pareja por las mismas razones que tú temes disgustar a la tuya. Temen hacer cualquier cosa para evitarlo pero aguantan con indefensión y en silencio que su pareja abusiva les controle o malgaste su dinero, que controle su tiempo y actividades, que vuelva a sus hijos contra ellos, que sean su última prioridad, y que les censure sin piedad: quizá tanto delante de otras personas como en privado. Incluso aquellos que recurren a llevar vidas secretas privadas para poder escapar de alguna manera del escrutinio de su pareja viven con el temor constante de su conducta irracional y su venganza. Dejan que su temor y la ira de su pareja les mantengan como rehenes.

Hemos conocido hombres así y hemos intentado ayudarles a darse cuenta de que la indefensión es el resultado de cómo se perciben a sí mismos. Puesto que son físicamente fuertes y financieramente independientes, esperarías que tuvieran un gran poder personal y que fueran buenos en el arte de controlar sus vidas. Pero el poder personal es un estado mental. Esto es algo importante que hay que recordar. Aunque te puedas sentir indefensa en tu relación, sólo eres, en verdad, indefensa si eliges entregar tu poder a tu pareja. Si te ves como débil, serás débil. Si te ves como fuerte, serás fuerte.

Ahora presta mucha atención. Estás a punto de aprender las siete primeras verdades básicas que pueden cambiar tu vida. Estas verdades son la base del secreto para superar el abuso verbal. Puede que al principio te sea difícil leer algunas de estas verdades –puede que quieras gritarnos al leerlas– pero son la clave para que te sientas mejor.

Verdad básica 1
Tú, y sólo tú, creas tus sentimientos

Por increíble que suene, las devastadoras emociones que atribuyes a ser verbalmente abusada son de tu propia cosecha. De hecho, todas tus emociones son de tu propia cosecha. Nadie puede hacerte sentir algo. Tú eres la que te haces sentir cada emoción que experimentas. También tienes el control de la intensidad de cada emoción que experimentas. Tu abusador no tiene el poder de herirte con sus palabras y su conducta: no sin tu ayuda. Nadie puede hacerte experimentar algo sin tu permiso, sin tu participación.

Por mucho que puedas creer que tu compañero abusador es culpable de todo tu dolor, la verdad es que la mayoría de los aros emocionales a través de los que vas saltando son de tu propia creación. Aunque quizá no desees oírlo, es una noticia maravillosa. ¿Por qué? ¡Porque significa que puedes hacer algo para detener el dolor sin tener que contar con tu abusador para que lo pare por ti! ¿Lo has cogido? Se va a convertir en la mejor noticia que has oído en mucho tiempo. He aquí de nuevo: puedes hacer algo para detener el dolor sin tener que contar con tu abusador para que lo pare por ti.

Ya no tienes que seguir sintiéndote descontrolada y obligada a explicar, instar, suplicar, manipular, o intentar forzar a tu abusador para que detenga el dolor por ti. Tú puedes parar tu dolor. De hecho, ¡tú eres la única que puede! Eres esa persona, la única persona, que tiene el poder para cambiarte. Puedes hacer más para disminuir el dolor de lo que puede hacerlo ninguna otra persona en la tierra: incluyendo a tu compañero abusador. Si te decides a emplear la enorme energía que has estado desperdiciando en intentar arreglarle a él en arreglarte a ti misma en su lugar, puedes reducir en gran medida tu sufrimiento, recuperar tu poder personal, y hacer que tú y tu vida volváis a ser agradables.

Ésta es la razón por la que el resto del libro trata principalmente de ti, en lugar de tratar de tu compañero abusador. En capítulos anteriores aprendiste lo que él hace: consigue sentirse «más que» intentando hacerte sentir «menos que» y utiliza su gran reserva de trucos para abusar o para controlarte. Ya sabes lo que es él: un misógino, monstruo del control, inseguro e inmaduro, que quizá también sea un adicto de la rabia. Ya sabes que puede ser tan irresistible como irritable y tan encantador como odioso. Ya sabes que pocos abusadores cambian, no importa qué hagan o digan sus parejas, o no hagan y no digan. Por tanto es el momento de enfrentarte al hecho de que lo que tu pareja dice, hace, piensa y siente no es tu problema principal, ni debería ser por más tiempo el centro de tu mundo.

Aunque nunca lo planeaste, te has convertido de manera inconsciente en la socia de tu abusador. Cuando no está ocupado abusando de ti, eres tú la que abusas de ti misma. Te has convertido en la abusadora de la que nunca te puedes escapar. La abusadora que conoce cada una de tus debilidades e insuficiencias; que recuerda tus errores, patinazos, los momentos más embarazosos, tus manías e idiosincrasias, y que es una experta utilizándolos en tu contra y ayudando a los demás a que los empleen también contra ti. Eres la abusadora que puede atormentarte y vapulearte sin misericordia, con tanta frecuencia y por tanto tiempo como desee. La abusadora cuyas inseguridades, dudas, y horrendas necesidades te convierten en presa fácil para que tu pareja abuse de ti.

Este libro ha sido escrito pensando en ti, que sufres abusos verbales y que, si quieres, puedes hacer algo al respecto. Tú, que sufres abusos, eres quien realmente sustenta el poder. Y fue escrito para aleccionarte sobre este poder: el poder grande, innato y con capacidad para cambiar tu vida que se halla disponible para ti sólo con que quieras aprender a utilizarlo. El poder que puede cambiar las tornas del control si quieres continuar —o crees que necesitas continuar— con tu relación abusiva. El poder que te hace lo suficientemente fuerte como para marcharte, si eso es lo que escoges. El poder que hace que tus sueños se conviertan en realidad.

CÓMO CREASTE LOS SENTIMIENTOS QUE TE CONVIRTIERON EN TU PROPIA ABUSADORA

Igual que la base de los sentimientos y conducta de tu compañero abusador está asentada en su pasado, así la base de tus sentimientos y conducta –que incluye el abuso de ti misma– está en tu pasado. Cuando eras joven, tu mente fue programada de manera muy parecida a un ordenador pero a diferencia de él, que fue programado por especialistas que poseen las habilidades necesarias, la introducción de tus datos fue llevada a cabo por personas imperfectas que disfrutaron de programaciones imperfectas durante su crianza.

Como una personita dependiente sin la experiencia o el criterio para pensar por ti misma, tú –como muchos niños– aceptaste crédulamente las cosas que te dijeron y enseñaron esos seres humanos falibles. Y puede que hayas tomado la guía de crianza rutinaria y las razonables reglas y normas parentales y las hayas exagerado hasta convertirlas en exigencias y obligaciones sobre ti misma, los demás, y el mundo. Lo que piensas sobre cada cosa se basa en tu evaluación e interpretación de las cosas que se te han dicho, la manera en que se te ha tratado, y las experiencias que has tenido.

Por desgracia, de niña, no eras consciente de que de la manera en que se te trataba y hablaba puede que dijera más sobre tus padres o cuidadores y sus problemas que sobre ti. Por ejemplo, si tuviste una madre impaciente, que trabajaba en exceso, que hacía frente a las situaciones estresantes chillando, puede que pensases que tú eras la única razón por la que estaba enfadada, y te sintieses mal contigo misma.

Poco a poco, sin darte cuenta, hiciste tuyos los criterios de tus padres o de otros cuidadores. Las exigencias que un día te hicieron, aprendiste a ponértelas a ti misma. Ahora que esas personas ya no están todo el tiempo contigo dictándote tu conducta, eres tú quien les suples. Te ves bajo la misma luz que ellos te veían. Te tratas como ellos te trataban, diciéndote y haciéndote el mismo tipo de cosas que una vez te dijeron e hicieron. Y presentas la tendencia a vivir según las expectaciones que tus padres tenían sobre ti, ya sean altas o bajas.

Para empeorar las cosas, tú –y nadie más que tú– muestras una tendencia innata a aferrarte al pasado y mantenerlo vivo durante muchos años, posiblemente durante toda la vida, influyendo los sentimientos adultos y la conducta. Algunas personas se transforman en consecutoras altamente perfeccionistas; otras simplemente se rinden, y la mayoría acaban en algún punto intermedio haciéndolo lo mejor que pueden para no permitir que sus inseguridades les refrenen o les hagan desgraciadas. Pero demasiadas personas pasan sus vidas causándose su propio dolor al decirse a sí mismas cosas como: «soy tan estúpida.

Tendría que haberlo sabido». «Esto tiene que funcionar, o me moriré». «Esto me hace tan gorda que no puedo soportarlo». Por tanto, puedes comprobar que aunque te hayas educado en una familia «normal», es probable que hayas aprendido a abusar de ti misma.

Los niños educados en familias abusivas son aún más propensos a que se les haya transmitido mensajes negativos. Se les dice de manera repetitiva y de muchas maneras cuántas carencias tienen. Son programados de forma sistemática para que dejen que «un ser querido» les diga qué pensar, decir, hacer y sentir y para que se hinchen con la frustración y la rabia de ello. Si te encuentras inmersa en una relación abusiva adulta, es probable que se te maltratase de niña. Quizá se te dijo una y otra vez que no eras muy lista, ni atractiva, ni buena, ni valiosa, ni adorable, ni capaz de hacer nada «bien» o lo suficientemente bien. O peor: puede que hayas aceptado estas opiniones sobre ti misma, las hayas exagerado, y hayas llegado a creer con fervor que eran ciertas.

Una vez que adoptaste estas creencias, asentaste tu percepción sobre ti misma. Desde entonces, no sólo aceptaste esta tontería sobre ti misma, sino que sin darte cuenta ayudaste a perpetuarla, a «sentir» que era verdad, y a actuar según sus mandatos quizá viviendo una vida de error tras error.

Tu maltrato puede que haya sido descarado, o tan sutil que todavía tengas dificultades para reconocerlo. Puede que haya sido intenso o leve. A pesar de todo, ya seas o no consciente de ello, es probable que tengas un montón de práctica en dudar de ti misma, en sentirte mal contigo misma, y en luchar para conseguir el amor y la aceptación que crees que necesitas. Y estás acostumbrada a intentar obtenerlos de las personas que no pueden o no te los darán, o que te los ofrecen de manera esporádica y con condiciones, alternando el amor y el dolor.

Puede que hayas visto cómo se abusaba de tu madre y aprendido ese papel de ella. Ahora consideras normales las relaciones abusivas. Has aprendido que el amor hiere y te has acostumbrado a las relaciones dramáticas que sientes como cariñosas un minuto y como hirientes al siguiente. Y aquí estás de nuevo, de adulta, sintiéndote confundida, ansiosa, enfadada, insegura de ti misma, y no lo suficientemente buena para ser amada. Cuanto menor fue el amor y la aceptación que recibiste de niña, más probable es que pienses que los necesitas ahora.

La profundidad de tu necesidad te hace vulnerable a adentrarte en una relación hiriente y a permanecer en ella. No te asombres de haberte convertido en tu propia abusadora. Y no te maravilles de estar donde estás ahora, resignándote a una vida de caos y dolor.

¿Qué puedes hacer para dejar de perpetuar los antiguos pensamientos, sentimientos, y conductas que te sujetan al dolor? Puedes cambiar tu programación.

CAMBIA TU PROGRAMACIÓN. CAMBIA TU VIDA

Quizá cuando reflexionas sobre tu niñez te parece inevitable que tuvieras las creencias, pensamientos, sentimientos y conducta que tienes ahora. Pero tu pasado te pudo afectar de una manera diferente de la que lo hizo. De hecho, puede que tengas hermanos o hermanas que poseen una visión diferente de la tuya sobre lo que significó crecer en tu familia, y quizá se hayan convertido en una clase de adultos muy diferente a la tuya. Lo que experimentaste fue en parte el resultado de la visión que adoptaste de las cosas que te sucedían.

Verdad básica 2
Tu perspectiva de una persona, una situación
o un acontecimiento determina tu realidad sobre ellos.

Supónte que estás en un ascensor y le pides al hombre que se encuentra delante de ti que por favor se aparte para dejarte pasar, pero que él te ignora. ¿No te irritaría? ¿Quizá incluso te indignaría? Podrías espetarle un comentario sarcástico y apartarlo. Pero, ¿qué sucedería si entonces te dieras cuenta de que es sordo y no ha oído tu petición? ¿No cambiarían por completo tus sentimientos? ¿No te sentirías de repente comprensiva y empática? ¿Quizá incluso culpable por tus pensamientos y tu conducta? ¿Por qué cambiarían tus sentimientos si el incidente seguía siendo el mismo? Porque tu perspectiva, o interpretación, del incidente cambió y por lo tanto lo mismo hicieron las cosas que te decías a ti misma sobre él. Esto nos lleva a la tercera verdad básica.

Verdad básica 3
Las personas, las situaciones, y los acontecimientos no te perturban. Es tu interpretación de los mismos y lo que te dices sobre ellos lo que te hace sentirte perturbada.

Como has visto, te perturbas mediante tu interpretación de las situaciones, acontecimientos, y lo que la gente dice y hace. Tu interpretación toma la forma de pensamientos, normalmente expresados bajo afirmaciones mentales. Esto significa que cuando piensas, normalmente estás hablando en silencio contigo misma. Las cosas que te dices son las que crean tus emociones e influyen en tu conducta. Literalmente sientes de la manera en que piensas, y actúas de la manera en que sientes.

Tus pensamientos, emociones y conducta están integrados y son interdependientes. En casi toda situación, como en nuestro ejemplo del ascensor, si cambias tu interpretación y te dices a ti misma cosas diferentes, tus sentimientos cambiarán. Cuando tus sentimientos cambien, tu conducta también cambiará. Ésta es la cuarta verdad básica.

Verdad básica 4
El pensamiento produce sentimientos, los cuales generan una conducta.

Ahora entiendes que tus sentimientos y tu conducta son creados por tu pensamiento (el cual incluye tu interpretación y las cosas que te dices a ti misma). Tu pensamiento se basa en las creencias y las actitudes que posees. Tus creencias y actitudes generalmente provienen de tus experiencias infantiles. Pero tus experiencias infantiles fueron teñidas por tus tendencias innatas a interpretarlas de una manera en particular y por pensar de una forma en particular. Incluso tu habilidad para pensar racionalmente posee un componente biológico.

Puedes darte cuenta con facilidad de que tus sentimientos y tu conducta actuales se basan en el fundamento de tus tendencias innatas y tus experiencias infantiles. Ambas son el resultado de haberte creado una serie particular de creencias y actitudes que influye en cómo percibes todo lo que te sucede. Es a través del filtro de tus creencias básicas que te ves a ti misma y a tu mundo. A estas creencias básicas se las

CONDUCTA
y
SENTIMIENTOS

PENSAMIENTO
Interpretaciones
y
Lo que te dices a ti misma

CREENCIAS y ACTITUDES NUCLEARES
Mensajes inconscientes

TENDENCIAS INNATAS y EXPERIENCIAS INFANTILES

denomina creencias nucleares, y normalmente no eres consciente de tenerlas. De todas formas, influyen en lo que te dices a ti misma sobre la mayoría de las cosas de tu vida.

Y lo que te cuentas a ti misma es en su mayor parte responsable de crear tus sentimientos y tu conducta. Esto nos lleva a la quinta verdad básica.

Verdad básica 5
La perspectiva de ti misma,
de los demás, y de todas las cosas que te ocurren
se filtra a través de la pantalla de tus creencias.

Hasta el día de hoy, a menos que hayas hecho algo para cambiarlas, las mismas creencias que adoptaste en tu infancia te sirven todavía como base de tus decisiones, elecciones, percepciones, reacciones, sentimientos, y tu conducta. Algunas de estas creencias son las responsables de introducirte –y mantenerte– en una relación abusiva. Son las responsables de que continúes y conformes con las migajas. Son las responsables de que abuses de ti misma. Son las responsables de la profundidad de tu sufrimiento. Son las responsables de la incomodidad que puede que te persiga incluso si abandonas a tu pareja. Son las responsables de tus continuas inseguridades, dudas sobre ti misma, y horrendas necesidades de amor y aprobación que te sabotean las relaciones y tu vida.

Estas creencias son las culpables de que continúes sintiéndote atrapada y herida tanto si continúas como si abandonas tu relación abusiva, y a pesar de tu recién adquirido conocimiento y de tus mayores esfuerzos para mejorar las cosas. El camino para salir de tu dolor es cambiar estas creencias nucleares que son la base de tus sentimientos y de tu conducta.

Algunas de tus creencias eran válidas en el momento en que las formaste y todavía lo son; algunas fueron válidas una vez pero ya no lo son; y algunas nunca fueron válidas. Algunas creencias intensifican la vida, mientras que otras la minimizan. Algunas creencias son provechosas, mientras que otras son destructivas. Cualesquiera que sean tus creencias, están trabajando diligentemente para hacer funcionar tu vida, con frecuencia por debajo del nivel de conciencia. Tus creencias se harán más fuertes cada año que pase a menos que tomes las siguientes medidas:

- ◆ Escucha lo que te estás diciendo a ti misma (eso es lo que hace que pienses, sientas y te comportes como lo haces).
- ◆ Sé consciente de las creencias y actitudes que provocan que pienses de la manera en que lo haces.
- ◆ Reexamínalas basándote en la nueva información que tienes como adulta.
- ◆ Decide de nuevo si son válidas y son útiles para tu bienestar.
- ◆ Cambia aquéllas que no sean válidas y no sean útiles para tu bienestar.

La conclusión final es que tus anticuadas, inválidas, destructivas e irracionales creencias nucleares deben ser cambiadas si vas a poner un punto final duradero a tu dolor, confusión, y temor, y a poner bajo control tus descontroladas emociones y vida. ¿Cómo puedes cambiar esas creencias que has mantenido durante toda una vida? Desafiando a la programación que las creó y las perpetuó. ¿De verdad puedes hacerlo? Sí, te programaste a ti misma: y puedes reprogramarte. Actualizar tu programación mental es una habilidad que puedes aprender. Millones de personas han aprendido el secreto de cómo hacerlo, y lo mismo puedes hacer tú.

EL SECRETO PARA SUPERAR EL ABUSO VERBAL
Y CASI CUALQUIER OTRA COSA

Si eres una de las incontables mujeres expulsada de su pedestal y piso-teada mientras estaba tendida en el suelo, aturdida por el golpe; o una de las que se ha alzado de nuevo y camina por la vida todavía algo aturdida y herida, éste es el secreto que has estado esperando, aquél del que hemos estado hablando que te ayudará a superar el abuso verbal: se trata de la Terapia Racional Emotiva Conductual (TREC), el método más rápido, más efectivo y más duradero desarrollado nunca, para poner al día tu programación mental, asumir el mando de tus emocio-nes y tu vida, y hacer posible que ya no sigas sintiéndote desesperada y aplastantemente perturbada por tu abuso o por cualquier otra cosa. La TREC es sencilla y engañosamente simple. Es el arma secreta que pue-de finalizar la guerra de tu interior y de tu relación. Es la eterna pacifi-cadora: en tu corazón y en tu vida.

La TREC se ha convertido en una de las dos formas de terapia más populares del mundo. La otra es la íntimamente relacionada Terapia Cognitiva Conductual (TCC). Ambas utilizan ante todo el pensa-miento y el razonamiento para ayudar a las personas en sus problemas emocionales. La razón de la popularidad de estas terapias está clara: son métodos breves, profundos, intensos, duraderos y comprobados que ayudan a las personas a revelar y cambiar las ideas o filosofías básicas que se hallan debajo de sus sentimientos perturbadores y de sus hábitos y conductas no deseados.

(Los conceptos básicos de la TREC y la TCC provienen de mi [de A.E.] trabajo y mis escritos clínicos. Mis experiencias como psicote-rapeuta, consejero matrimonial y de familia, y de pionero como tera-peuta sexual me llevaron a cuestionarme los métodos tradicionales para tratar las perturbaciones emocionales. Observé que con esos enfoques las personas ganaban penetración psicológica de sí mismas pero que no necesariamente aprendían cómo resolver sus problemas. Creé la TREC para llegar a la raíz del problema: a las creencias antiguas, desfasadas, e irracionalmente insanas que la gente posee y que hacen que se vean a sí mismas y al mundo que las rodea de maneras que les provocan dolor. Estas creencias son reveladas, desafiadas, cuestionadas y reemplazadas por creencias nuevas y saludablemente racionales que reducen los sen-timientos perturbadores negativos y allanan el camino para las prácticas técnicas que resuelven los problemas de la TREC. Este sistema de terapia único incluye tareas de trabajo conductual para ayudar a que las personas cambien sus hábitos y conductas no deseados).

La TREC enfatiza tu responsabilidad en la creación de tus propias emociones perturbadoras y reconoce tu habilidad para reprogramarte a ti misma y elegir una vida sin problemas y emocionalmente satisfactoria. Se trata de un sistema de terapia que separa las emociones negativas saludables de las emociones negativas insanas y te muestra cómo crear las emociones saludables y minimizar las insanas.

Sostiene que el razonamiento es la clave para un cambio completo y permanente de tus sentimientos perturbados, porque un importante elemento de la emoción destructiva radica en el pensamiento ilusorio, ilógico y auto-saboteador. La TREC te muestra cómo encontrar los pensamientos que subyacen bajo tus perturbaciones emocionales y cómo descubrir y cambiar tus creencias nucleares: los «mensajes inconscientes» que te transmites a ti misma que son la raíz de tu aflicción.

Más que la mayoría del resto de las escuelas de terapia, la TREC incorpora una amplia variedad de técnicas. Te anima a utilizar variados métodos físicos –como por ejemplo técnicas de relajación, ejercicios de yoga, y terapia de movimiento– para ayudarte a que te sientas mejor mientras estás aprendiendo y utilizando las muchas técnicas TREC cognitivas (pensamiento), emotivas (emocional) y conductuales.

La TREC puede ayudarte a reconstruirte emocional y psicológicamente lo suficientemente fuerte como para soportar los rigores del abuso, con su insidioso astillamiento de tu capacidad, tu sensación de yo, tu autovaloración, y tu bienestar emocional y psicológico. Puede reducir enormemente la intensidad de tus sentimientos negativos. Puede ayudar a que dejes de cooperar en el abuso de tu pareja y a que te niegues a aceptarlo abusando de ti misma. Te puede preparar para que te enfrentes a tu pareja de una manera que pueda funcionar. Puede ayudarte a vencer los temores que te mantienen atrapada, y si te marchas, te puede ayudar a evitar que caigas en otra relación abusiva. Tanto si continúas como si abandonas, la TREC puede ayudarte a curar tu dolor y suministrarte la base de una vida más feliz, más saludable y más completa.

En el capítulo siguiente aprenderás cómo utilizar la TREC para reducir muchísimo tu dolor emocional y movilizar tu innato poder para determinar el nivel de tu propia felicidad y paz mental.

- Tú, y sólo tú, creas tus sentimientos.
- Tu perspectiva de una persona, una situación o un acontecimiento determina tu realidad sobre ellos.
- Las personas, las situaciones y los acontecimientos no te perturban. Es tu interpretación de los mismos y lo que te dices sobre ellos lo que te hace sentirte perturbada.
- El pensamiento produce sentimientos, los cuales generan una conducta.
- La perspectiva de ti misma, de los demás, y de todas las cosas que te ocurren se filtra a través de la pantalla de tus creencias.

CAPÍTULO 7 Cómo funciona el secreto. El abc para ser racional en una relación irracional

Algunas personas viven con parejas que les humillan con el más vil de los lenguajes, pero admiten que estas parejas tienen sus propias perturbaciones. Pasan por alto la mayoría de las palabras de su abusador, se sienten disgustadas, y son capaces de seguir con sus cosas con una relativa y escasa dificultad.

Otras personas son levemente criticadas por sus parejas y se lo toman tan en serio que viven en una constante agonía. Esto muestra que no es tanto «qué te dice tu pareja» lo que realmente te perturba, sino «cómo lo escuchas y te lo tomas». Él sigue siendo responsable de sus crueles palabras y de su deplorable conducta, pero tú eres en gran parte responsable de exaltarte por ellas.

Penny era una cliente de la TREC que estaba harta de sentirse desgraciada cada vez que su esposo, Jack, la criticaba. Sabía que siempre había sido susceptible, pero no sabía qué hacer. En la terapia se dio cuenta de que cuando Jack la criticaba se sentía igual que la niñita vulnerable que había sido años atrás cuando su madre y su padre la criticaban y ella había creído cada palabra.

Empezó a escuchar qué se estaba diciendo mientras Jack abusaba de ella. Se sorprendió al oír que de su boca de adulta salía la misma voz de niñita que había empleado tiempo atrás: «pero es que no lo entiendes. Por favor, escúchame». Fue una revelación el comprender que cuando Jack estaba irritado con ella, ella había estado reaccionando igual que si tanto él como sus padres estuvieran enfadados al mismo tiempo. Por tanto había cuatro personas que no creían que ella fuese lo suficientemente buena: su madre, su padre, su esposo

¡y ella misma! Cuando Penny averiguó que sus antiguas creencias irracionales todavía se estaban agitando en su mente y que se habían unido a sus nuevas irracionales creencias y pensamientos, y que todas estaban hablando a la vez, entendió porqué se había sentido tan perturbada.

Sus sentimientos de niñita la habían seguido hasta la edad adulta. Pero ya no era una niñita y ya no tenía que seguir creyendo lo que sus padres –o su marido– decían sobre ella. Tampoco tenía que seguir creyendo las cosas malas que se decía sobre sí misma. Armada con esta información y con el conocimiento de que el maltrato al que Jack la sometía, no era provocado por quién era ella o qué decía o hacía, sino por dolor antiguo, Penny adoptó una nueva perspectiva de lo que le estaba sucediendo.

A continuación, necesitaba una manera de actuar según todo lo que había aprendido. El ABC de las Emociones la puso en la dirección correcta y le mostró que podía silenciar su insano e irracional parloteo mental si lo remplazaba por pensamientos racionales saludables que harían que se sintiese mejor. Encontraba difícil creer que tras años de ser herida con facilidad y de pensar que no había nada que pudiera hacer, había encontrado la respuesta. También tú puedes aprender cómo sentirte mejor mediante el aprendizaje del ABC de las Emociones, y cambiando tus creencias y pensamientos irracionales siguiendo la TREC.

ES TAN FÁCIL COMO EL ABC

En la TREC, a cada uno de los pasos que conduce a una reacción emocional se le asigna una letra descriptiva del alfabeto. Se le denomina el ABC de las Emociones o el ABC de la TREC. Se trata del fundamento de la TREC. Ahora vamos a retomar lo que ya has aprendido y a traducirlo a la terminología de la TREC.

Algo sucede. Tu pareja te critica, por ejemplo. Tú reaccionas. Te pones a la defensiva o te enfadas, te sientes herida o culpable. Puede que parezca como si la crítica provocase tus sentimientos. Sin embargo, como has aprendido, el ser criticada no es la causa. Tu actitud o creencia sobre ser criticada y las cosas resultantes que te dices a ti misma son lo que ha causado que te sientas molesta.

- A representa una Experiencia activadora (algo sucede).

- B representa las Creencias[2] y los pensamientos (lo que te dices a ti misma sobre el acontecimiento).

- C representa la Consecuencia emocional y conductual (cómo te sientes y actúas como resultado de lo que te dices a t i misma).

Como puedes observar, A no provoca C. Más bien, B provoca C. Lo que determina tu reacción emocional y conductual ante un acontecimiento no es el acontecimiento en sí mismo, sino lo que te dices a ti misma sobre él. Si posees creencias y pensamientos racionales, te dirás a ti misma cosas racionales. Entonces tus emociones y tu conducta serán apropiadas, realistas y útiles. Si tienes creencias y pensamientos irracionales, te dirás a ti misma cosas irracionales. Entonces tus emociones y tu conducta serán inapropiadas, exageradas y perjudiciales.

Las creencias irracionales son ideas irrazonables que no pueden ser verificadas. Las creencias racionales son ideas sensatas y lógicas que reflejan de manera fiel lo que está sucediendo. Es fácil confundirlas porque las creencias irracionales a menudo parecen válidas hasta que las observas más de cerca. Sólo por creer que algo es verdad o lógico no se convierte en ello.

He aquí un ejemplo de cómo funciona el ABC de las Emociones:

- A (Experiencia activadora) Tu compañero abusador te critica.
- B (Creencias y pensamientos) Lo que te dices a ti misma sobre que tu pareja te critique.

«¡No es justo que me critique de esta manera!».
«¡Es horrible que sea tan mezquino conmigo!».
«No debería tratarme de esta manera. ¡No lo puedo soportar ni un solo minuto más!».

---

2. En inglés *Beliefs*. *(N. de la T.)*

«Hay algo de verdad en lo que dice. Debo merecerme sus críticas».
«No puedo pensar en algo apropiado para contestar... ¡Otra vez! Soy estúpida e inútil».
«Nadie me amará nunca de verdad».

- ◆ C (Consecuencia) Emocional: defenderse, ira, dolor, vergüenza, culpa. Conductual: lloros, compulsiones, irritabilidad.

Vamos a observar con más minuciosidad este ejemplo. Cuando tu pareja abusiva te critica en el punto A, si tienes pensamientos similares a los del punto B, es probable que experimentes emociones negativas insanas como las enumeradas en el punto C. Casi todo el mundo que haya emitido esas afirmaciones y se las haya creído se sentiría irritado. Si se te critica ásperamente y con frecuencia, y te dices tales cosas a ti misma en cada ocasión, es probable que hayas comenzado a sentir emociones negativas más extremas y más duraderas, como por ejemplo la ansiedad, la depresión, la desesperanza, y la inutilidad. Un objetivo de la TREC es ayudarte para que cambies tus creencias irracionales por otras racionales, de este modo se reducen las emociones negativas extremas hasta unas más tolerables.

La manera de obtener el control de cómo te sientes y actúas es cambiando los pensamientos perturbadores, irracionales e ilusorios que provocan tus sentimientos y acciones. Cuando pienses con la razón, ya no te verás sacudida por tus fluctuantes emociones.

PUEDES TENER DE INMEDIATO UN DESCENSO DE UN 10 A UN 25 % DE LA ANGUSTIA EMOCIONAL

Como explicamos en el capítulo 6, es tu interpretación de las cosas que te suceden la que principalmente provoca tu reacción emocional. Es probable que no seas consciente del proceso porque tu mente trabaja a la velocidad del rayo.

Puede que hayas pasado años –quizá tu vida entera– siendo golpeada y a la misericordia emocional de los demás. Todo porque creías que no tenías elección sobre las emociones que sentías. Por sí sola, esta creencia irracional ampliamente compartida provoca hasta un 25 % de angustia emocional, según Maxie C. Maultsby, Jr., Doctor en Medicina, un muy conocido y respetado pionero e innovador en el campo de la terapia racional y sus bases científicas. Su investigación ha demostrado que el solo hecho de aprender el ABC de las Emociones puede provocar un inmediato, casi automático descenso de la angustia emocional.

¿Cómo puede ser? Una vez que las personas aprenden tanto sobre su angustia emocional se trata de su propia elección, empiezan a emplear el sentido común para pensar en las maneras de reducir sus sentimientos dolorosos. Es así de simple.

Puedes tener un descenso del 10 al 25 % en tu angustia emocional recordándote con frecuencia lo que has aprendido sobre el ABC de las Emociones. Observa cómo te sientes en varias ocasiones y presta atención a las cosas que te dices y que te provocan esos sentimientos. Puede que te sorprendas de lo fácil que es cambiar lo que te estás diciendo y hacerte sentir mejor. Cambiando «no puedo soportarlo ni un minuto más» por «ya lo está haciendo otra vez, se comporta como un idiota» te ayudará a ver la situación de manera racional en lugar de emocional. Al ir aprendiendo a volver a expresar las afirmaciones que te haces a ti misma, te darás cuenta de que te vas sintiendo menos y menos perturbada tanto durante los arranques de tu pareja como después. El asumir el mando y el negarte a crear dolor por su conducta empezará a mejorar la calidad de tu vida de manera inmediata.

¿QUÉ PASA CON EL 75 AL 90 % RESTANTE DE ANGUSTIA EMOCIONAL?

De acuerdo, te hallas en el buen camino. Ahora vamos a hablar del porcentaje restante del 75 al 90 % de tu angustia emocional que está profundamente atrincherada en tu antigua programación y que es habitual. Se trata de un tipo de angustia que es el foco principal de la psicoterapia, incluyendo la TREC. Un cambio duradero proviene de liberarse de todas esas antiguas creencias irracionales y remplazarlas con unas nuevas y racionales, en lo cual la TREC muestra una alta efectividad.

Primero, necesitas aprender las técnicas de la TREC para cambiar tus creencias y pensamiento irracionales. Esto no requiere un extenso conocimiento psicológico y normalmente puede llegar a dominarse en un relativamente corto período de tiempo. Existe un antiguo refrán que refleja la filosofía de la TREC: «Da a un hombre un pescado y le alimentarás durante un día. Enséñale cómo se pesca y le alimentarás de por vida». De hecho, si fueras a visitar a un terapeuta de la TREC, se te enseñaría cómo convertirte en auto-suficiente con los mismos principios y técnicas de la TREC que estás aprendiendo con este libro.

Segundo, necesitas utilizar las técnicas de la TREC para volverte consciente del pensamiento irracional y detenerlo, y para identificar tus creencias irracionales negativas y transformarlas en unas racionales y constructivas de manera completa y permanente.

El transformar antiguas creencias conlleva unas cantidades variables de tiempo y esfuerzo porque existen diferencias individuales en la testarudez de las creencias y en la habilidad de las personas para aplicar lo que han aprendido. Pero incluso los hábitos más resistentes, automáticos, y contraproducentes pueden ser cambiados con el tiempo. Aprender cómo sentirse mejor y cómo hacer frente a esos hábitos contraproducentes es un proceso que avanzará de manera constante en cuanto practiques con diligencia, perseverancia y determinación las técnicas de este libro, evalúes tus resultados, y practiques, practiques y sigas practicando.

¿Te parece demasiado trabajo? Piensa cuánto trabajo te cuesta superarte cada día. Si empleas las técnicas de la TREC como herramientas para construir una nueva vida emocional, pronto disminuirá tu dolor emocional, y llegará un momento en que serás libre.

CÓMO LIBERARSE DEL PERTURBADOR PENSAMIENTO HABITUAL

La TREC sostiene que si quieres cambiar de manera completa y permanente tus sentimientos perturbadores, es esencial que utilices tu habilidad para pensar y razonar. Cambiar el pensamiento ilusorio, ilógico y autosaboteador por el pensamiento realista, lógico y auto-intensificador te liberará de los antiguos hábitos y programaciones que te mantienen en una rutina de pensamiento destructivo y en una rutina emocional destructiva.

Antes de pasar a la sexta verdad básica de la TREC, vamos a recordar una vez más las cinco primeras, que aprendiste en el capítulo anterior.

1. Tú, y sólo tú, creas tus sentimientos.

2. Tu perspectiva de una persona, una situación, o un acontecimiento determina tu realidad sobre ellos.

3. Las personas, las situaciones y los acontecimientos no te perturban. Es tu interpretación de los mismos y lo que te dices sobre ellos lo que te hace sentirte perturbada.

4. El pensamiento produce sentimientos y éstos, una conducta.

5. Tu perspectiva de ti misma, de los demás, y de las cosas que te ocurren se filtra a través de la pantalla de tus creencias.

Verdad básica 6
Mantienes vivos los sentimientos dolorosos
al repetirte los pensamientos perturbadores una y otra vez.

Los sentimientos no pueden sobrevivir sin ser alimentados continuamente por los pensamientos. Es algo importante que debes recordar. Cuando dejes de tener pensamientos extremadamente perturbadores y los reemplaces por otros menos perturbadores, te sentirás menos perturbada. Puede que parezca que resolver tu angustia emocional y tus pautas destructivas de conducta es algo demasiado simple. Pero con frecuencia las verdades más valiosas son muy simples. Un pensamiento tortuoso provoca angustia emocional y un pensamiento directo acaba con ella. Esto nos lleva a la séptima verdad básica.

Verdad básica 7
Puedes cambiar tus sentimientos y tu conducta
si cambias las creencias y los pensamientos subyacentes que los crean.

¿Cómo puedes cambiar tus creencias irracionales y tu pensamientos tortuosos subyacentes? Utilizando las técnicas de la TREC sobre examinar y desafiar a tus pensamientos ilusorios, ilógicos y autosaboteadores. Discutes con ellos (designado por la letra D); después los reemplazas con pensamientos racionales, constructivos y sensatos, que provocan emociones y conductas constructivas en lugar de destructivas. (Estos nuevos pensamientos racionales son denominados Filosofía de nueva Efectividad, designada por la letra E). Ahora vamos a repasar el ABC de las Emociones y veamos cómo estos dos nuevos pasos encajan en el proceso.

- A representa una *Experiencia activadora* (algo sucede).
- B representa las *Creencias y pensamientos* (lo que te dices a ti misma sobre la experiencia).
- C representa la *Consecuencia emocional* y conductual (cómo te sientes y actúas como resultado de lo que te dices a ti misma).
- D representa la *Discusión de las creencias* y los pensamientos irracionales.
- E representa la *Filosofía de nueva Efectividad* (creencias y pensamientos racionales nuevos que reducen los sentimientos y acciones negativos).

Has aprendido que el pensamiento, el sentimiento y la conducta son interdependientes. También has aprendido las Verdades Básicas de la TREC y el ABC de las Emociones. Si recuerdas lo que has aprendido y lo utilizas en tu vida diaria, te darás cuenta de que ya no te sientes tan perturbada como solías, o tan a menudo, y que tus sentimientos perturbadores no duran durante tanto tiempo.

En el siguiente capítulo aprenderás cómo discutir con el habitual pensamiento perturbador que provoca tus emociones dolorosas y tu incapacidad para enfrentarte de manera efectiva a tu abuso. Con esfuerzo y práctica, te convertirás en una experta en ser capaz de rechazar tenazmente el sentirte desgraciada a causa del abuso de tu pareja. Lo harás mejor, pero eso no es todo. Recibirás mejor. No sólo te sentirás menos perturbada, sino menos apta para que se te perturbe. Ejercerás el control sobre tus emociones y serás capaz de enfrentarte a tu pareja con claridad y convicción. Gozarás verdaderamente del poder para superar el abuso verbal y casi cualquier otra cosa.

RESUMEN DE LAS SIETE PRIMERAS VERDADES BÁSICAS TREC QUE CAMBIAN LA VIDA

1. Tú, y sólo tú, creas tus sentimientos.

2. Tu perspectiva de una persona, una situación, o un acontecimiento determina tu realidad sobre ellos.

3. Las personas, las situaciones y los acontecimientos no te perturban. Es tu interpretación de los mismos y lo que te dices sobre ellos lo que te hace sentirte perturbada.

4. El pensamiento produce sentimientos, los cuales generan una conducta.

5. Tu perspectiva de ti misma, de los demás, y de todas las cosas que te ocurren se filtra a través de la pantalla de tus creencias.

6. Mantienes vivos los sentimientos dolorosos al repetirte los pensamientos perturbadores una y otra vez.

7. Puedes cambiar tus sentimientos y tu conducta si cambias las creencias y los pensamientos subyacentes que los crean.

TERCERA PARTE

CÓMO UTILIZAR EL SECRETO PARA LIBERARTE

Tanto si deseas y/o necesitas continuar,
como si piensas abandonar a tu pareja abusadora

CAPÍTULO 8   Cómo salirse de la confusión emocional

Sabes que tu pareja es de verdad verbalmente abusivo, que no lo estás imaginando. Pero tienes las de ganar porque tu dolor es más el resultado de tus pensamientos que de su conducta. El hecho de que tengas el control sobre tus sentimientos es una buena noticia. ¿Pero cómo puedes conseguir que tu vida sea mejor cuando el dolor nunca parece detenerse? ¿Cuándo tu pareja señala tus errores cuando existen, y los inventa cuando no? ¿Cuándo te echa la culpa por todo lo que va mal? Si al coche se le acaba la batería, es culpa tuya. Si se corta afeitándose, también es culpa tuya.

Las quejas siguen y siguen. Conoces bien el guión. Tu pareja se hace daño, después se va para emprender el día o se gira hacia el otro lado para dormirse. Te sientes como si te hubiera atropellado un camión. Y continúas preocupándote incluso cuando él no está.

¿Debe de ser así para siempre? No, si cambias el pensamiento automático que provoca tu dolor. Tienes la opción de elegir cómo sentirte cuando te suceden cosas «malas» (como muchos filósofos han indicado durante siglos, y como los existencialistas han apuntado de manera especial en el siglo XX). ¿Es una elección completa? No, no exactamente, porque como hemos dicho, posees limitaciones biológicas, medioambientales y de otras clases. Pero aun así gozas de algún grado de elección real.

Cuando se te trata mal o de manera injusta, puedes optar por sentir o las emociones negativas saludables o las emociones negativas insanas o ambas a la vez.

La cuestión es, ¿qué emociones vas a escoger sentir acerca de esta situación? ¿Qué tal decepción y pesar en lugar de desesperación y angustia? Con tu conocimiento de las verdades básicas de la TREC y las técnicas de la TREC que pronto aprenderás, puedes elegir una reacción verdaderamente saludable en lugar de una insana, para una situación odiosa e injusta.

Puedes optar por sentirte afligida y decepcionada en lugar de deprimida y enfadada. Puedes convencerte de que las descargas de palabras hirientes de tu pareja son malas (y en verdad no son buenas) pero sólo son muy malas, no devastadoras. De hecho, son muy irracionales, amedrentadoras e insidiosas: pero aun así sólo muy malas, y no intolerables. Altamente repugnantes y desafortunadas: pero sólo lamentables, sólo decepcionantes.

¿Cómo podrás llegar a convencerte de esto? Empieza por tratar tu situación abusiva como si fuera un problema que requiere una solución «razonada». Admite que normalmente, y en ocasiones con facilidad, resuelves problemas prácticos en tu vida diaria, solucionas problemas emocionales que no están relacionados con tu relación abusiva, y ayudas a otras personas a solventar sus problemas. Eres capaz de resolver problemas porque naciste con la capacidad natural de ser constructiva. Esto significa que posees la habilidad de pensar, de pensar sobre tu pensamiento: e incluso de pensar sobre pensar sobre tu pensamiento. Así es como sobrevives de ordinario, y cómo de ordinario te ayudas a ti misma a obtener más de lo que quieres y menos de lo que no quieres.

Pero cuando se trata de tu relación abusiva, puede que te sientas tan confusa que tengas dificultades para acceder a esta habilidad innata. Ahora es el momento para cambiar esta pauta. La clave se halla en reconocer que eres una entidad separada de tu abusador y recordarte a ti misma este hecho cuando él empiece con sus ridiculeces. Puedes aprender a no reaccionar ante todo lo que dice, hace y siente. Cada vez que su rostro esboza un gesto, no tienes que sentir un dolor en el estómago.

LA DIFERENCIA ENTRE LAS EMOCIONES NEGATIVAS SANAS Y LAS INSANAS

La mayoría de las parejas abusadas escogen de manera inconsciente sentir emociones negativas insanas, como la angustia, la ansiedad, la depresión, la rabia, el odio a uno mismo, y la auto-compasión. Éstas son destructivas y auto-saboteadoras. Crean duda e indecisión, y te fuerzan a permanecer en tu relación aunque puede ser que lo que en verdad desees sea abandonarla. Paralizan tu habilidad para decidir de forma sensata cómo actuar en tu propio interés y te provocan problema tras problema.

Las emociones negativas sanas como la aflicción, el pesar, la decepción, la frustración, y el enojo son elecciones mejores. Son constructivas y útiles porque te permiten permanecer en calma y pensar con más claridad. Hacen que sea más fácil enfrentarte con efectividad a las cosas malas que te suceden, cambiar o mejorar las que puedes, y hacer frente al resto con la mínima cantidad posible de sentimientos perturbadores. Puedes aprender cómo tener estas emociones negativas sanas en lugar de las negativas insanas. Entonces sólo te sentirás apenada y frustrada –aunque quizá muy apenada y extraordinariamente frustrada– por el abuso.

Una vez que hayas alcanzado este estado negativo saludable, puedes elegir con sensatez entre continuar y aguantar a tu pareja, marcharte, o ponerlo de patitas en la calle. Aunque las emociones como la aflicción, la decepción y la frustración continúan siendo más negativas que positivas, son saludables porque son adecuadas, se basan en percepciones racionales, sirven para alertarte ante un posible peligro, y te impulsan para que entres en acción para protegerte. No te inmovilizan como lo hacen las emociones insanas. Ahora piensa durante un momento. ¿Con qué grupo de emociones preferirías vivir?

No queremos sugerir que la TREC te hará feliz con respecto a tu abuso, ni que hacerte feliz por él sea un objetivo de la TREC. Aunque fuera posible, sería inapropiado y contraproducente. Pero al volverte consciente del mensaje de la TREC te sentirás más feliz contigo misma y con tu vida en lugar de ser abusada. Puedes reducir de manera extraordinaria tu dolor mientras aumentas substancialmente tu habilidad para enfrentarte a él. ¡Sólo porque tu pareja haya llenado un saco con basura no significa que tengas que acarrearlo a todas partes!

Por tanto, ¿cómo puedes usar la TREC para sentir emociones negativas saludables en lugar de las insanas? Vamos a emplear el ABC de las Emociones para averiguarlo.

PENSAR EN EXIGENCIAS, OBLIGACIONES Y AFIRMACIONES CATEGÓRICAS CREA EMOCIONES NEGATIVAS INSANAS

- ◆ A (Hecho Activador) Estás siendo verbalmente abusada por tu pareja.

- ◆ B (Creencias y pensamientos sobre A)
  «¡Mi pareja debe detener por completo su abuso verbal!».
  «No tiene derecho a hacerme esto. ¡Es cruel e injusto!».
  «¡No debería perturbarme de este modo!».
  «Soy una estúpida por haberme metido en estas situaciones horribles e imposibles».

- ◆ C (Consecuencia de A+B) Sentimientos negativos insanos de angustia, ansiedad, depresión, ira, odio a uno mismo y autocompasión.

PREFERIBLE, PENSAR MÁS MODERADO CREA EMOCIONES NEGATIVAS SANAS

- ◆ A (Hecho activador) Estás siendo verbalmente abusada por tu pareja.

- ◆ B (Creencias y pensamientos sobre A)
  «Me desagrada que se me trate de este modo y desearía que parase».
  «Es injusto, pero muchas cosas de la vida lo son».
  «Sería mucho más feliz si fuese más agradable conmigo».
  «Hubiera sido mucho mejor que no me hubiese metido en esta situación, pero todos cometemos errores».

- ◆ C (Consecuencia de A+B) Sentimientos negativos saludables de frustración, fuerte decepción y tristeza.

Compara el punto B de los dos ejemplos de más arriba. Date cuenta de que cuando las cosas que te dices a ti misma sobre que se abuse verbalmente de ti incluyen exigencias, obligaciones y afirmaciones categóricas, éstas crean emociones negativas insanas, como en el punto C del primer ejemplo. Estas emociones son exageradas y dolorosas. Después reconoce que cuando las cosas que te dices son las creencias preferentes más moderadas, éstas crean emociones negativas sanas, como en el punto C del segundo ejemplo. Estas emociones negativas sanas, aunque incómodas, son menos dolorosas.

¿Puedes ver cómo el decirte a ti misma cosas como las del primer ejemplo realmente te altera? ¿Que te estás alimentando de sentimientos que perturbarían de manera extraordinaria a cualquiera del que se estuviera abusando? Y por descontando que los sentimientos insanos conducen a una conducta insana.

LAS PREFERENCIAS SIRVEN DE AUTOAYUDA
LAS EXIGENCIAS SON AUTO-SABOTEADORAS

Según la TREC, a una emoción se la considera saludable cuando está al servicio de tus objetivos, deseos y valores. Es insana cuando no lo hace. Presumiblemente tu objetivo principal sea estar viva y ser feliz, en especial en tu relación con tu pareja. La mejor manera de conseguirlo es eligiendo *preferir* en lugar de *exigir* que las cosas sean diferentes.

Cuando haces una exigencia, te estás encerrando. Las exigencias son terminantes y no dejan espacio para ninguna alternativa. Insisten en que las cosas sean de la manera que quieren que sean y que ninguna otra cosa funcionará. Asumen que tienes el poder para hacer funcionar el universo: «¡Completa y definitivamente no se ha de abusar verbalmente de mí! ¡Debe parar inmediatamente!» Cuando se bloquea o se frustra una exigencia, conduce a sentimientos negativos insanos como la angustia o la rabia.

Una preferencia, incluso una fuerte, no te aprisiona. Las preferencias no son terminantes y no asumen que tienes el poder de regir el universo. Cuando se bloquea o frustra una preferencia ello conduce a sentimientos negativos saludables como la decepción y la irritación, y te deja alternativas que te ayudarán a hacerlo frente. Te permite querer algo e intentar conseguirlo, sin aguantar la respiración y ponerte morada hasta que lo haces.

Con una exigencia quieres lo que sea que quieras de la manera que lo quieres: y no hay peros que valgan. Con una preferencia quieres lo que sea que quieras, pero reconoces lo que es y te dejas espacio para trabajar por ello: «No me gusta el abuso de mi pareja, pero él puede todavía abusar de mí; pero puede que no sea capaz de detenerle; pero siempre puedo dejarle; pero eso no me matará; pero puedo ser feliz a pesar de ello».

Las obligaciones, las exigencias, y las afirmaciones categóricas son insanas e irracionales porque:

- Insisten en que tu pareja y el mundo sean diferentes de lo que lo son.
- Animan a que tu abusador se enfade más contigo y se vuelva más abusivo.
- Excitan las emociones fuertes que te impiden pensar en las tácticas apropiadas para enfrentarte a tu abuso y utilizarlas.
- Te desgarran las entrañas y minan la alegría de tu vida.

Tus creencias irracionales acerca de ser abusada verbalmente no detendrán el abuso y es muy probable que te hagan comportarte de manera que aún las fomentarás más. Irónicamente –y lamentablemente– tu propio abuso se añade al de tu pareja. ¡Ahora ambos te están acosando! Esto es lo realmente penoso.

Pero vamos a asumir que, por cualesquiera que sean las razones, has decidido continuar con tu pareja. Sin embargo, sólo porque continúes no significa que quieras seguir sintiéndote terriblemente perturbada por sus reveses verbales, y sí quieres controlarle a él y a su abuso de la mejor manera posible. La TREC socorre a cada uno de estos fuertes deseos y te ayuda a continuar intacta.

Como hemos dicho antes, normalmente no puedes detener el abuso de tu pareja, pero si utilizas la TREC, casi siempre puedes detener tu auto-abuso. Porque de nuevo, tienes una elección: podrías elegir desear que tu abusador parase o puedes exigir que lo haga. Tu deseo racional, si no es satisfecho, te conducirá a los sentimientos negativos saludables de pesar y decepción y a un enfoque mejor para enfrentarte con tu abuso. Tu exigencia irracional, si no es satisfecha, te llevará a sentir los sentimientos negativos insanos de la angustia y la rabia y a un enfoque improductivo.

Por tanto elige preferir con sensatez en lugar de exigir con arrogancia. Eso es bueno. Pero exactamente ¿cómo puedes hacerlo? Aprenderás muchas maneras específicas en este libro. Vamos a empezar por una muy importante: discutir tus creencias irracionales.

¿Por qué es necesaria la discusión? Porque no funcionará el solo hecho de decirte a ti misma, «bueno, como las obligaciones y las exigencias me causan un montón de problemas, simplemente los cambiaré por preferencias». Tus exigencias, obligaciones, y afirmaciones categóricas —tanto aprendidas como inventadas— son bastante naturales en ti. Las has sostenido y practicado durante muchos años. Puesto que todavía crees firmemente en ellas, abandonarlas no será fácil. A los viejos hábitos les cuesta morir. Si de verdad quieres sentirte mejor, vas a tener que convencerte a ti misma de hacer lo que toca real y profundamente para dejarlas marchar. Esto significa aprender cómo discutirlas.

CÓMO DISCUTIR CON TUS CREENCIAS AUTO-SABOTEADORAS E IRRACIONALES

Una de las causas principales de la angustia emocional y de la pobre habilidad para hacer frente a las cosas es que tus pensamientos a menudo reflejan lo que crees que son los hechos reales de una situación en particular, en lugar de lo que objetivamente es. Para ser consideradas racionales, las creencias tienen que ser verificables. Para aprender a discutir tus pensamientos y creencias irracionales puedes ayudarte pensando en ti misma como una detective, intentando lo mejor que puedas encontrar pruebas sólidas que respalden lo que te estás diciendo a ti misma. Cuando te falten las pruebas convéncete y acaba por aceptar que no tienes un «caso» ni viable ni probable.

Otra manera de enfocarlo es imaginarte como una científica, que busca la prueba verificable de que tu teoría —tu creencia— es un hecho y que tu lógica es válida. También este proceso te ayudará a examinar y revisar tus antiguas creencias para que trabajen para ti, en lugar de en tu contra. Una vez que te hayas cuestionado la verdad y la lógica de tu creencia, es importante que también te cuestiones los resultados que estás obteniendo aferrándote a ellas.

¿Cómo emprendes la discusión? Simplemente razonando con la «voz de tu cabeza» que está emitiendo las afirmaciones irracionales, afirmaciones que te provocan emociones negativas insanas exageradas. La TREC te enseña a discutir al hacerte a ti misma preguntas que desafían tus pensamientos y creencias irracionales, después a desafiar la conveniencia de aferrarte a ellos, y después a reemplazarlos por unos racionales.

Vamos a ver cómo funcionó este proceso para Susan. Un día su marido, Jim, hizo uno de sus comentarios descabellados y después se fue a trabajar. Susan se sentía tan perturbada que apenas podía concentrarse en lo que estaba haciendo. Más tarde, se dio cuenta de que su angustia y su rabia habían estado creciendo durante todo el día y su abusivo esposo ni siquiera estaba allí. Recordó lo que había aprendido de la TREC: Sus pensamientos estaban creando sus emociones. Prestó atención a los pensamientos que atravesaban su mente, y se oyó decir a sí misma, «¡Jim debe dejar inmediatamente de abusar de mi!» Reconoció que su exigente debe –y no su esposo– era el responsable de sus emociones negativas insanas.

Susan sabía que el siguiente paso para sentirse mejor era discutir con su creencia irracional de que Jim tenía que dejar de abusar de ella. Por tanto se preguntó: «¿Por qué debe hacerlo? ¿Dónde está escrito? ¿Qué ley del universo le ordena que debe parar inmediatamente?» Después respondió a sus preguntas: «Obviamente no existe razón alguna por la que tenga que parar, aunque de verdad que desearía que lo hiciera. La idea de que tiene que parar no está escrita en ningún sitio excepto en mi cerebro. No existe ninguna ley en el universo que le exija que haga eso ni ninguna otra cosa simplemente porque yo lo desee».

En el momento en que se dio cuenta de que no podía hallar ninguna prueba ni evidencia de que lo que había estado diciéndose a sí misma era cierto, pasó al siguiente paso. Susan pensó sobre lo que obtendría de continuar diciendo que Jim debía parar inmediatamente de abusar de ella. Se hizo a sí misma dos importantes preguntas: «Que yo me diga a mi misma que Jim tiene que parar inmediatamente de abusar de mí ¿me proporciona lo que deseo?» y «¿Me ayuda a sentirme de la manera que deseo sentirme?» Supo las respuestas de inmediato: «Obviamente no lo hace en ninguna de las dos, porque he estado pensando así durante mucho tiempo, y no ha detenido el abuso de Jim ni me ha hecho sentirme nada mejor. De hecho, decirme estas cosas todo el tiempo me hace sentir mucho, mucho peor».

Susan llegó a la siguiente conclusión: «Puesto que ahora sé que lo que me he estado diciendo no es verdad, que no me ofrece lo que quiero, y que me hace sentir profundamente perturbada, no lo voy a decir más. En vez de eso, voy a empezar a decirme a mi misma, «Preferiría que Jim dejase de abusar de mi, pero no es el final del mundo si no lo hace».

Susan se dio cuenta de que el hecho de escoger emplear una preferencia en lugar de hacer una exigencia le ofrecía opciones. Sabía que todavía le disgustaba mucho el abuso de Jim, pero que eso no la iba a matar, pero que podía escoger ser feliz en su lugar, pero que siempre podía dejarle. Ésta se convirtió en la nueva filosofía de Susan. Le hizo sentirse mucho mejor, y supo que la próxima vez que Jim se volviese abusivo no se sentiría tan perturbada.

Cuando Susan volvió a pensar en los pasos de discusión de la TREC que había utilizado, se sorprendió de con qué facilidad había sido capaz de:

- Ser consciente de que se sentía perturbada.

- Recordar que sus sentimientos de perturbación estaban siendo provocados por lo que estaba pensando.

- Prestar atención a lo que estaba pensando.

- Utilizar preguntas para desafiar a la verdad de lo que se estaba diciendo a sí misma.

- Llegar a la conclusión de que lo que estaba pensando era falso, improbable, no hubiera detenido el abuso de Jim, y estaba haciendo que se sintiese extremadamente alterada.

- Elegir dejar que sus antiguos pensamientos exigentes se fueran y reemplazarlos por una nueva y racional preferencia.

- Convertir su nueva y racional preferencia en una efectiva nueva filosofía que reduzca el dolor y mejore su vida.

Puedes aprender cómo llevar a cabo lo que Susan hizo. Te puedes enseñar a ti misma a reconocer lo que estás pensando y te está haciendo sentirte perturbada. Puedes utilizar tus preguntas de discusión para examinar lo que te estás diciendo y ayudarte a decidir si tiene sentido continuar diciéndotelo. Y puedes aprender cómo responder a las preguntas de una manera que cambiará tu pensamiento y te hará sentir mejor. Así pues, vamos a comenzar.

UNA FÓRMULA SENCILLA PARA UTILIZAR LAS PREGUNTAS DE DISCUSIÓN

En la TREC existen tres categorías principales de preguntas de discusión. Cada categoría ataca a los pensamientos y las creencias irracionales desde una perspectiva diferente.

1. Pregunta la verdad o la lógica de la creencia.

2. Pide pruebas o evidencias de que la creencia es cierta.

3. Pregunta qué resultados obtendrás si continúas aferrándote a tu antigua e irracional creencia.

Para preguntar la verdad o lógica de un pensamiento o creencia (categoría 1), pregúntate cuestiones del tipo: ¿Es eso verdad? ¿Cómo lo sé? ¿Es lógico? ¿Por qué?

Para pedir pruebas o evidencias de que el pensamiento o la creencia es cierta (categoría 2), haz preguntas del tipo: ¿Dónde está la prueba? ¿Cuál es la evidencia? ¿Dónde está escrito? ¿Qué ley del universo lo manda?

Para preguntar los resultados que obtendrás si te aferras al pensamiento o a la creencia (categoría 3), formula preguntas del tipo: ¿Qué resultados obtendré si continúo creyendo esto? ¿Este pensamiento me ofrece lo que quiero? ¿Me ayuda a sentirme de la manera que deseo sentirme?

Las dos primeras categorías de preguntas de discusión a menudo se solapan. No te preocupes sobre a qué categoría en particular corresponde la pregunta. Cuando estés llevando a cabo tu propia discusión, limítate a formular cualquier pregunta que parezca adaptarse al pensamiento o la creencia irracional a la que te estés dedicando en ese momento.

Tras formular preguntas de la primera o de la segunda categoría o de ambas, haz siempre preguntas de la tercera: ¿Qué resultados obtendré si continúo aferrándome a mi antigua creencia irracional?

Las respuestas a estas preguntas te conducirán a la conclusión de que sería más sensato abandonar tu antigua e irracional manera de pensar y ver las cosas desde una nueva perspectiva. Como dijimos con anterioridad, en la TREC esta nueva forma de ver las cosas es denominada una Nueva Filosofía Efectiva.

UTILIZA LA DISCUSIÓN PARA CREAR UNA NUEVA FILOSOFÍA EFECTIVA

Recuerda, el objetivo de discutir tus pensamientos y creencias irracionales (punto D del ABC de las Emociones, pág. 100) es alcanzar una nueva filosofía efectiva (punto E) que producirá un cambio de tus emociones negativas insanas en otras negativas saludables.

Repasar los siguientes ejemplos varias veces entrenará tu mente a una nueva manera de pensar. Observa que las preguntas varían cuando formulamos los dos primeros tipos de preguntas de discusión. Sin embargo, cuando hablamos sobre resultados, la pregunta, la respuesta, y la conclusión están expresadas de igual manera. ¿Por qué? Porque los pensamientos irracionales en general conducen a similares pobres resultados. Cuando efectúes tu propia discusión, puedes variar la redacción.

Una vez que hayas revisado los dos ejemplos de más abajo y los del capítulo siguiente, encontrarás sencillo preguntar y contestar con rapidez las preguntas de discusión sobre tus propias creencias irracionales, igual que hizo Susan. Puede que parezca complicado en el papel, pero cuando has cogido la idea, es rápido, fácil de hacer, y puede ser incluso divertido.

(Antiguas) Creencias irracionales: «¡Mi pareja debe dejar de inmediato de abusar verbalmente de mí!».

Discusión (categoría 1 o 2 o ambas): «¿Por que debe hacerlo?» «¿Dónde está escrito?» «¿Qué ley del universo le ordena que debe parar inmediatamente?».

Respuesta (Nueva Filosofía Efectiva): «Obviamente no existe razón alguna por la que tenga que parar, aunque sería altamente preferible que lo hiciera. La idea de que tiene que parar no está escrita en ningún sitio excepto en mi cerebro. Difícilmente puede tratarse de una ley del universo sino de una regla social que obviamente no tiene por qué seguir».

Discusión (categoría 3): «¿Qué resultados obtendré si continúo aferrándome a mi antigua creencia irracional?» «¿Este pensamiento me ofrece lo que deseo?» «¿Me ayuda a sentirme de la manera en que quiero sentirme?».

Respuesta (Nueva Filosofía Efectiva): «Continuar aferrándome a mi antigua creencia irracional no cambiará a mi pareja ni le hará parar de abusar de mí. Tampoco me cambiará ni me ayudará a dejar de abusar de mí misma. Sólo me conducirá a una mayor frustración, ira y dolor. Será como librar una batalla interior que no puede ser ganada. Nunca me concederá lo que deseo ni me ayudará a sentirme de la manera que deseo sentirme».

Conclusión: «Puesto que ahora veo que mi antigua creencia irracional es falsa e ilógica, no me concederá lo que deseo, y es destructiva para mí, me desharé de ella y la reemplazaré por una nueva creencia racional».

(Nueva) Creencia racional: «Aunque me repugna mucho el abuso verbal de mi pareja y preferiría que parase, no es el fin del mundo si no lo hace».

Observa que en cada ocasión en que acabes discutiendo de manera efectiva una de tus antiguas creencias irracionales, habrás alcanzado la conclusión de que debes deshacerte de ella porque es falsa, ilógica e improbable, y no te dará lo que deseas ni te ayudará a sentirte de la manera que deseas sentirte. Después la reemplazarás con una nueva creencia racional que expondrá una preferencia, en lugar de una obligación, una orden, un deber o una exigencia. Observa cómo funciona esto en el siguiente ejemplo.

(Antigua) Creencia irracional: «Puesto que es injusto e hiriente que mi pareja abuse verbalmente de mi, no tiene derecho a hacerlo».

Discusión (Categoría 1 o 2 o ambas): «¿Es verdad?» «¿Es lógico que si es injusto e hiriente que él abuse verbalmente de mí, no tenga derecho a hacerlo?».

Respuesta (Nueva Filosofía Efectiva): «No es lógico que si es injusto e hiriente que él abuse verbalmente de mí, no tenga derecho a hacerlo. Mejor sería que me enfrentase al hecho de que sí disfruta del derecho de hacerlo. Mejor sería que me enfrentase al hecho de que tiene el derecho y el privilegio de actuar de la manera que escoja, aunque sea de una manera injusta e hiriente. Su conducta puede que verdaderamente sea incorrecta, porque ha prometido cuidarme y realmente insiste en que lo hace, pero aun así tiene el derecho de no vivir con arreglo a su promesa».

Discusión (categoría 3): «¿Qué resultado obtendré si continúo aferrándome a mi antigua creencia irracional?» «¿Éste pensamiento me ofrece lo que deseo?» «¿Me ayuda a sentirme de la manea que quiero sentirme?».

Respuesta (Nueva Filosofía Efectiva): «El continuar aferrándome a mi antigua creencia irracional no cambiará a mi pareja ni le hará dejar de abusar de mí. Tampoco me cambiará a mí ni me ayudará a dejar de abusar de mí misma. Sólo me conducirá a una mayor frustración, ira y dolor. Será como librar una batalla interior que no puede ser ganada. Nunca me ofrecerá lo que deseo ni me ayudará a sentirme de la manera en que quiero sentirme».

Conclusión: «Puesto que ahora sé que mi creencia irracional es incierta e ilógica, no me dará lo que quiero, y es destructiva para conmigo, me desharé de ella y la reemplazaré por una nueva creencia racional».

(Nueva) Creencia racional: «Aunque sea injusto e hiriente que mi pareja abuse de mí, y preferiría que no lo hiciera, tiene el derecho de hacerlo, igual que yo tengo el derecho de elegir cómo me enfrentaré a ello».

CÓMO EVITAR LA DISCUSIÓN INEFICAZ

¿Discutir tus creencias irracionales y alcanzar nuevas filosofías efectivas ayuda siempre? Casi siempre, pero necesitas ser cuidadosa para evitar los escollos.

Un error común es utilizar tus deseos, sentimientos y opiniones como «prueba» de que tu creencia irracional es válida.

> *Creencia irracional:* «¡Mi pareja debe parar inmediatamente de abusar de mi!».

> *Discusión:* «¿Por qué debe parar?».

> *Respuestas incorrectas:* «Porque no quiero que vuelva a suceder». «Porque lo odio». «Porque es incorrecto».

> *Respuesta correcta (Nueva Filosofía Efectiva):* «Obviamente no existe razón alguna para parar, aunque realmente preferiría que lo hiciese».

Otro error común es discutir tus creencias irracionales de la manera adecuada, llegando a las respuestas correctas, pero todavía no creértelas ni sentirlas. Por ejemplo, puedes preguntarte a ti misma «¿Por qué mi abusador debe dejar de abusar de mí?» y responder de manera correcta, «Obviamente, no tiene que dejar de hacerlo. Porque no lo hace. ¡Una pena! Pero ése es su sistema». Sin embargo, bajo esta respuesta correcta a tu auto-pregunta, la cual sólo crees ligeramente, puede que creas con firmeza, «¡No me importa! Puesto que está tan equivocado, ¡debe parar!» Y tu vocecilla seguramente no se detendrá aquí. Puede que también oigas, «¿Qué? ¿Estás loca? ¿Tiene el derecho de hacerlo?».

No te preocupes si esto sucede. Estás aprendiendo una nueva forma de pensar y de hablarte a ti misma, y puede que a las emociones les lleve su tiempo ponerse al nivel del intelecto. Sé paciente y sigue trabajando en convencerte a ti misma de la verdad lógica y racional. Sigue con el desafío y la discusión. A la larga la verdad irá abriéndose paso. Los métodos emotivos y conductuales de la TREC, que aprenderás en los próximos capítulos, también te ayudarán a acelerar este proceso de aceptación. Recuerda que millones de personas iguales a ti han aprendido a discutir de manera efectiva.

QUÉ HACER TAN PRONTO COMO TE SIENTAS PERTURBADA

Como hemos dicho, antes de que puedas dejar de hacer algo, primero has de darte cuenta de que estás haciéndolo. A continuación, has de ver cómo estás haciéndolo. Después has de dejar de hacerlo. Como leíste en el último capítulo, a veces sólo con saber que te estás perturbando a ti misma con tus pensamientos será suficiente para que pares. Otras veces será necesario tener en mente los pasos específicos. He aquí una lista de los que aprendiste en este capítulo:

1. Sé consciente de que te estás alterando.
2. Recuérdate a ti misma que te estás alterando debido a lo que tú misma te estás diciendo.
3. Escucha lo que te estás diciendo.
4. Recuérdate que para reducir tus sentimientos de sentirte perturbada necesitas cambiar las afirmaciones extremas y auto-saboteadoras que te haces a ti misma por otras más moderadas y de autoayuda.
5. Utiliza tu técnica de discusión para preguntar qué te estás diciendo a ti misma. Formula preguntas del tipo: ¿Es verdad? ¿Es lógico? ¿Por qué? ¿Dónde está la prueba? ¿Qué resultados obtendré si continúo creyendo esto?
6. Reconoce que lo que te estás diciendo es improbable, ilógico, no funciona, y te está provocando un gran dolor emocional.
7. Cambia tus afirmaciones extremas y auto-saboteadoras por otras más moderadas y de autoayuda.

Poco a poco estos pasos se volverán familiares y fáciles de emplear, pero se trata de un proceso que puede llevar tiempo. Al principio es probable que no te des cuenta de que te has perturbado a ti misma con tu pensamiento irracional hasta que lo hayas hecho. Pronto te darás cuenta de que te estás alterando a ti misma mientras todavía lo estés haciendo. Después comprenderás que estás empezando a alterarte cuando empieces a pensar de manera irracional, y serás capaz de detenerlo antes de sentirte perturbada. A la larga, pensar de manera racional en primer lugar se convertirá en una segunda naturaleza para ti.

La técnica de la discusión que acabas de aprender puede ser usada con muchas otras clases de pensamiento destructivo. En el capítulo 9, describimos algunos de estos otros hábitos de pensamiento y empleamos ejemplos para enseñarte cómo acabar con ellos.

CAPÍTULO 9 Cómo detener el pensamiento que está acabando contigo

Ahora sabes que tu antigua manera de pensar no mejorará tu situación, ni hará que tu pareja cambie, ni detendrá tu dolor. Y has visto cómo la discusión te enseñará una nueva manera de pensar que marcará una diferencia.

Vamos a repasar brevemente lo que sucede cuando discutes. Empiezas con una antigua creencia irracional, la analizas, y después la reemplazas por una nueva creencia racional. Se trata de un pensamiento objetivo, directo, positivo y claro. Ahora utilizaremos la antigua creencia irracional que discutimos en el capítulo anterior para comprobar qué aspecto presenta tu nuevo pensamiento racional directo.

ANTIGUO PENSAMIENTO IRRACIONAL DIRECTO

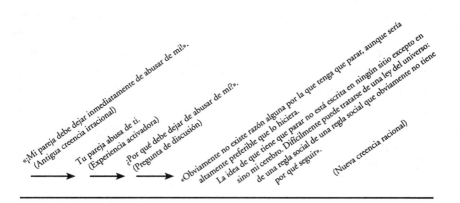

«¡Mi pareja debe dejar inmediatamente de abusar de mí!».
(Antigua creencia irracional)

Tu pareja abusa de ti.
(Experiencia activadora)

¿Por qué debe dejar de abusar de mí?».
(Pregunta de discusión)

«Obviamente no existe razón alguna por la que tenga que parar, aunque sería altamente preferible que lo hiciera. La idea de que tiene que parar no está escrita en ningún sitio excepto en sino mi cerebro. Difícilmente puede tratarse de una ley del universo; de una regla social que obviamente no tiene por qué seguir».
(Nueva creencia racional)

121

La antigua manera de pensar que has estado empleando, esa manera que te ha metido en tantos problemas, es muy diferente. Se trata de un confuso pensamiento emocional circular. Cuando usas esta clase de pensamiento, comienzas con una creencia irracional, la analizas, y acabas donde empezaste, en la misma antigua creencia irracional. Lo único que logras es conseguir alterarte, y después alterarte aún más. Ahora vamos a emplear la misma antigua creencia irracional de la que acabamos de hablar para ver cómo funciona el pensamiento circular.

ANTIGUO PENSAMIENTO IRRACIONAL CIRCULAR

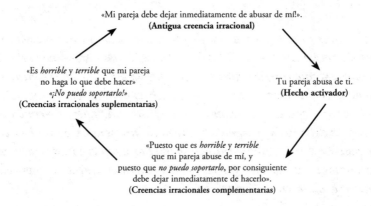

Como puedes ver, el pensamiento circular empieza con una creencia irracional destructiva que expone una obligación, una orden, un deber o una exigencia: «¡Mi pareja debe dejar inmediatamente de abusar de mí!».

Después, cuando tu dogmático *debe* no es seguido, das el siguiente paso. Tu creencia irracional da a luz a las creencias suplementarias «es horrible y terrible que mi pareja no haga lo que debe hacer» y «¡no puedo soportarlo!».

Las creencias suplementarias tienden a «probar» que tu dogmático *debe* original es cierto y con frecuencia conduce a todavía más exigencias dogmáticas. Sin detenerte a cuestionar estas creencias, puede que entonces llegues a esta conclusión: «Puesto que es horrible y terrible que mi pareja abuse de mí, y puesto que no puedo soportarlo, ¡por consiguiente debe dejar inmediatamente de hacerlo!».

Observa cómo estas creencias irracionales suplementarias completan el ciclo de nuevo en la creencia irracional original «¡mi pareja debe parar inmediatamente de abusar de mí!» El pensamiento circular se vuelve automático y refuerza tus creencias catastróficas, fatalistas, obligatorias, y no-lo-soporto, haciendo que seas más dogmática y absolutista que nunca. Todos estos pensamientos giran y giran en tu mente, encendiendo tus emociones haciéndote alterar y manteniéndote alterada.

La manera de que te sientas mejor es pasar de tu automático pensamiento irracional inicial productor de dolor a un nuevo pensamiento racional reductor del dolor. Eso es exactamente lo que la discusión ayuda a llevar a cabo.

CÓMO CAMBIAR TU ANTIGUO PENSAMIENTO IRRACIONAL CIRCULAR POR UN NUEVO PENSAMIENTO RACIONAL DIRECTO

Ahora nos centraremos en detalle en las dos creencias suplementarias utilizadas en nuestro ejemplo de pensamiento irracional circular y te mostraremos cómo cambiarlas por un nuevo pensamiento racional directo mediante la discusión activa y enérgica.

Algunas partes del siguiente material pueden hacer que parezca que no tomamos en serio la gravedad de tu abuso. Ten por seguro que lo hacemos.

Sin embargo, cuanto más te digas a ti misma cuán horrible es ese abuso, peor te sentirás. Cuanto menos te digas a ti misma cuán horrible es el abuso, mejor te sentirás. Para alcanzar tu objetivo de sentirte mejor, necesitas aprender a retroceder desde una intensa situación emocional hasta llegar a verla a través de unos ojos racionales nuevos. Por tanto mantén una mente abierta e intenta ganar algo de perspectiva sobre lo que está pasando. Si continúas viendo tu abuso a través de unos ojos demasiado emocionales, el resultado serán unos pensamientos extremadamente negativos que está garantizado que te mantendrán en el dolor.

Como ahora sabes, cuando empleas ciertas palabras éstas tienden a inflamarte y a crear poderosas emociones negativas. Esto es particularmente cierto con «horrible» y «terrible» y palabras similares. Estas palabras son casi siempre una exageración irreal. No son las palabras por ellas mismas las que causan los problemas sino la actitud oculta tras ellas. Tan pronto como etiquetas algo como «horrible» o «terrible», se vuelve mucho peor de lo que tiene que ser.

Si te dices a ti misma que el hecho de abusar de ti de manera verbal es muy malo, tienes razón, porque esto va contra uno de tus objetivos principales en la vida: que tu pareja te trate de manera justa, amable y cariñosa. Pero si te dices que es horrible y terrible, lo que afirmas implícitamente es que es tan malo que es peor que malo y que no tendría y no debería suceder. Las creencias fatalistas parecen muy exactas, y puedes convencerte de ellas con facilidad. Aferrarte a ellas, sin embargo, es incorrecto por dos razones importantes. Primera, porque no se trata de hechos probados, segunda, te mantienen pegada a tu dolor.

No importa qué mal te haga sentir el que se abuse de ti, es importante reconocer y aceptar que a pesar de todo no es horrible y terrible. El decir que lo es, eleva una cosa muy mala a una catástrofe máxima. Si piensas a fondo en ello, te darás cuenta de que hay cosas peores que el hecho de que se abuse de ti de manera verbal. Cuando empleas palabras como «horrible» y «terrible» para hablarte a ti misma sobre tu abuso, creas más sentimientos negativos y haces que te sientas peor. Entonces te hallas tan centrada en tu dolor que no puedes enfrentarte a lo que está pasando o pensar en algo que hacer al respecto. Puedes discutir estas afirmaciones y conceptos exagerados y cambiarlos como sigue:

> *(Antigua) Creencia irracional:* «Es horrible y terrible que mi pareja no haga lo que debe hacer: dejar de abusar de mi».

> *Discusión:* «¿Dónde está la prueba de que sea horrible y terrible que él no esté haciendo lo que debe hacer?».

> *Respuesta (Nueva filosofía efectiva):* «No existe ninguna prueba de que sea horrible y terrible. Sólo porque yo crea que sí, no se convierte en eso. Si digo que es horrible y terrible, lo que estoy implicando

es que es tan malo que es peor que malo y que no tendría y no debería suceder. Pero está sucediendo. Y el decir que es horrible y terrible sólo me inflama y hace las cosas mucho peores de lo que tienen que ser.

No importa qué mal me haga sentir el que se abuse de mí, reconoceré y aceptaré que a pesar de todo no es horrible y terrible. El decir que lo es, eleva una cosa muy mala a una catástrofe máxima. Cuando lo hago me centro tanto en mi dolor que no puedo enfrentarme a lo que está pasando o pensar en nada que hacer al respecto. Aunque prefería de verdad que mi pareja dejara de abusar de mí, encararé el hecho de que las cosas son como son y que mi exigencia de que sean diferentes no las cambiará. No etiquetar nada como horrible y terrible me ayudará a enfrentarme mejor a mi situación».

Discusión: «¿Qué resultados obtendré si continúo aferrándome a mi creencia irracional?» «Éste pensamiento ¿me ofrece lo que deseo?» «¿Me ayuda a sentirme de la manera en que deseo sentirme?».

Respuesta (Nueva Filosofía Efectiva): «El continuar aferrándome a mi antigua creencia irracional no cambiará a mi pareja ni hará que deje de abusar de mí. Tampoco me cambiará a mí ni me ayudará a dejar de abusar de mí misma, sólo me conducirá a una mayor frustración, ira y dolor. Será como librar una batalla interior que no puede ser ganada. No me ofrecerá nunca lo que deseo ni me ayudará a sentirme como me quiero sentir».

Conclusión: «Puesto que ahora sé que mi creencia irracional es falsa e ilógica, que no me dará lo que deseo, y que es destructiva para conmigo, me desharé de ella y la reemplazaré por una nueva creencia racional».

(Nueva) Creencia racional: «Aunque el hecho de que mi pareja abuse de mí es muy malo, y preferiría que no sucediera, no me alteraré ni lo convertiré en una catástrofe diciendo que es horrible y terrible».

La antigua manera de pensar que has estado empleando, esa manera que te ha metido en tantos problemas, es muy diferente. Se trata de un confuso pensamiento emocional circular. Cuando usas esta clase de pensamiento, comienzas con una creencia irracional, la analizas, y acabas donde empezaste, en la misma antigua creencia irracional. Lo único que logras es conseguir alterarte, y después alterarte aún más. Ahora vamos a emplear la misma antigua creencia irracional de la que acabamos de hablar para ver cómo funciona el pensamiento circular.

Si llevas a cabo esta clase de discurso de la TREC después de haber etiquetado el que se abuse de ti verbalmente como «horrible» y «terrible», serás capaz de dejar de pensar en tu abuso de una manera tan extrema. Ya no seguirás perturbándote todo el tiempo. Tu abuso ya no seguirá siendo todo lo que pienses: ¡y todo lo que sientes! Todavía seguirás considerando tu abuso como algo muy malo pero no continuarás estando tan seriamente perturbada por él, y serás capaz de enfrentarte mejor a él.

NO LO SOPORTO, NO LO TOLERO

Tú, como muchas otras personas, puedes convencerte de que puesto que tu pareja abusa de ti verbalmente, lo cual no tendría y no debería suceder, no puedes soportarlo: no puedes tolerarlo en absoluto. Casi siempre se trata de una falsa auto-afirmación, porque si realmente no pudieras soportar algo, si no pudieras tolerarlo en absoluto, probablemente morirías cuando ocurriese. O, si la cosa que no puedes soportar sucediera y no murieses, posiblemente no serías capaz de disfrutar de ningún placer ni alegría en absoluto de tu vida. Puedes discutir estas ideas altamente exageradas como sigue:

(Antiguas) creencias irracionales: «Puesto que mi pareja debe dejar inmediatamente de abusar de mí, no puedo soportarlo cuando continúa haciéndolo. Y no seré nunca capaz de disfrutar de ningún placer o alegría mientras continúe abusando de mí».

Discurso: «El abuso verbal de mi pareja es altamente repugnante e inmerecido. ¿Pero es cierto que yo no pueda disfrutar de ningún placer o alegría en la vida en absoluto si no deja de abusar de mí?».

Respuesta (Nueva filosofía efectiva): «No, no es verdad. No me encuentro ante una situación de todo o nada. Si insisto en continuar con él a pesar de su abuso, obtendré menos placer y alegría de la que tendría si no fuera abusivo, pero eso no significa que no disfrute de ninguna. Si me fuerzo a mi misma a dejar de centrarme en que se abusa de mí, y empiezo a centrarme en hacer mi vida más placentera y agradable, puedo imaginarme maneras de hacerlo: con otras personas, con intereses nuevos, y quizá incluso en ocasiones con mi compañero. No es inevitable que lleve una vida sin placer y alegría».

Discusión: «¿Qué resultados obtendré si continúo aferrándome a mi antigua creencia irracional?» «Este pensamiento ¿me ofrece lo que deseo?» «¿Me ayuda a sentirme de la manera que deseo?».

Respuesta (Nueva filosofía efectiva): «Continuar aferrándome a mi antigua creencia irracional no cambiará a mi pareja ni hará que deje de abusar de mí. No me cambiará a mí, ni tampoco me ayudará a dejar de abusar de mí misma. Sólo me conducirá a una mayor frustración, ira y dolor. Será como librar una batalla interior que no puede ganarse. Nunca me ofrecerá lo que deseo ni me ayudará a sentirme de la manera que deseo sentirme».

Conclusión: «Puesto que ahora veo que mi antigua creencia irracional es falsa e ilógica, que no me ofrecerá lo que deseo, y que es destructiva para mí, me desharé de ella y la reemplazaré por una nueva creencia racional».

(Nueva) Creencia racional: Esta vez, sugiere tú una nueva creencia racional. Recuerda que generalmente se trata de una reafirmación de una antigua creencia irracional, empleando una saludable preferencia de autoayuda en lugar de una insana y auto-saboteadora obligación, orden, deber o exigencia. Refleja la verdad racional que has aprendido mediante la discusión. (*Véase* el ejemplo anterior de este capítulo y los ejemplos del capítulo 8).

VENCE OTROS IMPORTANTES MODELOS DE PENSAMIENTO QUE TE TRASTORNAN

Como has aprendido, incluso aunque la conducta abusiva de tu pareja es lo que es, tu propio pensamiento irracional es lo que provoca la mayor parte de tu dolor. El pensamiento circular automático del que hemos estado hablando es un pensamiento irracional que te puede causar problemas. Otros modelos de pensamiento distorsionado pueden también hacer que continúes sintiéndote extremadamente alterada y sin control.

(Yo [A.E.] fui una de las primeras autoridades en emplear categorías de modelos de pensamiento distorsionado. Creé algunos de ellos y escribí sobre ellos en mis numerosos artículos y libros sobre la TREC. Aaron Beck, Donald Meichenbaum, David Burns y otras autoridades sobre la Terapia Cognitiva Conductual añadieron más categorías. Estos modelos de pensamiento fueron ampliamente conocidos y son utilizados de manera común hoy en día).

Una vez que seas capaz de colocar tu pensamiento irracional en una de estas categorías, también serás más competente para enfrentarte a las creencias irracionales que fomentan. He aquí algunos modelos comunes de pensamiento irracional y ejemplos de discusión rápida y poderosa que te ayudarán a dejar de pensar de manera destructiva.

OBSESIONARTE

¿Cuán a menudo te has encontrado a ti misma pensando sobre un incidente abusivo, volviéndolo a interpretar palabra por palabra en tu mente, analizándolo y volviéndolo a analizar, intentando averiguar lo que realmente ocurrió y cuál pudo haber sido tu participación en él? Cada vez que lo haces las palabras giran y giran en tu mente al intentar encontrarle un sentido a todo. Si tan sólo pudieras llegar a entenderlo. Si tan sólo pudieras hacer que lo entendiese tu pareja. Si pudieras hacer simplemente que dejase de tratarte como lo hace.

Una y otra vez tu preciosa energía mental se agota mientras luchas contra cada incidente abusivo que va apareciendo. Con frecuencia, no importa dónde estés ni qué esté sucediendo a tu alrededor, te sientes como si estuvieras sola en el mundo de tus propios pensamientos. Deseas desesperadamente detener el parloteo de tu mente que te vuelve loca para que deje de correr desbocado por tu cabeza, pero no eres capaz des liberarte de él.

La obsesión se vuelve tan natural como el respirar. ¿Recuerdas que de niña aprendiste que si tenías un problema, sólo tenías que reflexionar sobre él, y si era necesario volver a reflexionar una y otra vez, hasta alcanzar una solución factible?

Has practicado esta clase de pensamiento miles de veces desde la niñez más temprana. Sin embargo, cuando te sientes perturbada cuando se abusa verbalmente de ti, intentas resolver el problema recurriendo a la clase de pensamiento que conoces mejor, pero que es una de las cosas más destructivas que las parejas abusadas se hacen a sí mismas.

¿Cómo puedes dejar de obsesionarte? Existe una variedad de métodos prácticos ampliamente conocidos, desde decir repetidamente «¡Deténte!» y visualizar una gran señal roja de stop hasta chasquear una cinta de goma puesta en tu muñeca; desde escribir tus pensamientos hasta efectuar algo que requiera mucha concentración. Aunque estas cosas pueden servir de ayuda, nuestra preocupación primaria aquí es llegar a la causa de tu tendencia a obsesionarte por el abuso en primer lugar. Por tanto, vamos a examinar una creencia irracional básica que puede incitarte a que revises una y otra vez la misma cosa en tu mente, haciéndote sentir ansiosa y sin control.

(Antigua) creencia irracional: «Puesto que el hecho de que mi pareja abuse verbalmente de mí es tan increíblemente malo, y puesto que no debería suceder en absoluto, ¡Tengo que seguir pensando en ello todo el tiempo hasta que encuentre una manera de pararlo!».

Discusión: «¿Por qué debo seguir pensando sobre esta cosa mala todo el tiempo?» «Deseo pensar en una manera de detener este abuso, pero ¿prueba esto que lo tengo que hacer?» «Resulta que si pienso constantemente en ello ¿me ayudará a encontrar una manera de detenerlo?» «¿Hará algún bien?».

Respuesta (Nueva filosofía efectiva): «Continuar aferrándome a mi antigua creencia irracional no cambiará a mi pareja ni hará que deje de abusar de mí. No me cambiará ni tampoco me ayudará a dejar de abusar de mí misma. Sólo me conducirá a una mayor frustración, rabia y dolor. Será como luchar una batalla interior que no puede ganarse. Nunca me ofrecerá lo que deseo ni me ayudará a sentirme de la manera que deseo hacerlo».

Conclusión: Es tu turno para que llegues a una conclusión racional que manifieste tu decisión de desprenderte de tu antigua creencia y dé razones de porqué tiene sentido hacerlo así. Puedes emplear nuestras expresiones de ejemplos anteriores o utilizar tus propias palabras.

(Nueva) Creencia racional: Ahora expón tu nueva creencia racional.

RAZONAMIENTO EMOCIONAL

Cuando quedas atrapada por tus emociones, es demasiado fácil perder de vista lo que realmente está pasando en tu vida. Ya no sigues confiando en tus percepciones porque tu pareja las ha puesto en duda de manera repetida, y te has permitido a ti misma adoptar el hábito de aceptar sus percepciones por encima de las tuyas.

Aunque parece natural fiarte de tus emociones para que te ayuden a decirte lo que está pasando, también ellas se han vuelto demasiado poco fidedignas al haber sido tan magulladas. Un momento dado eres capaz de ver los detalles de una situación abusiva con claridad; al momento siguiente todo se vuelve gris y brumoso, y ya no estás segura sobre qué acaba de suceder. Te sientes confundida, insegura, y sin control.

Cuando las emociones se desbordan en tu mente, la lógica y la razón son dejadas de lado. En este estado es fácil asumir que tus emociones negativas reflejan la manera en que son las cosas: «Lo siento, por lo tanto debe ser verdad».

(Antiguas) Creencias irracionales: «Puesto que no puedo dejar de sentirme abrumada por las emociones cuando se está abusando de mí, y sé que debo hacerlo, me siento indefensa. ¡Mi fuerte sensación de que estoy indefensa prueba que realmente lo estoy!».

Discusión: «¿Cómo prueba mi fuerte sensación de que estoy indefensa que realmente lo estoy?».

Respuesta (Nueva filosofía efectiva): «Cuando las emociones me abruman, mi sensación de indefensión sólo prueba que tengo esa sensación. Que me sienta indefensa no significa que realmente lo esté. Mis sensaciones no proporcionan una evidencia verificable de que mi creencia sea cierta. Me provoco dolor a mí misma cuando utilizo mis emociones como prueba en lugar de utilizar la razón y la lógica. Ahora sé que puedo usar las técnicas de la TREC para evitar sentirme abrumada por mis emociones cuando se está abusando de mí. ¡No estoy indefensa!».

Discusión: «¿Qué resultados obtendré si continúo aferrándome a mi antigua creencia irracional?» «Este pensamiento me da lo que deseo?» «¿Hace que me sienta de la manera que quiero sentirme?».

Respuesta (Nueva filosofía efectiva): «Continuar aferrándome a mi antigua creencia irracional no cambiará a mi pareja ni hará que deje de abusar de mí. Tampoco me cambiará ni me ayudará a dejar de abusar de mí misma. Sólo me conducirá a una mayor frustración, ira y dolor. Será como luchar en una batalla interior que no puede ser ganada. Nunca me dará lo que deseo ni me ayudará a sentirme de la manera en que deseo sentirme».

Conclusión: Llega a una conclusión.

(Nueva) Creencia racional: He aquí una nueva oportunidad para exponer la manifestación de una nueva creencia racional.

PERSONALIZACIÓN

El abuso parece muy personal. Después de todo, va dirigido directamente a ti. Pero la personalización en el sentido en el que estamos hablando aquí significa que te ves a ti misma como la causa de la ira de tu pareja abusiva, incluso aunque no seas la causa primaria de ella. Te derriba con sus repetidos ataques hasta que ya no sabes quién eres. Entonces crees en su palabra de que tu debilidad y tus errores son los culpables de su ira y que te mereces el abuso que estás recibiendo. Puesto que los proyectiles verbales de tu pareja te hieren en los lugares más vulnerables, te sientes confundida e incapaz de decir si lo que dice es verdad. Al menos en parte, aceptas su culpa, y te culpas a ti misma por ser como eres y por hacer lo que haces.

(Antigua) Creencia irracional: «Puesto que mi pareja sigue abusando verbalmente de mí, y puesto que lo hace con tanta frecuencia y está tan convencido de que tiene razón, debe tener razón que tengo esos fallos y que soy culpable del abuso y de las cosas malas que suceden».

Discusión: «¿Es necesariamente lógico que puesto que mi pareja dice que tengo ciertos fallos, los he de tener? E incluso si de verdad cometo algunos de los errores de que me acusa, ¿significa eso que soy responsable de su ira y de su abuso?».

Respuesta (Nueva filosofía efectiva): «No es necesariamente lógico que puesto que mi pareja diga que tengo ciertos fallos, los tenga. Ahora sé que él haría o diría cualquier cosa para desahogar su cólera reprimida e intentar controlarme. Así pues, no puedo confiar en que lo que dice sea verdad. E incluso si en verdad cometo algunos de esos errores, eso no me hace responsable de su ira o su abuso. Incluso si estuviera con una pareja diferente, sería abusivo. Por tanto, aunque cuando abusa verbalmente de mí parece un ataque personal, debo recordarme una y otra vez que el abuso no es por mí ni por nada que diga o haga».

Discusión: «¿Qué resultados obtendré si continúo aferrándome a mi antigua creencia irracional?» «Este pensamiento ¿me ofrece lo que deseo?» «¿Me ayuda a sentirme de la manera en que deseo?».

Respuesta (Nueva filosofía efectiva): «Continuar aferrándome a mi antigua creencia irracional no cambiará a mi pareja ni hará que deje de abusar de mí. Tampoco me cambiará ni me ayudará a dejar de abusar de mí misma. Sólo me conducirá a una mayor frustración, ira y dolor. Será como luchar en una batalla interior que no puede ser ganada. Nunca me dará lo que deseo ni me ayudará a sentirme de la manera en que deseo sentirme».

Conclusión: Llega a una conclusión.

(Nueva) Creencia racional: Expón una nueva creencia racional. (¿Verdad que cada vez resulta más fácil?)

SOBREGENERALIZACIÓN

Cuando sobregeneralizas, consideras una sola experiencia negativa o una serie de experiencias como un esquema interminable de derrota. «A veces» se convierte en «siempre», «raramente» se convierte en «nunca», «algo» se convierte en «todo» y «temporalmente» se convierte en «para siempre». Puede que muestres tendencia a generalizar sobre muchos de los problemas de tu relación y de tu vida. Puedes discutir las sobregeneralizaciones erróneas como se muestra a continuación:

(Antigua) Creencia irracional: «Puesto que no he hecho frente al abuso verbal de mi pareja de la manera correcta, nunca seré capaz de hacerle frente. No podré nunca hacer frente al abuso satisfactoriamente de ninguna de las maneras, ya sea para transformarlo o para cambiar mis excesivamente cargadas reacciones ante él. Mi vida será siempre así».

Discusión: «Es cierto que no he estado haciendo frente al abuso de mi pareja de la manera correcta, y no he sido efectiva al tratar de transformarlo o cambiar mis excesivamente cargadas reacciones ante él, ¿pero cómo muestra esto que nunca aprenderé a hacerlo mejor?».

Respuesta (Nueva filosofía efectiva): «No lo muestra. Puede que no sea capaz de cambiar el hecho de que se abusa de mí, pero mi pobre enfrentamiento ante él muestra que todavía no he aprendido a hacerlo mejor, no que no pueda aprender. Ahora me hallo en el camino correcto. Estoy desarrollando nuevas técnicas de pensamiento, y si dejo de alterarme tan intensamente sobre la conducta de mi pareja, me estaré concediendo una oportunidad mucho más buena para hacerle frente con efectividad. Mi mejor enfrentamiento cambiará la interacción entre nosotros, y puede mejorar mi calidad de vida».

Discusión: «¿Qué resultados obtendré si continúo aferrándome a mi antigua creencia irracional?» «Este pensamiento ¿me concede lo que deseo?» «¿Me ayuda a sentirme de la manera en que deseo sentirme?».

Respuesta (Nueva filosofía efectiva): «Continuar aferrándome a mi antigua creencia irracional no cambiará a mi pareja ni hará que deje de abusar de mí. Tampoco me cambiará a mí ni me ayudará a dejar de abusar de mí misma. Será librar una batalla interna que no puede ser ganada. Nunca me concederá lo que deseo ni me ayudará a sentirme de la manera en que deseo sentirme».

Conclusión: Llega a una conclusión.

(Nueva) Creencia racional: Expón una nueva creencia racional.

MAGNIFICACIÓN Y MINIMIZACIÓN

Aunque pueda parecer ilógico, es probable que osciles entre magnificar y minimizar la conducta abusiva de tu pareja. La mayoría de las parejas abusadas lo hacen. Cuando está siendo mezquino, su mezquindad surge más grande que la vida (magnificación). Cuando vuelve a ser agradable, no parece que los malos tiempos fueran tan malos o tuvieran tanta importancia. De hecho, en cuanto un incidente ha pasado, probablemente no recuerdes con claridad qué herida te sentiste o qué pasó exactamente. La alternancia entre magnificar y minimizar la conducta abusiva hace que pierdas el equilibrio y te mantiene fuera de contacto de la verdad de tu situación.

Es probable que también magnifiques su conducta agradable. Puede que estés tan hambrienta de amor y afecto que incluso cuando tu pareja te esté tirando «migajas de amabilidad», encuentres que su conducta es maravillosa. Magnificar la conducta agradable te puede mantener más enganchada que nunca a la relación. «Después de todo», te dices a ti misma, «¡los buenos tiempos son taaaan buenos! ¿Quién en su sano juicio tomaría en cuenta marcharse?» Ves un destello de esperanza que él podría cambiar y volver a ser agradable todo el tiempo.

Puede que también magnifiques algunos aspectos de tu propia conducta y minimices otros: magnificas tus defectos y errores, y minimizas tus buenas cualidades y habilidades. Estás magnificando cuando si haces una pequeña cosa piensas que no deberías haberla hecho, la hinchas de manera desproporcionada, como si estuvieras tanteando en un marcador de la pista de deportes. Estás minimizando cuando no te concedes el suficiente reconocimiento por ser quien eres y lo que eres capaz de hacer.

(Antigua) Creencia irracional (magnificación): «Cometer ese error fue tan embarazoso. Y ahora que mi pareja lo ha señalado groseramente delante de todo el mundo, nunca lograré borrarlo. Todo el mundo creerá que soy estúpida y recordará siempre mi fallo. ¡Esto ha arruinado mi vida!».

Discusión: «¿Es lógico que sólo porque cometí un error, sea estúpida?» «¿Qué prueba existe de que todo el mundo esté pensando en lo que hice y nunca lo olvide?».

Respuesta (Nueva filosofía efectiva): «No es lógico que porque haya cometido un error sea estúpida. Todo el mundo comete errores. Lo que hago no es lo que soy. Y no existe ninguna prueba de que las otras personas concedieran a mi error más que un instante de su pensamiento. Desde luego que no han vuelto a pensar más en ello. Soy la única que sigue meditando sobre ello, dándole demasiada importancia. El hecho de que mi pareja lo señalara groseramente delante de otras personas es un reflejo de él, no de mí. Es importante que yo reconozca que mis errores toman proporciones gigantescas porque me siento insegura de mi misma, y porque he cogido el hábito de centrarme en mis puntos negativos y rebajar los positivos. Debo ser consciente de las ocasiones en que estoy exagerando mis fallos y errores, para que pueda dejar de hacerlo. Esto también me otorgará más reconocimiento por las cosas que hago bien, lo cual me hará menos vulnerable ante el hecho de sentirme estúpida».

Discusión: «¿Qué resultados obtendré si continúo aferrándome a mi antigua creencia irracional?» «Este pensamiento ¿me ofrece lo que deseo?» «¿Me ayuda a sentirme de la manera que deseo?».

Respuesta (Nueva filosofía efectiva): «Continuar aferrándome a mi antigua creencia irracional no cambiará a mi pareja ni hará que deje de abusar de mí. Tampoco me cambiará ni me ayudará a dejar de abusar de mí misma. Sólo me conducirá a una mayor frustración, ira y dolor. Será como librar una batalla interior que no puede ser ganada. Nunca me dará lo que deseo ni me ayudará a sentirme de la manera en que deseo sentirme».

Conclusión: Llega a una conclusión.

(Nueva) Creencia racional: Expón una nueva creencia racional.

(Antigua) Creencia irracional (minimización): «Puesto que mi pareja está siendo mucho más agradable conmigo hoy, es probable que no quisiera decir las cosas que dijo la otra noche. Quizá no fue tan malo como creí. De todos modos, casi no puedo recordar con exactitud lo que pasó. Puede que todo vaya a ir mejor de ahora en adelante».

Discusión: «¿Es necesariamente lógico que puesto que mi pareja es más agradable hoy, no quisiera decir las cosas que dijo la otra noche o que no fueran tan malas como pensé?» «Puesto que hoy es más agradable, ¿prueba eso que continuará siendo agradable en el futuro?».

Respuesta (Nueva filosofía efectiva): «Sólo porque mi pareja se muestre más agradable hoy, eso no quiere decir que no quisiera decir las cosas que dijo la otra noche. Y sólo porque casi no puedo recordar qué malo fue, eso no prueba que no fuese malo. Necesito recordarme a mí misma que el cambio de Dr. Jekyll a Mr. Hyde y vuelta otra vez es parte del ciclo abusivo. Y que olvidar partes de las experiencias dolorosas es un camino que mi mente prueba para protegerme. Es importante que reconozca que fui tratada de una manera abusiva, sin exagerarlo ni minimizarlo. Es la única forma mediante la cual seré capaz de tomar decisiones racionales sobre cómo enfrentarme con el abuso y sobre qué hacer con mi vida. La negación es mi enemigo. Lucharé contra ella».

Discusión: «¿Qué resultados obtendré si continúo aferrándome a mi antigua creencia irracional?» «Este pensamiento ¿me ofrece lo que deseo?» «¿Me ayuda a sentirme de la manera que deseo?».

Respuesta (Nueva filosofía efectiva): «Continuar aferrándome a mi antigua creencia irracional no cambiará a mi pareja ni hará que deje de abusar de mí. Tampoco me cambiará ni me ayudará a dejar de abusar de mí misma. Sólo me conducirá a una mayor frustración, ira y dolor. Será como librar una batalla interior que no puede ser ganada. Nunca me dará lo que deseo ni me ayudará a sentirme de la manera en que deseo sentirme».

Conclusión: Llega a una conclusión.

(Nueva) Creencia racional: Expón una nueva creencia racional.

PENSAMIENTO PERFECCIONISTA

Casi todo el mundo ha oído algo sobre el perfeccionismo y sabe cuán destructivo es. Algunas personas se imponen unas normas imposibles, luchan por seguirlas, y se vapulean cuando no son capaces de vivir con arreglo a ellas. El perfeccionismo es particularmente destructivo para aquellas personas que se encuentran inmersas en relaciones abusivas ya que piensan que con sólo que consiguiesen ser lo suficiente perfectas su pareja las amaría y no tendría razón alguna para abusar de ellas. Pero no importa cuán perfectas se esfuercen por ser, sólo complican sus problemas. El perfeccionismo aboca a estas personas al fracaso, a cuestionar sin fin su papel en el abuso, y a odiarse a sí mismas.

(Antiguas) Creencias irracionales: «No debo tener ningún fallo serio ni cometer ningún error por los que mi pareja pueda abusar de mí. Tengo que ser perfecta, así sabré de una vez por todas que el abuso no es culpa mía».

Discusión: «¿Por qué no debo tener ningún fallo serio ni cometer ningún error por los que mi pareja pueda abusar de mí? ¿Dónde está escrito que tenga que ser perfecta?».

Respuesta (Nueva filosofía efectiva): «No importa con cuanta insistencia lo intente, no puedo ser tan perfecta como para que mi pareja nunca vuelva a abusar de mí. Siempre seré un ser humano falible.

Puede convertir en un problema algunas de mis imperfecciones y puede abusar de mí por ellas injustamente pero no necesita ninguna razón para abusar. Incluso si yo fuera perfecta, mi pareja idearía algo por lo que abusar de mí. Seguiré recordándome a mí misma que descargarse en mí es la manera que tiene mi pareja de desahogar la cólera que siente por otras cosas que no tienen nada que ver conmigo».

Discusión: «¿Qué resultados obtendré si continúo aferrándome a mi antigua creencia irracional?» «Este pensamiento ¿me ofrece lo que deseo?» «¿Me ayuda a sentirme de la manera que deseo?».

Respuesta (Nueva filosofía efectiva): «Continuar aferrándome a mi antigua creencia irracional no cambiará a mi pareja ni hará que deje de abusar de mí. Tampoco me cambiará ni me ayudará a dejar de abusar de mí misma. Sólo me conducirá a una mayor frustración, ira y dolor. Será como librar una batalla interior que no puede ser ganada. Nunca me dará lo que deseo ni me ayudará a sentirme de la manera que deseo sentirme».

Conclusión: Llega a una conclusión.

(Nueva) Creencia racional: Expón una nueva creencia racional.

Has aprendido los mecanismos de la discusión y has leído ejemplos de cómo funciona. Entiendes cómo emplear la discusión para cambiar tu pensamiento destructivo, y por lo tanto tus emociones destructivas. Con práctica, serás capaz de centrarte en tus pensamientos perturbadores y cambiarlos incluso en mitad de un incidente abusivo. Antes de que te des cuenta, te deslizarás de manera natural en un modo de pensamiento racional, sin importar lo que esté ocurriendo a tu alrededor. (Y en el capítulo 11 aprenderás cómo llevar a cabo «discusiones-atajo» que logran el proceso más rápido y más fácil).

Tu nuevo modo de pensar te colocará en el camino para acceder a tu poder personal. Este camino, sin embargo, debe ser construido sobre una base sólida de sentimientos positivos para contigo misma, o te hundirá repetidamente. Tus sentimientos negativos acerca de ti misma te han llevado a tu situación actual, y te seguirán dañando al socavar tus esfuerzos para recuperar tu poder personal.

Para asegurarte de que tu camino hacia la obtención de tu poder es sólido y que respaldará tus esfuerzos, necesitas una vez más mirarte a ti misma a través de los ojos acogedores de la TREC. El próximo capítulo te enseñará la manera TREC de sentir sentimientos saludables y más positivos sobre ti misma.

CAPÍTULO 10 Cómo hacer que los sentimientos sobre ti misma trabajen a tu favor y no en tu contra

¿Por qué los comentarios acusatorios y humillantes de tu pareja te reducen a las lágrimas y desencadenan horas de obsesión con tanta frecuencia? ¿Cómo puede llegar a ti con tanta facilidad? ¿Y por qué sus comentarios te hieren con tanta profundidad? Porque se abren camino directamente hasta las dolorosas dudas y la no-aceptación de ti misma que has tenido desde tu infancia más temprana, poniendo en marcha tu tendencia a culparte a ti misma, a sentirte culpable, y a degradarte. Te enfrentas a crisis tras crisis, inconsciente de que tus inseguridades son una gran parte del problema, las cuales mezclan tu dolor y confusión, e impiden que veas cuán irracional es tu relación.

Te maldices por ser «de la manera que eres» y por cometer errores, y maldices a tu pareja por ser «de la manera que es» y por lo que te está «haciendo a ti». Inventas excusas para la conducta abusiva de tu pareja: «Vamos mal de dinero». «Está presionado en el trabajo». «Los niños estaban haciendo demasiado ruido». Y te culpas a ti misma: «Debería haberlo sabido». «Debería haber sido más cuidadosa para no alterarlo». «Si yo fuera diferente, él no actuaría de esta manera».

Aunque en este libro has aprendido que no eres responsable de la deplorable conducta de tu pareja, tus inseguridades sobre ti misma aún pueden hacerte vulnerable y hacerte «cooperar» en sus acusaciones, creer sus críticas, y aceptar que deberías haber previsto y prevenido de alguna manera cualquier cosa que le altere. Cuando piensas de esta manera, te preparas para una doble maldición: los ataques de dos abusadores. No sólo permites que tu pareja abuse de ti, sino que además, al abusar de ti misma, le ayudas a que abuse de ti. Le ayudas a hundir tu propia espada de la no-aceptación de ti misma hasta el fondo de tu corazón. Esta no-aceptación crea un modelo destructivo de pensamiento que te hace reaccionar ante los comentarios hirientes desfigurando tu ser entero y creando sentimientos de culpa, vergüenza, inutilidad, ira y depresión. Este capítulo trata precisamente sobre cómo entender este ciclo y sobre cómo lograr detenerlo.

PORQUÉ PARTICIPAS EN EL JUEGO DE CULPA-VERGÜENZA DE TU PAREJA CUANDO ERES CONSCIENTE DE TODO

Pudiera parecer que una vez que te hayas vuelto consciente de cómo funcionan las relaciones abusivas y entiendas que el objetivo de tu pareja es hacer que él parezca bueno y tú parezcas imperfecta e inferior, ya no serás por más tiempo vulnerable ante su conducta abusiva. Entenderás que no existe fundamento para continuar tu atroz auto-búsqueda, auto-análisis, auto-culpa, y auto-derribo, puesto que el abuso no trata de ti. Su conducta ya no volverá a provocarte un dolor debilitador.

Pero este conocimiento ¿realmente detiene el ciclo de pensamientos obsesivos y de emociones fuera de control? No necesariamente. Quizá todavía te halles atrapada en el antiguo y familiar cenagal de confusión, dolor y lágrimas: incluso cuando sabes que la conducta de tu pareja es irracional, que sus afirmaciones sobre ti son por norma general falsas, y que los incidentes abusivos no son culpa tuya. ¿Por qué? Porque aunque sabes todo eso, una parte de ti se encuentra atrapada por lo que dice tu compañero. Una parte de ti piensa que es probable que tenga razón. Una parte de ti todavía te juzga con dureza y te considera vacía. Una parte de ti cree que puede que tú –como él insiste– no seas buena, después de todo. Insidiosamente, tus inseguridades, negativa percepción y no-aceptación de ti misma, y tu tendencia a culparte y a sentirte culpable te pone directamente en sus manos.

Sin un fuerte sentido de la auto-valía y la simpatía, y un alto nivel de auto-aceptación, continuarás estando a merced de las opiniones de tu pareja (y de las de otras personas). Tenderás a juzgarte por su riguroso criterio y a verte a través de sus enfadados ojos. Al hacer diana una y otra vez a tus inseguridades, sacará a la luz de manera experta cualquier inseguridad o duda que puedas tener sobre ti misma. Implacablemente, irá astillando tu ya frágil auto-imagen, auto-valía, y auto-respeto. Sacará partido de tu humanidad y te herirá en tus puntos débiles. Y cuanto más herida te sientas, con más facilidad se te herirá cada vez que se te ataque: y menos capaz serás de aguantarlo.

A medida que tu pareja vaya insistiendo con ahínco en tus insuficiencias, puede que llegues a creer más y más que realmente sí las tienes y no sólo que las tienes, sino que es horrible tenerlas, y que eso te convierte en una persona horrible. Y a las censuras de tu pareja es probable que añadas las tuyas, incluyendo el culparte a ti misma por haber caído en tu abusiva relación en primer lugar, y el sentirte culpable y débil por no ser capaz de dejarla o de enfrentarte a ella mejor.

La parte de ti que cree que tu pareja puede tener razón sobre ti te empuja con fuerza en un vórtice de duda y confusión, auto-culpa y culpabilidad, vergüenza y auto-aborrecimiento. Mientras compartas su no-aceptación y pienses que su visión negativa de ti puede ser en parte cierta, continuarás sintiéndote profundamente herida por su conducta abusiva. Incluso aún peor: continuarás hiriéndote profundamente al vapulearte a ti misma con crueles y críticas auto-charlas mucho después de que sus ataques verbales hayan acabado. Y continuarás estando tan atrapada por tu habitual y dolorosa gimnasia mental que no serás capaz de pensar con la claridad suficiente para enfrentarte a su abuso.

CÓMO JUGAR AL JUEGO DE CULPA-VERGÜENZA

Si eres como la mayoría de las parejas abusadas, te angustias por si hay algo de verdad en las acusaciones y críticas de tu pareja. Crees en el antiguo dicho de que para pelearse «son necesarios dos», por lo tanto piensas que probablemente de alguna manera has tomado parte en crear los «problemas» que estás teniendo. Y al ser humana, es probable que tengas algunas dudas sobre ti misma, que tu abusiva pareja utiliza contra ti. Cuantas más auto-dudas tienes, más crítica contigo misma eres, y cuanto más te culpas y te sientes culpable y avergonzada, más efectivo se muestra tu compañero en desequilibrarte, confundirte, perturbarte y preocuparte con las cosas que dice que están «mal» en ti.

Aunque todo el mundo está de acuerdo en que enfrentarse a una conducta abusiva es un reto, a aquellas personas que tienden a juzgarse a sí mismas con dureza y que son propensas a degradarse a sí mismas se les hiere con más facilidad y más profundidad –de hecho se pueden sentir heridas hasta la médula– por los comentarios abusivos de una pareja. También son más rápidas en sentir vergüenza y humillación.

Si esto es verdad en tu caso, es probable que no puedas desembarazarte de un incidente abusivo hasta que decidas si se trata –incluso en parte– del resultado de algún fallo, deficiencia o error tuyo. Repasas una y otra vez todo lo que se dijo, intentando desesperadamente separar realidad de ficción. ¿Puede ser que seas –como afirma tu pareja– descuidada o desconsiderada, o que cometas los mismos errores de antes? Después de todo, ¿por qué diría esas cosas si no fueran verdad?

Si, en medio de tu confusión, decides que siquiera un fragmento de lo que dijo tu pareja sobre ti es cierto, quedas atrapada en una oleada de auto-culpa, confusión y vergüenza por «ser» como eres o haber hecho lo que hiciste. Crees que puede ser que él tenga razón sobre ti. No sólo no puedes hacer nada bien, sino que aparentemente –como insiste con frecuencia– tu habilidad para recordar «correctamente» lo que ha tenido o no lugar también es defectuosa y nada digna de confianza. Y en ocasiones, puede que te convenzas de que tiene razón en culparte de su ira y de su conducta abusiva.

Incluso cuando sabes –sin ninguna duda– que las cosas que tu pareja está diciendo sobre ti no son verdad, probablemente te das la vuelta como un guante intentando «probarle» que eres «inocente», e intentando hacerle comprender que estaba equivocado con respecto a ti. Que no eres «culpable», como se te acusa. Que eres válida, después de todo. De hecho, a veces tu vida parece depender de «probárselo». ¿Por qué llegas a tales extremos para probar tu inocencia? Porque tus sentimientos sobre ti misma dependen de los sentimientos de tu pareja sobre ti, y su opinión es crucial para que seas capaz de sentirte bien contigo misma. Te ves como él te ve.

Los ataques de tu pareja te pueden dejar confundida e insegura sobre ti misma. Ésta es la razón por la que cuando quiera que sabes que lo que está diciendo sobre ti es falso, te sientes impulsada a hacérselo ver. Si pudiera ver que se ha equivocado esta vez, puede que comprenda que lo ha hecho en otras ocasiones. Y entonces quizá verá que no eres tan mala después de todo y tú también serás capaz de verte bajo una luz mejor.

Puesto que te ves a través de los ojos de tu compañero, la vergüenza, y la humillación aparecen en ti tanto si has hecho algo incorrecto como si no. Estos sentimientos no provienen de la incorrección del acto del que has sido acusada, sino de la visión negativa de tu yo, de todo tu ser, que tienes cuando él piensa que hiciste algo mal. Si realmente hiciste algo incorrecto, o simplemente él piensa que lo hiciste, no sólo concuerdas con que tu conducta fue mala, sino que además te dices que tu mala conducta te hace mala. Por lo tanto, de alguna manera has de hacer que tu acusador deje de pensar que actuaste de una manera vergonzosa.

Pero pensar que eres lo que haces es ridículo porque eres una persona que hace millones de cosas: buenas, malas e intermedias. Obviamente, no puedes juzgar a tu ser entero basándote en uno de estos actos. Incluso varios de ellos no pueden convertirte en una mala persona, puesto que hay muchas más cosas que haces que no son malas.

Tu acusador, sin embargo, sabe que piensas que eres lo que haces que juzgas tu ser entero basándote en tu actuación. Sabe que eres una vergonzosa y que no te limitarás a sentirte apenada y decepcionada si es capaz de convencerte de que hiciste algo incorrecto, sino que te criticarás a ti misma sin misericordia. Puede que incluso te degrade delante de otros, sabiendo que te tomarás su desaprobación de tus actos como una desaprobación de ti y que estarás de acuerdo con ellos.

CÓMO DETENER EL JUEGO DE LA CULPA-VERGÜENZA

La manera de dejar de «jugar» al juego de tu destructiva pareja es dejar de culparte y avergonzarte por ser imperfecta. También debes dejar de impelerte a hacerlo mejor y a ser mejor simplemente para probarle a él, a ti misma, y a los demás que eres aceptable, digna de amor y un loable ser humano.

Puedes sentirte fuerte y bien contigo misma tanto si las acusaciones de tu pareja son verdaderas como si son falsas. Y puedes sentirte fuerte y bien contigo misma incluso si te sientes confundida e insegura sobre la verdad de sus acusaciones. ¿Cómo? Aprendiendo a aceptarte plenamente a ti misma y a tu valía intrínseca, pase lo que pase. Puede que parezca difícil, pero puedes hacerlo ofreciéndote a ti misma uno de los regalos más valiosos de la TREC: la auto-aceptación incondicional. Cuando de verdad creas que eres válida entonces ya no importará lo que se diga sobre ti o qué es verdad sobre ti porque entonces serás capaz de:

- Dejar de tomarte las acusaciones de tu pareja tan a pecho.

- Dejar de sentirte emocionalmente vapuleada por tu pareja.

- Dejar de vapulearte a ti misma.

- Dejar de sentirte «menos que» e indigna de amor.

- Dejar de buscar como una desesperada pruebas de que tu pareja está siendo hiriente y que no lo mereces.

- Desprenderte de la aplastante necesidad de adivinar qué parte, si hay alguna, de las cosas negativas que de ti dice tu pareja sobre ti es cierta.

- Abandonar tu necesidad de seguir probándote a ti misma, ante tu pareja, ante ti misma y ante los demás.

- Dejar de sentirte culpable por ser lo que eres y hacer lo que haces.

Puedes aprender a pensar y reaccionar como la gente que tiene un nivel saludable de auto-aceptación y auto-valía. Son capaces de distinguir entre «ser» y «hacer», por tanto lo que hacen no dicta su valía como ser humano. Se han concedido la libertad del reino de «menos que». He aquí algunos de los beneficios que han obtenido:

- No se hunden en la tristeza por los comentarios hechos por otros. Son capaces de tomar en cuenta la fuente, y cuando no es digna de confianza, pueden descartar lo que se ha dicho. Pueden ignorar las observaciones cuando no son ciertas.

- Saben que no tienen que ser perfectos: nadie lo es. Reconocen el abuso como abuso y saben que es injustificado, sin importar qué grado de verdad puedan conceder a algunas de las observaciones de su acusador.

- Pueden reconocer cuándo se les está tratando de manera abusiva, y son capaces de centrarse en hacerle frente, en lugar de desviar su atención hacia sus imperfecciones y errores y gastar una energía preciosa vapuleándose.

- Son capaces de evaluar si podrían beneficiarse de mejorar la conducta por la que les han llamado la atención, sin ponerse a la defensiva, y son capaces de dar pasos para cambiar —no para satisfacer a algún otro ni para reducir el abuso— sino para mejorarse a sí mismos, por ellos mismos.

De acuerdo, sería maravilloso creer que eres una persona válida, valiosa y digna de amor: pase lo que pase. Ser capaz de aceptarte a ti misma, tal y como eres. Saber que tienes un valor que no oscila según tus éxitos y fracasos, o con la opinión de algún otro sobre ti. ¿Pero cómo puedes conseguirlo? Transformando tu pensamiento. Como hemos señalado con anterioridad, no se trata de lo que piense tu pareja, sino que lo que cuenta es lo que pienses tú. Lo que tú crees que puede hacerte muy fuerte o muy débil. Lo que tú piensas que marca la diferencia entre sentirse irritada por las críticas y acusaciones de tu pareja o sentirte devastada por ellas.

En realidad, es muy sencillo. Si tienes malos pensamientos sobre ti, te sentirás mal contigo misma. Si tienes buenos pensamientos, te sentirás bien contigo misma. Tienes que mostrarte firme en tu resolución de pensar de una manera que atienda a tus necesidades y cure tu dolor.

EL PENSAMIENTO QUE TE AYUDARÁ A SENTIRTE BIEN CONTIGO MISMA ¡PASE LO QUE PASE!

¿Cómo puedes alcanzar un nivel saludable de auto-aceptación y auto-valía incluso aunque estés con una pareja que te va pulverizando de manera implacable? ¿Cómo detienes sus incursiones en tu valía cuando no puedes detener su abuso? Obviamente, deteniendo las tuyas propias. Hablando claro, abandona el concepto de inutilidad y niégate a ponerte por los suelos pase lo que pase. Sí, simplemente niégate a verte a ti misma como menos que válida o como una persona «mala» o inútil, bajo ninguna circunstancia. Concédete una auto-aceptación incondicional. Esto funcionará tanto si tus sentimientos de ser «menos que» parecen haberse originado con tu pareja, como si estaban profundamente arraigados en ti antes de que él entrase en escena.

Concederte a ti misma una auto-aceptación incondicional es un paso importante hacia la reducción de tu dolor emocional cuando te hallas en una relación abusiva. Crea una base de personalidad sólida que te ayudará a tener éxito en muchas áreas de tu vida y en tus otras relaciones: con los miembros de la familia, con los amigos, en los negocios o con los colegas de profesión, con el servicio.

He aquí cómo puedes desarrollar una auto-aceptación incondicional:

1. **Acéptate de manera incondicional incluso cuando estés equivocada.** Reconoce y admite que, en su mayor parte, tu acusador te está censurando de manera injusta y repugnante, pero dite a ti misma, «puede que de alguna manera tenga razón. Puede que haya estado haciendo cosas estúpidas y tontas. ¡Verdaderamente soy falible e imperfecta! Pero incluso si estoy equivocada, completamente equivocada, sobre esto, incluso si estoy loca sobre aquello, esto y aquello son sólo mis conductas, no son yo. Soy siempre una persona aceptable y válida incluso cuando algunas de mis actuaciones no tengan sentido. Soy lo que soy, no lo que hago».

2. **Acéptate de manera incondicional incluso cuando tu pareja te ataque verbalmente.** Deseas mucho su aprobación y amor. Conseguirías una gran satisfacción y un gran placer. Pero no lo necesitas para ser feliz; tienes otros caminos para disfrutar. Y en especial no tienes que mejorar tu valía como persona dependiendo de la aprobación y el amor de tu pareja abusiva. Tienes valía por derecho propio. ¡Estás vivita y coleando! Tu valía no depende de la aprobación de tu acusador: ¡A menos que tonta y arbitrariamente pienses que es así!

3. **Acéptate de manera incondicional tanto si la otra gente te respeta y reverencia como si no.** Te gustaría que lo hicieran porque que les gustes conlleva mucho placer y ventajas. Pero, una vez más, no tienes que conectar su aceptación con tu propia valoración sobre ti misma. Si lo haces, irás subiendo y bajando en el balancín de la valía personal cuando un grupo te acepte y otro no; o cuando uno te acepte hoy y deje de hacerlo mañana. Cuando otorgas a otros el poder de pensar por ti, te estás desautorizando a ti misma.

Aceptarte a ti misma de manera incondicional resolverá muchos de tus problemas. Pero para ser capaz de hacerlo, debes superar las siguientes cosas:

+ Tu tendencia innata a sentirte culpable y deprimida cuando piensas, o cuando piensas que otros piensan que has actuado de una manera mala, incorrecta o estúpida.

+ Tu habitual auto-abatimiento.

+ Las influencias culturales que entrenan a las mujeres para que estén subordinadas a los hombres y que hacen que sean menos propensas a defender sus propios derechos, y más propensas a disculparse por sus «errores».

¿Puedes realmente superar todo tu antiguo pensamiento y aceptarte de manera incondicional? Por supuesto porque, como has aprendido, posees unas extraordinarias habilidades y talentos de tu parte.

+ Controlas tus propios sentimientos. No tienes que permitir que ellos te controlen a ti.

+ En gran parte sientes de la manera que piensas, y puedes pensar sobre tu pensamiento: y cambiarlo.

+ «Nadie puede insultarte o degradarte sin tu permiso»., como dijo Eleanor Roosevelt.

- Tu abusador verbal tiene el poder de herirte físicamente, pero no puede hacerte daño mental o emocionalmente a menos que se lo permitas.

LIBÉRATE DE LA AUTO-CULPA Y LA CULPABILIDAD A LA MANERA DE LA TREC

La TREC es una de las pocas psicoterapias que adopta una actitud definida ante la auto-culpa y la culpabilidad: nunca es legítima o válida. ¿Cómo? ¿Nunca? Sí, nunca. Para ayudarte a entender esta inusual posición, deja que te definamos primero la auto-culpa y la culpabilidad.

Piensa en las muchas cosas que haces en tu vida. Naturalmente a veces cometes errores y haces las cosas mal o te equivocas. Puede que, por ejemplo, hayas dicho algo enfadada que desearías no haber dicho. Y algunas cosas de las que haces puede que sean ilegales o inmorales. Puede que hagas trampa con tus impuestos o no devuelvas una cartera o una joya que te hayas encontrado. Tienes la elección de hacer o no hacer estos actos malos socialmente. Cuando los haces eres responsable de ellos, y responsable por el daño que puedas causarte a ti o a otros. Puedes decir que entonces estás actuando de manera irresponsable y eres culpable de tus actos. Puedes sentir de manera legítima esta clase de culpa. Es apropiado sentirse apenada, arrepentida, o compungida por el daño que hayas causado.

Cuando las personas abusadas se sienten culpables, sin embargo, no se limitan a aceptar su responsabilidad por las cosas que hacen mal y a sentir los saludables sentimientos negativos de arrepentimiento, pesar y remordimiento. Inflan de manera desproporcionada su mala conducta y llevan su culpabilidad un paso más allá: se creen menos persona a causa de lo que hicieron. Creen, «Lo hice mal y por lo tanto, como persona, soy mala o sin valor». Esta creencia crea una culpabilidad insana extrema y sentimientos insanos de auto-derrota, inutilidad y auto-condena.

Encontrarse en una relación verbalmente abusiva proporciona numerosas oportunidades para hacer esto. Piensa tan sólo en todas las ocasiones en que has sentido una culpabilidad insana extrema, te has odiado a ti misma, y has dado énfasis a tus malos sentimientos. Sin lo cual, según la TREC, puedes ciertamente vivir.

La solución al problema del auto-aborrecimiento es –de nuevo– que te concedas a ti misma una auto-aceptación incondicional, sin importar qué mal te comportes y qué criticada seas por tu conducta. Si no hiciste algo de lo que se te acusó, no cooperes. Si lo hiciste, acepta la responsabilidad, siéntete apropiadamente arrepentida, pero no pienses que tu yo entero no es bueno porque algo que hiciste no fue bueno.

¿Por qué debes luchar para conseguir una auto-aceptación incondicional? ¡Porque funciona!

LA AUTO-ACEPTACIÓN CONDICIONAL Y PORQUÉ NO FUNCIONA

Si en la única ocasión en que te aceptas y te gustas es cuando llevas a cabo cosas importantes de la manera adecuada, y cuando te aprueba o te ama una persona importante, te estás concediendo una auto-aceptación condicional. Es una gran sensación cuando la tienes. Pero realmente es bastante problemática por varias razones:

1. **La auto-aceptación condicional mantiene tus sentimientos positivos sobre ti misma en un perpetuo estado de confusión emocional.** La auto-aceptación condicional significa que te gustas a ti misma cuando lo haces bien y tiendes a odiarte cuando lo haces mal. Se basa en cosas tales como qué bien haces tu trabajo, qué talentosa y lista eres, qué aspecto tienes, y lo que el resto de la gente piensa de ti.

   Si te aceptas sólo de manera condicional, ¿dónde vas a estar cuando cometas un error? Sólidamente en el auto-aborrecimiento. Por tanto, tu auto-aceptación –o auto-estima– sube y baja de manera constante. Ahora la tienes; ahora no. Y cuando no, te sientes ansiosa, deprimida, aterrorizada, y otros intensos sentimientos insanos, porque estás escogiendo ofrecerte la auto-aceptación sólo bajo limitadas, y a veces raras, condiciones.

2. **La auto-aceptación condicional raramente te ayudará a hacerlo mejor, y con frecuencia te hará hacerlo peor.** Evaluar las variadas cosas que haces y que no haces es útil y protector. Te ayuda a corregir tus errores y a funcionar mejor en el presente y el futuro. Sin embargo, el auto-derribo que provocas cuando te exiges que debes hacerlo bien para aceptarte

a ti misma, y cuando te censuras por no hacerlo bien, raramente ayuda a llevar a cabo más cosas o a hacerlo mejor. De hecho, cuanto más te obsesionas sobre qué buena o qué mala persona eres, más ansiosa te vuelves. Te distraerás de cualquier cosa que estés haciendo y harás que te sea más difícil hacer un buen trabajo. Cuando te sientes como una mala persona y crees que no lo puedes hacer mejor, normalmente cumples la profecía de hacerlo realmente peor. Cuando te centres en qué estás haciendo en lugar de en qué «buena» o «mala» eres por estar haciéndolo, tenderás a actuar de manera más eficiente.

3. **Degradándote por hacerlo mal hace que pierdas el respeto de los demás y les invita a que te traten mal.** La mayoría de las personas que ven que te estás degradando a ti misma, en lugar de tu conducta, te pierden el respeto y te ven bajo la misma pobre luz en que tú misma te ves. ¿Cómo pueden sentir respeto por alguien que dice «¡soy tan estúpida! Siempre hago lo mismo»? Algunas personas —en especial los abusadores verbales como tu pareja— disfrutan de tu auto-aborrecimiento, porque, en comparación, se ven a sí mismos como «competentes» y «buenos». Cuando eres «la de abajo», ellos son «los de arriba». También se aprovechan de tu obvia vulnerabilidad, hacen exigencias y otorgan un comportamiento hiriente que no osarían con otras personas que tienen una opinión más alta de sí mismas.

4. **Aún más importante: no existe ninguna manera en que puedas ofrecer una evaluación general o global precisa de tu yo, tu ser o tu persona.** Piensa en los millones de cosas que haces durante toda tu vida. ¿Cómo puedes juzgar de manera precisa cada una de ellas y alcanzar alguna clase de valoración sobre ti misma como una persona «buena» o «mala»? No puedes. Con tus pensamientos, sentimientos y acciones cambiando constantemente, ¿cómo podrías decidir de un minuto al siguiente si eres «buena» o «mala»? Mientras vivas, te encontrarás en un proceso continuo; e incluso aunque seas capaz de manera inteligente de evaluar todos tus actos pasados y presentes. ¿Cómo sabes qué harás y cómo de bien lo harás en el futuro? No lo sabes.

Podríamos continuar repasando lo pernicioso que es evaluarte a ti misma en términos globales, pero como ya puedes ver, no funciona. Nuestro propósito es ayudarte a dejar de hacerlo ofreciéndote una solución práctica: la auto-aceptación incondicional.

CÓMO DESARROLLAR LA AUTO-ACEPTACIÓN INCONDICIONAL

La TREC te ofrece una elección entre dos importantes filosofías de la auto-aceptación incondicional. Puedes decidir cuál te sentirías más cómoda de adoptar como tu nueva manera de examinarte a ti misma. Ambas funcionan, si las utilizas de una forma consecuente.

Filosofía 1. *«Me niego a efectuar en mí misma, mi ser, o mi esencia ningún tipo de evaluación global o general. Evaluaré mis pensamientos, sentimientos y conductas sólo bajo los términos de si me ayudan o no a conseguir mis objetivos y propósitos básicos».*

Si adoptas esta filosofía, nunca digas, «soy buena o soy mala». Persiste en evaluar tus pensamientos, sentimientos y conductas bajo los términos de si te ayudan a conseguir tus propósitos. Pero abstente de evaluar tu yo, tu personalidad. Limítate a decir: «Existo, y mi objetivo es continuar existiendo, y ser feliz y relativamente libre del dolor mientras existo. Por tanto lo consideraré como bueno cuando ayude de manera adecuada a estos objetivos, y lo consideraré como malo cuando inadecuadamente los sabotee. Pero no me someteré a mí misma, mi ser o mi esencia a ninguna valoración global o general. De todas maneras no puede llevarse a cabo y sólo me herirá. Me aceptaré de manera incondicional porque estoy viva y soy humana, y me abstendré de evaluar mi yo total o mi personalidad como bueno o malo».

Denise es una cliente de la TREC que recientemente adoptó esta visión de sí misma. Deseaba perder 7 kg, por eso decidió reducir sus porciones de comida y no comer dulces hasta que hubiese perdido peso. Una noche, tras dos semanas de régimen, fue a cenar a casa de sus padres. De postre sirvieron pastel de crema de chocolate, su favorito. Rompió su promesa y se comió una gran porción.

Después, al volver a casa, se culpó a sí misma por ser débil. Entonces recordó su nueva filosofía de la TREC. Se dijo a sí misma, «comer un trozo de pastel cuando estoy intentando perder peso no fue una acción nada buena porque va contra mi objetivo de perder peso. Pero comerlo no me convirtió en una persona mala igual que no comer los otros días no me convirtió en una persona buena. Sólo me convirtió en una persona que tomó una mala decisión. No todo se ha perdido. Lo haré mejor mañana».

Filosofía 2. *«Me definiré siempre como un individuo bueno o valioso: simplemente porque existo, simplemente porque estoy viva, simplemente porque soy humana. No evaluaré nada».*

Se trata de una sencilla pero práctica solución. Pensar en ti como buena, valiosa, o merecedora de felicidad «simplemente porque tiene ventajas reales». Tiende a hacerte sentir alegre de vivir. Te concede una sensación de auto-confianza, apoya tus esfuerzos por alcanzar cosas importantes, y te ayuda a ejecutarlas mucho mejor. La TREC enseña que puedes conseguir la auto-aceptación sólo con que te limites a creer: «Soy una buena persona. Soy merecedora de vivir y divertirme, simplemente porque estoy viva, simplemente porque soy humana, simplemente porque soy yo. Elijo considerarme una buena persona, ¡y eso haré!».

Cuando adoptas esta filosofía, puedes reconocer que tienes fallos y cometes errores, pero a pesar de todo insistir, «Sé que soy y siempre seré una buena persona. ¿Por qué? ¡Simplemente porque existo! ¡Simple-mente porque estoy vivita y coleando!» Por eso puedes definirte como buena, incluso aunque se abuse de ti verbalmente, incluso aunque aplaces una decisión, incluso aunque fumes tontamente y comas demasiado: incluso aunque no seas perfecta.

¿Suficientemente sencillo? Sí… y no. Para una persona abusada, aprender a asumir que eres aceptable simplemente como eres, simplemente porque eres, es un concepto extraño. Pero funciona. Todo lo que has de hacer es elegir creerlo y recordártelo una y otra vez, hasta que se vuelva una segunda naturaleza para ti. Puedes acelerar este proceso escribiendo tu nueva filosofía analizándolo a menudo: «Soy una buena persona, soy digna de vivir y divertirme, simplemente porque estoy viva, simplemente porque soy humana, simplemente porque soy yo. Elijo verme como una buena persona, ¡y eso haré!».

* * *

El concepto de la TREC de una auto-aceptación incondicional consiste tanto en evaluar tus conductas bajo los términos de cómo triunfaron o fracasaron en conseguir tus objetivos y propósitos básicos pero no te ofrecieron ni a ti ni a tu ser ningún tipo de evaluación de conjunto; o bien te define como buena y valiosa simplemente porque estás viva y eres humana, simplemente porque elegiste hacerlo, y no evalúa nada. Haz tu elección: ambas filosofías de auto-aceptación incondicional funcionarán.

Puede que encuentres más fácil simplemente aceptarte a ti misma como buena porque estás viva y eres humana. Si en lugar de eso adoptas la filosofía que incluye evaluar tus acciones, ten cuidado de no caer en el hábito de evaluar tu yo entero. Cada vez que te sientas tentada a evaluar tu ser entero, recuérdate con intensidad que cualquier evaluación de tu yo entero es errónea e inservible. Y hazte a la idea de que de ahora en adelante, evaluarás lo que piensas, sientes, y haces, pero no a tu ser entero.

LA ACEPTACIÓN INCONDICIONAL DE LOS DEMÁS PUEDE LIBERARTE DE LA IRA QUE TE MANTIENE ENGANCHADA A TU PAREJA Y A TU DOLOR

Has visto lo que sucede cuando te condenas a ti misma. Ahora vamos a considerar qué ocurre cuando condenas a otras personas: ¡Te enfadas! Pero puede que no lo reconozcas porque la ira puede experimentarse de diferentes maneras. A la mayoría de las personas sólo les es familiar el tipo obvio y aparente. La ira, sin embargo, puede volverse interior y experimentarse como una depresión, una forma de ira «más aceptable». O puede que se experimente como dolor y sufrimiento. Sin tener en cuenta qué forma adopte, tu ira te está hiriendo. Y te hiere aún más si te obligas a sentirte culpable y deprimida por estar enfadada. La ira te mantiene emocionalmente enganchada a tu pareja y a su conducta voluble. Sabotea tus esfuerzos para afrontarlo y puede hacerte sentir muy enferma.

Si continúas condenando a los demás y degradándolos, puedes convertir con facilidad tu ira en una rabia rugiente y en odio que hiera mucho más que aquéllos que son el objeto de tu furia. O puedes caer en una depresión tan severa que todo parezca desesperado y por la que llegues incluso a plantearte quitarte la vida. Como puedes observar, como el hecho de condenarse a una misma, condenar a las otras personas crea emociones destructivas. La respuesta de la TREC es abandonar tus obligaciones, órdenes, deberes y exigencias absolutas, y ofrecer a la gente la otra cara de la moneda de la auto-aceptación incondicional: la otra aceptación incondicional. Y, por incómodo que te pueda parecer, esto incluye a tu pareja verbalmente abusiva.

Si esto te hace encogerte y querer gritar «¡de ninguna manera!» recuerda que la TREC te está mostrando la mejor manera de alcanzar tus objetivos y reducir tu dolor emocional, volviéndote más capaz de enfrentarte a tu pareja abusiva, y a sentirte calmada, centrada y lo suficientemente fuerte para tomar decisiones racionales.

Igual que has aprendido a separar tu conducta de tu ser entero, tienes que aprender a separar la conducta de tu pareja de su ser entero. Necesitas aceptar de manera plena, y abandonar de manera completa la condena, a cualquiera: a pesar de la conducta abusiva y de otras de tipo repugnante. Te lo creas o no, puedes abstenerte de juzgar a los otros, incluido tu compañero, de la misma forma que has aprendido a abstenerte de juzgarte a ti misma.

¿Por qué deberías ni siquiera considerar no juzgar y condenar a tu pareja cuando su conducta es tan deplorable? Porque, una vez más, el juzgarlo y condenarlo da como resultado que tu ira se desarrolle: la ira que, sin importar qué justificada pueda parecer, sólo te destroza y no hace nada para reducir el abuso o castigar a tu pareja. Puede que tengas que enfrentarte a su ira el 75% del tiempo, pero tienes que hacer frente a tu ira el 100% del tiempo.

Cuando te sugerimos que no veas a tu pareja abusiva como totalmente mala y totalmente condenable, no te estamos sugiriendo que excuses su atroz conducta. Y por supuesto que no estamos sugiriendo que, en su lugar, te centres en sus características o actos buenos, cosa que es probable que ya hagas: un gran error. Sólo estamos siguiendo el modelo de la TREC de no condenarte a ti misma o a ningún otro porque ello produce ira y odio que trabaja contra tu propio objetivo de no sentirte extremadamente perturbada. Alimentas tu rabia cada vez que te dices a ti misma qué condenable que es tu pareja y que no debería de ser de esa manera. Aprender a detener la condena de tu pareja en su totalidad, su ser entero, su esencia, y ofreciéndole otra incondicional aceptación es algo completamente y totalmente para tu beneficio: no para el suyo. No es algo que tengas que decirle. Es un proceso privado que se produce en tu mente, por tu propio bien.

Recuerda que, en las situaciones abusivas, la persona que permanece calmada y racional normalmente «gana». Y permanecer calmada y racional es la elección que haces cuando decides detener tu condena y odio. Cuando dejas que la conducta abusiva de tu pareja te saque de quicio, le concedes el poder para mantenerte enganchada a sus tormentas psicológicas. Sólo cuando mantengas la cabeza fría y racional serás capaz de enfrentarte a él de una manera que te da una oportunidad de ser efectiva.

Tu victoria final se encuentra en devolverte el poder para dictar tus propias emociones y utilizar tu libre voluntad para hacer elecciones que intensifiquen tu vida y te den paz interior.

Una vez que hayas decidido ofrecerte los dones de la auto-aceptación incondicional y la aceptación incondicional de los demás, serás capaz de empezar a recuperar tu poder. Y habrás dado un paso importante para ganar el control de tus emociones y de tu vida.

En el siguiente capítulo, emplearemos ejemplos de problemas comunes que han experimentado personas que han sufrido abusos para mostrarte cómo utilizar la nueva filosofía no-enjuiciadora y date-un-descanso en tu vida diaria, incluso cuando la marcha se hace dura.

CAPÍTULO 11   **Tu nueva filosofía práctica en acción**

Ahora vamos a ver cómo las técnicas y filosofías de la TREC que has aprendido te pueden ayudar a resolver los problemas de tu vida diaria. Utilizaremos problemas para que «analices» y «discutas» con detenimiento estas técnicas. Y te enseñaremos un método efectivo que puedes emplear para tomar decisiones difíciles sobre permanecer o abandonar tu relación, o sobre casi cualquier otra cosa.

Aunque tus problemas puede que sean algo diferentes de los que te presentamos aquí, la forma racional de considerarlos –incluyendo el uso de la auto-aceptación incondicional, la discusión, y mantener conversaciones saludables contigo misma que puedas utilizar con rapidez– puede ser aplicada a casi cualquier problema que tengas.

Conseguirás ideas para mantener conversaciones saludables contigo misma que puedes utilizar con rapidez en situaciones de «emergencia». Después aprenderás cómo practicar la discusión atajo, una técnica que te ayudará a construir una fortaleza emocional para protegerte cuando quiera que lo necesites y dondequiera que estés.

LOS PROBLEMAS MÁS COMUNES Y LAS RESPUESTAS TREC

Problema: Te sientes gorda, fea o estúpida, y temes que si tu compañero te abandona, o tú lo abandonas a él, nunca nadie más te querrá.

Respuesta: Simplemente porque te sientas gorda, fea, aburrida o estúpida, no significa que lo seas. Puede que te sientas de esta manera porque hayas sido vapuleada por tu abusiva pareja, o quizá te hayas sentido así desde que eres capaz de recordar. ¿Qué puedes hacer? Empieza por discutir si tu creencia irracional de que sentirte gorda, fea, aburrida o estúpida prueba que lo eres. Muéstrate a ti misma que sólo porque te sientes de esta manera no lo hace cierto.

¿Pero qué pasa si hay algo de verdad en cómo te sientes? Quizá te has sentido tan mal contigo misma durante tanto tiempo que encuentras difícil mantener una conversación con otras personas. O puede que peses demasiado. ¿Entonces qué? Puedes recordarte a ti misma tu nueva filosofía de la auto-aceptación incondicional. No eres tu apariencia, tu personalidad, tu conocimiento. No eres lo que dices o haces, ni lo que no dices o no haces. No eres lo que otras personas piensan de ti. Puedes aceptarte a ti misma como eres mientras reconoces que pueden existir algunas cosas sobre ti que te gustaría mejorar.

Has estado tan ocupada centrándote en tus puntos negativos que probablemente no hayas meditado sobre tus cualidades positivas durante mucho tiempo. No existe ninguna ley que diga lo que tienes que hacer. De hecho, podría ser una experiencia interesante centrarte en tus buenas cualidades para variar y ver qué sucede. Podrías ser capaz de aceptar un cumplido con una sonrisa y un gracias. (Puedes aprender a sentirte mejor leyendo mi [de M.G.P.] libro *Carisma: Cómo lograr «esa magia especial»*).

Lo que piensas sobre ti misma queda reflejado en tu actitud, en tu expresión facial, en la manera en que te comportas. Un lenguaje corporal positivo convierte en más fuerte una afirmación que algunos quilos de más o unos dientes torcidos. Por tanto, si crees que nadie te querrá o amará nunca porque tus orejas son de *Dumbo* o tu cutis no es perfecto, o porque no eres la persona más informada o más exquisitamente educada o la más estimulante de la faz de la tierra, mira a tu alrededor. No todas las personas son delgadas, bellas, fascinantes y brillantes. De hecho, la mayoría de la gente es ordinaria, sin embargo millones de ellas encuentran a alguien a quien amar y que las ama a su vez. Y esto hacen muchas personas físicamente impedidas que se enfrentan a los obstáculos superándolos cada día.

Toda clase de gente con toda clase de características se las ingenian para establecer relaciones felices y satisfactorias y encontrar parejas que aprecien su bondad esencial, su sentido del humor, su naturaleza aventurera, sus valores, su visión del mundo, y sus idiosincrasias. También tú puedes encontrar alguien a quien amar: simplemente porque tú eres tú.

Problema: ¿Qué puedes hacer cuando te inunda ese inestable sentimiento y sabes que hay algo de verdad en lo que tu pareja te está chillando? ¿Y cómo puedes dejar de culparte?

Respuesta: Como hemos dicho, la mayoría de las cosas por las que tu pareja te ataca son completamente irracionales y de hecho no tienen base alguna. Generalmente, lo mejor es ni siquiera escuchar las flechas envenenadas que dispara por la boca. Pero como sabe toda pareja abusada, estas falsedades retorcidas en ocasiones se entremezclan con verdades y verdades parciales.

Si recuerdas tu decisión de ofrecerte una auto-aceptación incondicional y observar tus fallos y errores como parte del ser humano, serás capaz de dejar de perturbarte a ti misma. Reconocerás que todo el mundo tiene fallos y comete errores, sin embargo nadie se merece ser abusado por ellos.

Por lo tanto deja de degradarte a ti misma, deja de creer que tus deficiencias causan la conducta abusiva de tu pareja, y deshazte del hábito de centrarte –u obsesionarte– en su crítica. En verdad puede que tengas algunos defectos. Y puede que sean dañinos para ti, para tu pareja, tus hijos y los demás. Pero incluso aunque los antiguos hábitos sean difíciles de romper, casi siempre puedes aprender cómo reducirlos o suprimirlos.

Empieza por ser completamente honesta contigo misma. Reconoce que puede que no lo estés haciendo lo mejor posible en algunas áreas. No niegues tus fallos, insiste en que son intrascendentes, u organízalos de manera racional. El hacer esto sólo conseguirá hacerte sentir culpable y no hará nada para ayudarte a respetarte a ti misma o para que te conviertas en una persona más feliz. Hasta el punto de que tu pareja está censurando de manera correcta lo que haces, pero condenándote de manera incorrecta por hacerlo, puedes utilizar su abuso de forma constructiva para que trabaje para ti.

Una vez que tengas totalmente claro lo que realmente está sucediendo y que te sientas mejor y te enfrentes mejor, tienes la opción de evaluar con impasibilidad si te podrías beneficiar de mejorar una conducta por la que tu pareja te ha llamado la atención –no para satisfacerlo ni para reducir el abuso o justificarlo– sino para mejorarte a ti misma, por ti misma.

Si te decides a trabajar uno de tus fallos, reconócelo de manera plena ante ti misma sin exagerarlo de forma enormemente desproporcionada. Examina los pensamientos, sentimientos y acciones que lo acompañan.

Por ejemplo, dite a ti misma: «Sí, es verdad que no tengo la casa muy limpia. Recojo aquí y allá sobre todo cuando el desorden es tan grande que empiezo a tener dificultades para encontrar las cosas o cuando alguien va a venir. Déjame ver qué estoy haciendo para crear este desorden. Mmm… No cuelgo la ropa cuando me la quito y a menudo no guardo las cosas después de usarlas. Me digo, "Lo ordenaré todo mañana". También voy acumulando tonterías. No me decido a desprenderme de las revistas, periódicos o correo viejos. Incluso tengo problemas para deshacerme de la ropa vieja que ya no me pongo. ¡Mmm!».

Como has advertido, los detalles de algunas de tus propias deficiencias, buscan las creencias irracionales que te animan a crearlas. En el caso de ser desordenada en tu hogar, por ejemplo, tus creencias irracionales podrían ser: «Estoy demasiado cansada y alterada para levantar cabeza. Es demasiado duro ir ordenando las cosas, en especial cuando todo se volverá a desordenar de nuevo, de todas formas. ¡Qué rollo! Odio recoger los trastos. Además, estoy tan ocupada con otras cosas que no tengo tiempo».

Observa estas creencias irracionales, discútelas activa y vigorosamente, y transfórmalas en una nueva filosofía efectiva. Asumiendo que no existen circunstancias atenuantes que tengan prioridad sobre mantener tu hogar limpio, puedes aceptar tus deficiencias y decirte algo como: «Aunque mi pareja está equivocada al censurarme y no hay excusa para la manera cruel en que lo hace, resulta que en esta ocasión tiene razón sobre que tengo la casa desordenada. Realmente me gustaría tenerla más limpia. Por lo tanto, ¡no hay excusas! Sé que con un poco de esfuerzo haré un mejor trabajo del que he hecho. Pero no soy alguien detestable, como de manera tan errónea me acusa. Soy una persona que no mantiene su hogar tan limpio como debería. Veo que mi conducta no es buena y que podría mejorarse. Por lo tanto, sin culpar a todo mi ser por mis fallos, voy a hacerlo lo mejor posible para corregirlos. Vamos a ver qué bien puedo hacer. E incluso si por alguna razón no lo hago así, a pesar de todo no me consideraré una persona incompetente. Mi mala conducta no es igual a un yo malo». Discutir de esta manera te ayudará a cambiar la conducta que no te gusta de ti misma. Entonces serás capaz de corregir algunos de los defectos de manera mucho más fácil.

Por supuesto que pueden existir circunstancias atenuantes. Puede que, por ejemplo, hayas estado enferma, o trabajando y acudiendo a clases, y que hayas disfrutado de poco tiempo para ordenar la casa. Si además tienes niños pequeños, aún tienes menos tiempo. En tales casos reconoce que tuviste que establecer prioridades y perdónate por no mantener las cosas tan ordenadas como te gustaría.

Empleando la TREC, aprendes a verte a ti misma como una persona con errores determinados en lugar de como alguien completamente defectuosa, y por lo tanto indigna. Cuando la situación lo justifica, te das permiso para continuar haciendo de manera temporal lo que podría ser considerado menos que deseable bajo las condiciones normales. El caso es que cuando haya algo que puedas cambiar, hazlo. Cuando haya algo que no puedas cambiar, hazlo lo mejor que puedas. Lo importante es ser honesta contigo misma sin culpar o condenar a todo tu ser.

Problema: Has meditado sobre las ventajas y desventajas de enfrentarte a tu pareja por su abuso. Has decidido que existen buenas razones para hacerlo, pero tienes miedo porque crees que serás incapaz de aguantar su reacción. Consideras que es una debilidad por parte tuya. Continúas degradándote y vapuleándote sin misericordia debido a tu miedo. ¿Cómo dejar de criticarte a ti misma y de hacerte sentir culpable e inútil por sentir miedo?

Respuesta: Criticarte y hacerte sentir culpable e inútil por sentir miedo a enfrentarte a tu pareja no es diferente a criticarte a ti misma y sentirte culpable e inútil por cualquier otra conducta. Sólo empeora la situación.

Pon la energía que estás utilizando –y gastando– en vapulearte en aceptarte a ti y a tus fragilidades humanas. Recuerda lo que la TREC te ha enseñado: no eres lo que haces o no haces. La auto-culpa y la culpabilidad nunca son admisibles.

Utiliza tu nueva filosofía de la auto-aceptación incondicional: «Tener miedo a enfrentarme a mi pareja no me convierte en una persona débil o inútil. Sólo hace de mí una persona que está actuando con debilidad ahora mismo. Al censurarme a mí misma por mi debilidad, sólo me haré más débil y me provocaré aún más dolor a mí misma. ¡Mi auto-condena significa auto-derrota! Me mantiene demasiado débil para entrar en acción. Déjame seguir observando mi debilidad, considerando cómo cambiarla, y recordándome que las cosas no cambiarán a menos que empiece a hacer algo para ayudar a cambiarlas. Pero, si no puedo llevarme a hacer algo en este mismo momento, de todas maneras no me degradaré a mí misma. Me niego a vapulearme por ello».

Problema: Te has estado enfrentando a tu pareja por su abuso verbal. No lo ha dejado; quizá lo ha aumentado y se ha hecho más riguroso. Ahora estás pensando seriamente en abandonarle pero estás indecisa porque todavía existen buenas razones para que sigas con él, al menos por ahora. ¿Qué puedes hacer para ayudarte a tomar una decisión?

Respuesta: Existe un método práctico que puede ayudarte a tomar una decisión sobre abandonarle. Se denomina cálculo hedonista, formado según las sugerencias de un filósofo de principios del siglo XIX, Jeremy Bentham. Se trata de una lista de ventajas y desventajas clasificadas según su importancia. Te ayudará a evaluar tu situación desde un punto de vista racional, en lugar de emocional.

Entre las ventajas de continuar, por ejemplo, se pueden incluir las siguientes:

- Obtener algo de compañerismo de mi pareja.
- Mantener a la familia intacta por los niños.
- Ahorrarme los gastos de vivir sola.
- Evitar el desbaratamiento en mi vida que provocaría mi marcha.
- Concederme tiempo para obtener preparación en el trabajo o para volver a dar clases.

Entre las desventajas de continuar podrían incluirse las siguientes:

- No disfrutar de la continua compañía amorosa que deseo.
- Vivir con la crítica y la culpa.
- Sentirte enferma a causa del estrés continuo.
- Ser rechazada sexualmente por él (o no practicar el sexo).
- El sufrimiento de los niños por convivir con el abuso.

Considera cuidadosamente cada ventaja y desventaja de tu lista personal, y puntúalas de uno a diez. Por ejemplo, empleando tu lista puede que puntúes «el sufrimiento de los niños por convivir con el abuso» con un diez, «ahorrarme los gastos de vivir sola» con un siete, y «obtener algo de compañerismo de mi pareja» con un tres. Cuando hayas puntuado todas las ventajas y desventajas de tu propia lista siguiendo los criterios del placer y el dolor que sentirías si sucedieran, suma tus puntuaciones en ambos lados para comprobar qué lado aparece más alto. Repite el proceso de puntuación durante varios días diferentes para comprobar qué consistencia tienen tus resultados. Puede que también desees revisar la lista para asegurarte que no hayas olvidado nada importante.

Si obtienes constantemente un resultado numérico similar, te ayudará a observar tu situación con más claridad. Si obtienes un total de 105 por las ventajas de continuar con tu pareja, por ejemplo, y un total de 76 por las desventajas de continuar, sabrás que probablemente estarás mejor si continúas. Supón, por otra parte, que tu lista indica que tu familia y tú os encontraríais mucho mejor dejando a tu pareja, pero todavía no tienes la fuerza suficiente para llevar a cabo esta decisión. ¿Qué puedes hacer? En primer lugar puedes revisar tus razones para continuar e intentar cambiar el razonamiento que hay detrás de ellas. Si, por ejemplo, te estás convenciendo a ti misma de continuar principalmente porque deseas mantener a la familia «unida» por los niños, puedes reexaminar esto y mostrarte que:

- Mantener a la familia «unida» significa mantener a los niños en un ambiente abusivo.

- Vivir en un ambiente abusivo hace que los niños se sientan ansiosos, temerosos y enfadados.

- Ni un padre abusivo ni una madre sumisa son buenos modelos para los hijos.

- Si los niños no viven en un hogar en el que reine el amor, será difícil que ellos creen uno propio de adultos.

Si discutir las ventajas de continuar no te hace más fuerte en tu resolución de marcharte, puedes aceptar que tu conducta débil no es buena, sin que por ello te denigres a ti misma, a tu personalidad, o a tu ser. Puedes decirte de manera constante, «mi falta de resolución y mi inercia a dejar a mi pareja son dañinas, malas y ridículas, pero eso nunca me convierte en una mala persona. Sólo soy un humano falible que en este momento está exhibiendo algo de su falibilidad. Si me condeno por esto, sólo conseguiré sentirme más ansiosa y débil. Estoy determinada a aceptarme de manera plena con mis errores. Entonces seré capaz de observar de manera más calmada exactamente lo que son y cambiar mi pensamiento y mis acciones para mejorarlos. Pero incluso si nunca corrijo mi indecisión y debilidad, y si continúo con mi abusiva pareja para siempre, todavía seguiré siendo una persona que se comporta mal pero nunca, nunca, una mala persona».

CONVERSACIONES SALUDABLES CON UNA MISMA PARA SITUACIONES DE «EMERGENCIA».

En situaciones estresantes recurres a lo que conoces mejor. Y, por desgracia, lo que conoces mejor es la auto-charla insana. Es probable que la hayas utilizado cada día de tu vida durante años. Has convivido con los atascos mentales que te provoca cuando más necesitas pensar con claridad. La conversación saludable con uno mismo, por otra parte, te ayuda a enfrentarte de manera efectiva. Con la práctica, puedes convertir la auto-charla saludable en tu nueva manera automática de pensar, incluso cuando estás bajo el estrés.

He aquí algunas situaciones comunes que disparan la conversación insana con uno mismo en las parejas abusadas. Vamos a ver qué conversación saludable puedes utilizar en su lugar.

- *Problema:* Tu pareja es un Dr. Jekyll y Mr. Hyde. Se transforma de encontrarse calmado y agradable a aparecer irritable, o enfadado y mezquino, sin avisar. Raramente puedes disfrutar de cualquier buen momento que se dé porque te estás anticipando ansiosamente a lo próximo que acontecerá. ¿Qué te puedes decir a ti misma en esta situación?

Nuevas conversaciones contigo misma: «Me niego a gastar cada minuto de mi vida preocupándome por su humor. Preferiría que no se enfadase y me hiciese sufrir, pero eso es lo que hace. Ahora sé que no es el final del mundo, especialmente si no contribuyo a ello por estar pensando en ello todo el tiempo. Elijo –incluso si al principio tengo que forzarme a mi misma– pensar en otras cosas en lugar de asustarme a mí misma por la explosión venidera».

- *Problema:* Tu pareja ha estallado de nuevo y ha salido enfadado o se ha ido a dormir. Te ha dejado sola con sus palabras sonando en tus oídos. ¿Qué puedes decirte a ti misma para enfrentarte a tus sentimientos?

Nuevas conversaciones contigo misma: «Ya empieza otra vez, a hacer "su numerito": lanza una puya y se larga. Ni siquiera está ya aquí para seguir hiriéndome. Soy yo la que me mantengo a mí misma en el dolor. Esto va a terminar aquí y ahora. No le permitiré que arruine mi día ni lo arruinaré yo. Y me niego a pasar una noche más de insomnio. Que piense lo que quiera. Que haga lo que quiera. No es mi problema y no lo voy a convertir en mi problema. Elijo dejar de pensar en ello en este mismo momento. Leeré, tomaré un baño, o llevaré a los niños al parque, y sólo pensaré en cosas que me hagan sentirme bien».

- *Problema:* Tu pareja parece que de alguna manera arruina cada ocasión alegre. Cada vez que estás feliz y te sientes bien, de alguna manera se las apaña para abatirte. ¿Qué podrías decirte a ti misma en esta situación?

Nuevas conversaciones contigo misma: «No me vapulearé por obsesionarme. Ésta es la forma en que mi mente está acostumbrada a ayudarme a resolver mis problemas. Pero ahora sé que el obsesionarme sólo me mantendrá demasiado alterada para pensar con claridad. Estoy aprendiendo una nueva manera de pensar racional que me ayudará a encontrar soluciones reales. Mientras tanto, en lugar de continuar obsesionándome y alterándome a mí misma, escribiré de inmediato mis pensamientos irracionales y los discutiré. Cuando mis emociones dejen de estar desbocadas, las cosas por las que me obsesiono parecerán menos importantes. Esto hará que los pensamientos dejen de girar vertiginosamente en mi cabeza».

¿Puedes ver cuánto mejor te sentirás cuando te acostumbres a hablar contigo misma de una manera saludable? Con el tiempo se volverá más fácil, y tus sentimientos de recuperar el control se harán más fuertes.

Al principio puede ser difícil idear una auto-charla saludable cuando más la necesites. Por esta razón, cuando las cosas estén calmadas, escríbelas y guarda copias en lugares accesibles, por ejemplo en la mesilla de noche o en la cartera. (Si sientes que debes guardar estos recordatorios escondidos, asegúrate de que sabes dónde están y que puedes acceder a ellos cuando los necesites). Relee tu auto-charla saludable hasta que la creas de verdad. En los malos momentos, cuando no recuerdes qué decir, utiliza tu auto-charla escrita para enfrentarte a tus sentimientos. A la larga, el ser capaz de pensar en una apropiada auto-charla saludable se volverá algo automático.

CÓMO ACORTAR LAS DISCUSIONES

Una vez que ya hayas adquirido práctica en discutir y sepas cómo son estas conversaciones saludables contigo misma, podrás utilizar un método rápido para cambiar tus antiguos pensamientos irracionales por unos nuevos y racionales sin tener que pasar todos los pasos de la discusión. ¿Cómo puedes hacerlo? Tomando las clases de cosas que te has estado diciendo a ti misma cuando discutes tus creencias irracionales y usándolas como versiones abreviadas de tus nuevas filosofías efectivas.

Supongamos que tu pareja te culpa de algo; un acontecimiento que no es inusual. Lo discutes y alcanzas una nueva filosofía efectiva. Algunas de las afirmaciones de tu filosofía pueden ser usadas para recordarte el proceso discutidor por entero. En la TREC denominamos a estas afirmaciones racionales cortas «auto-declaraciones de enfrentamiento».

Si discutes débilmente, tus nuevas filosofías efectivas serán débiles y lo serán también tus declaraciones para hacer frente. Las afirmaciones débiles no producirán resultados duraderos. He aquí como suena una afirmación débil: «No es culpa mía que se abuse de mí, incluso aunque lo diga mi pareja. De verdad que no lo es. Y no soy una persona terrible».

Si discutes enérgicamente, tus nuevas filosofías efectivas serán enérgicas y así lo serán también tus declaraciones de enfrentamiento. Las declaraciones enérgicas producirán resultados duraderos. He aquí cómo suena una enérgica: «Absoluta y completamente no soy responsable del abuso, ¡no importa qué diga mi pareja! ¡No es culpa mía! ¡Y no soy una persona terrible! ¡No lo soy, no lo soy, no lo soy!».

¿Ves la diferencia? Necesitas conseguir que tus declaraciones de enfrentamiento sean vigorosas, enérgicas y autoritarias para alcanzar los resultados que deseas.

Anota tus declaraciones de enfrentamiento y reléelas con frecuencia, igual que vas a hacer con la conversación saludable contigo misma. Cuando disfrutes de privacidad, léelas en voz alta, repitiéndolas de manera vigorosa muchas veces. Hazlo tan a menudo como puedas –al menos tres veces al día– incluso cuando las cosas estén yendo bien en el momento presente. Sé implacable contigo misma. Medítalas una y otra vez y piensa en ellas con frecuencia a lo largo de todo el día, empleándolas como harías con afirmaciones. Revísalas hasta que las creas plenamente. La repetición te ayudará a memorizar tus declaraciones de enfrentamiento, para que te las sepas al dedillo.

Después, tan pronto como comiences a sentirte alterada, substituye con rapidez una de tus declaraciones de enfrentamiento por las cosas irracionales que te estás diciendo a ti misma. Normalmente, tus sentimientos insanos se transformarán con rapidez en saludables. Cuanto más repitas tus declaraciones de enfrentamiento dentro de tu cabeza y tu corazón, más pronto adoptarás con plenitud la filosofía de la TREC, y con más rapidez –y mejor– funcionará para ti en momentos de necesidad. Con un poco de práctica, la declaración adecuada se introducirá en tu mente y reemplazará a la tontería insana que te dices a ti misma. Es tan fácil, ¡y te concede tanto poder!

Las declaraciones de enfrentamiento racionales te ayudan a volver a centrar tus pensamientos, haciéndote recordar de una manera rápida tu nueva filosofía, y refuerzan tu nuevo hábito de pensar racionalmente. Se convertirán en una parte importante de tus nuevas conversaciones que mantienes contigo misma; conversaciones por parte de una nueva amiga interior que te apoya. En vez de aquella antigua y saboteadora enemiga interior a la que has estado escuchando durante demasiado tiempo. Te sorprenderá la mejoría que notarás y lo fácil que te será comportarte de una manera más saludable y racional.

He aquí algunos ejemplos de declaraciones de enfrentamiento para que empieces:

- «Mi pareja va a seguir actuando por norma general como él desea: no de la manera que yo deseo. ¡Qué pena!».

- «No necesito lo que deseo –especialmente la aprobación verbal de mi pareja– aunque lo prefiero intensamente».

- «No me puede insultar o alterar sin que yo se lo permita».

- «Él no puede hacer que me duela. Sólo yo puedo».

- «Puede que esté actuando débilmente al no resistirme a él o al continuar con él, pero aún así no soy nunca una persona débil o inadecuada».

- «Que se abuse de una es un problema real y puede que sufra muchas dificultades por ello, ¡pero me niego positivamente a convertirlo en un horror sagrado!».

- «No es horrible. Sólo es una pena. Demasiado penoso para enfrentarme a ello».

- «¡Me niego rotundamente a alterarme a mí misma por esto ni un segundo más! Sentirse alterada sólo empeora las cosas».

- «Definitivamente no me permitiré analizar qué sucedió. No importa. ¡El abuso es el abuso!».

- «¡Detente! ¡No me degradaré! ¡No soy lo que hago! Soy una persona buena y valiosa ¡sin importar qué hago!».

Una vez que te sientas cómoda utilizando las declaraciones de enfrentamiento racionales para apoyar tus nuevas filosofías efectivas, puedes abreviar tus declaraciones aún más. Idea algunos dichos breves fáciles de memorizar para utilizar que expresen las mismas ideas que tus declaraciones de enfrentamiento. Las rimas y los dichos son particularmente útiles porque se pegan a tu mente. Utiliza estos dichos breves silenciosamente como mantras, o grítalos para que oigas el mensaje alto y claro. Coge el hábito de repetírtelos a ti misma durante todo el día.

También puedes acudir a estas pequeñas joyas para superar los momentos difíciles, como por ejemplo cuando tu pareja crea una de sus «escenas» habituales, cuando te empieces a obsesionar, o cuando simplemente te sientas mal. Pueden producir un cortocircuito en tu pensamiento productor de dolor y devolverte de manera instantánea a tu manera racional. Apréndete los que te sugerimos o invéntate otros propios. Después repítetelos a ti misma una y otra vez con convicción cuando quiera que sientas la necesidad.

- «¡Oh! vaya, ya empieza de nuevo, a jugar a su "juego"».

- «¡Me niego a perder un minuto más de mi vida sufriendo por esto!».

- «Si quiero tener más poder me lo tengo que creer».

- «¡Puede culparme pero no puede avergonzarme!».

- «Está enfadado. Estoy apenada. ¡Pero no soy malvada!».

- «Se comporta como un loco.
  Pero no tengo porque notarlo en mi estómago ni un poco».

- «Yo estoy bien. Él no está bien».

- «¡No me voy a creer lo que me está diciendo!».

- «Es mezquino. ¡Me aparto de su camino!».

- «Me doy la aprobación por no haber sucumbido a la obsesión».

- «Mi jefa soy,
  y decido cómo soy».

- «Creo que podría, creo que puedo
  hacer de éste mi credo».

- «Mi forma de ser mejoraré
  y la mejor amiga de mí misma seré».

Yo (M.G.P.) no puedo decirte cuántas veces he recurrido a estas instantáneas auto-declaraciones de enfrentamiento racionales para que me ayudasen a través de los altibajos de mi vida. Sin embargo, todavía me sorprende que musitar una pequeña expresión o una pequeña frase pueda cambiar de manera tan rápida y tan completa la manera en que me siento por todo lo que está sucediendo. Las palabras atesoran tal poder. Las declaraciones de enfrentamiento me han ayudado a relajarme, aceptar las cosas, poner las cosas en perspectiva, y tantas otras cosas más.

Una declaración de enfrentamiento que utilizo con frecuencia ha ejercido un gran impacto en mi vida. Me ha evitado repetidas veces el alterarme a mí misma de manera innecesaria con las palabras «horrible» y «terrible». La primera vez que aprendí cuán destructivas pueden ser estas palabras y empecé a escuchar mi conversación conmigo misma y mi discurso diario, me maravillé de cuán a menudo las estaba utilizando.

Ya hace años que, cuando lo olvido y empiezo a decirme que algo es horrible y terrible, me paro a mí misma y me digo juguetonamente, «Bueno... realmente no es tan h-o-r-r-i-b-l-e. Sólo es una pena». Después sonrío por dentro, recordando que tengo el poder de decidir cómo me sentiré. Incluso cuando algo muy, muy malo sucede, puedo enfrentarme a ello de un modo mejor al no decirme que es horrible y terrible, y que puedo soportarlo. Utilizar declaraciones de enfrentamiento me ha ayudado a hacer frente a las situaciones y acontecimientos difíciles de mi vida, tanto grandes como pequeños.

También tú puedes utilizar este método rápido de la TREC para controlar tus emociones. Se trata de herramientas maravillosas que puedes emplear durante el resto de tu vida. Imagínate lo menos alterada que te sentirías cuando tu pareja explote, si pudieras decirte a ti misma y con convicción: «Ya empieza de nuevo. Está fuera de sí y descontrolado ¡pero no tiene nada que ver conmigo!» Entonces también tú, podrías sonreír por dentro sabiendo que disfrutas del poder para decidir cómo te sentirás.

TU NUEVA FILOSOFÍA DE VIDA

Si continúas discutiendo y utilizando tus métodos rápidos y las conversaciones saludables contigo misma, te sentirás mejor contigo misma y serás considerablemente menos vulnerable ante tu pareja verbalmente abusadora y, por supuesto, ante otros abusadores. Pero eso no es todo. También empezarás a crear una manera general y nueva de mirar cada aspecto de tu vida en conjunto.

Esta nueva filosofía general se desarrolla de forma natural mientras llevas a cabo tus discusiones y te muestras a ti misma una y otra vez qué clase de pensamiento funciona y cuál no lo hace. Ser capaz de controlar tus emociones y vivir una vida basada en la razón se vuelve una parte de ti y te sostiene hasta el final incluso en los sucesos más estresantes.

Incluso si has elegido continuar con tu abusiva relación, tu discusión te guiará hacia tu nueva filosofía. Y antes de que te des cuenta, creerás lo que te estás diciendo a ti misma:

«Me desagrada profundamente el abuso de mi pareja y estoy determinada a utilizar cualquier medio saludable que pueda para intentar detenerlo, y para limitar mi exposición a él —y la de mis hijos— manteniéndome apartada de él cuando sea posible. Continuaré reduciendo mis insanas emociones negativas sobre mi abuso mediante la práctica del ABC de las Emociones. En este mismo momento, sin embargo, por mis razones personales, continuaré y aguantaré su abuso siempre que no sea físico. Se equivoca al ser abusivo. ¡Por lo tanto está equivocado! Como ser humano, tiene el derecho –y el privilegio– de equivocarse. Si no me tomo demasiado en serio su abuso, seré capaz de disfrutar algunos aspectos de él y de nuestra relación a pesar de su injusticia. Si puedo, perfecto, Si no puedo, también está bien, De cualquier manera, definitivamente puedo llevar una vida feliz aunque sería mucho más feliz si dejase de ser abusivo».

«En cualquier momento en que su conducta me alcance, me recordaré a mí misma que he elegido no causarme dolor por ello. No permitiré que su ira me impida sentirme bien o vivir mi vida. Me amaré a mí misma, seré tierna conmigo, y llenaré mis días con las personas que importan y que comparten. Celebraré mi singularidad y mi poder interior. Abriré una ventana en mi mente para poder ver que hay pájaros fuera que cantan, estrellas que brillan, y flores que florecen cada primavera».

Si has decidido abandonar, estarás diciéndote algo como:

«He intentado todo lo que he podido imaginar para mejorar mi situación y nada ha funcionado. También he hecho todo lo que he me ha sido posible para hacerme sentir mejor, y lo sigo haciendo. Pero no es suficiente. No quiero que cada día sea un esfuerzo. Tengo todo el resto de mi vida para vivir y no me conformo con las migajas. Quiero intentar tener todo el pastel. Quiero un amor que no hiera. Quiero una ternura que no muerda. Quiero solicitud y compartir: y quiero paz».

«Aunque abandonar y comenzar una nueva vida es difícil, me recordaré que estoy dispuesta a atravesar la incomodidad temporal. Por lo menos esa clase de incomodidad tendrá un final. Volveré a encontrar el amor. Mientras tanto, me amaré a mí misma, seré tierna conmigo misma, y llenaré mis días con las personas que son solícitas y que comparten. Crearé una vida que celebre mi singularidad, mi poder interior, y mi habilidad para elegir cómo quiero vivir. Abriré con alegría mi corazón a los pájaros que cantan, las estrellas que brillan y las flores que florecen cada primavera».

Has visto cómo poner en acción la filosofía y las técnicas de la TREC. Y has aprendido cómo aceptándote de manera incondicional a ti misma y hablándote de una manera saludable puedes cambiar tu mundo.

En los dos próximos capítulos descubrirás formas para superar los temores que paralizan tus esfuerzos para tomar decisiones racionales sobre tu relación, tu vida y tu futuro.

CUARTA PARTE

CÓMO SUPERAR LOS MIEDOS
Y ANSIEDADES QUE TE BLOQUEAN

*No le des más vueltas
a los razonamientos equivocados ni sufras
después de que te hayas marchado*

CAPÍTULO 12 Cómo superar los tres mayores miedos a marcharse

El temor puede mantenerte en una relación que de otro modo podrías dejar y dejarías. Es importante que seas capaz de evaluar tu situación sin temores que nublen tu visión. Es la única manera de que seas capaz de ver con claridad y lógica cómo quieres que sean tu relación y tu vida. Y es la única manera por la que serás capaz de tomar una decisión racional –en lugar de emocional– sobre si eres capaz de hacer lo que toca para cambiarlas.

En ocasiones existen razones válidas para continuar. Sólo tú puedes decidirlo. Pero tanto si por último decides quedarte como si decides abandonar, todavía tienes que superar tus miedos porque mientras sigas sintiendo temores sobre abandonar, ellos –y no la razón– dictarán tu decisión. Si superas tus temores y aun así decides continuar, lo estarás haciendo porque racionalmente crees que es por tu mejor interés. Si superas tus temores y decides marcharte, liberarte de ellos hará posible la paz mental que buscas encontrar abandonando tu relación. Lo que hará que construir tu nueva vida sea una aventura excitante, en lugar de una tarea rutinaria gobernada por la ansiedad.

En este capítulo reflexionamos sobre tres de los temores que las parejas abusadas encuentran más perturbadores y te guiamos a través de los pasos del «pensamiento» y la «acción» que se toman para liberarse de ellos. Vamos a empezar con el que es de mayor importancia para la mayoría de las mujeres: el temor a estar sola.

EL TEMOR A ESTAR SOLA

Creerás que a las mujeres de las que se abusa verbalmente les complace, al menos de forma temporal, estar solas: para ser libres de los ataques de sus parejas. Pero millones de ellas tienen tanto miedo de vivir solas y de la posibilidad de enfrentarse a dolorosos años de soledad que con frecuencia continúan con la peor clase de compañero posible.

De lo que no se dan cuenta es de que, para todo lo importante, están ya solas. Quizá la peor clase de soledad es estar con alguien que no está ahí: no está ahí para amarte, para apreciarte, para entenderte y para ser tu amigo constantemente. Es indudable que has sentido esta clase de soledad. Tu nada cariñoso compañero puede estar tan cerca que podrías alargar la mano y tocarle, y sin embargo tan lejos que parezca a kilómetros.

Obviamente, mantener a tu pareja en tu vida no te garantiza un amor y una compañía estables. Sólo te garantiza más abuso. ¿Realmente sería mucho peor si estuvieras viviendo sola? Piensa en ello. No más humillaciones, no más tumulto, no más contentarse con las «migajas» del amor, no más desear y esperar liberarte de tu vida. Y, serías libre para buscar otra pareja que fuera capaz de dar y recibir amor real. Un amor que intensifique tu vida. Un amor que fuera una fuente fidedigna de alegría en lugar de sufrimiento. Un amor que esté lleno de satisfacción en lugar de vacío y frustración.

Leslie es una cliente de la TREC que finalmente ha sido capaz de enfrentarse a su temor de estar sola. Se ha sentido tan vacía e inútil sin un hombre a tiempo completo que, desde la edad de 18 años hasta que se casó a los 30, raramente se ha encontrado sin una pareja durante más de unas pocas semanas cada vez. Cuando Leslie tenía una relación se sentía completa, y la vida valía la pena pero cuando no la tenía, se sentía vacía, inútil, y terriblemente sola. Por tanto, aunque Leslie tenía un buen trabajo y podía permitirse ser independiente, su horror a estar sola era tan agudo que de manera repetida aceptaba algunas parejas incluso cuando eran claramente inconvenientes para ella.

Tom parecía diferente. Le conoció cuando fue en su rescate después de que sufriese un accidente de tráfico. Era uno de los médicos que la llevó a urgencias. Su atracción fue inmediata e intensa. Cuando se le dio el alta con heridas leves, él la estaba esperando. Pronto se vio absorbida por un tormentoso romance. La agasajó y le compró regalitos atentos. Era maravilloso; era encantador, y era persistente. La llamaba con frecuencia y quería verla casi cada día. Entonces empezaron a vivir juntos. Después de dos meses quería casarse con ella. Sus amigos le dijeron que era demasiado pronto, y ella sabía que probablemente tenían razón, pero estaba «enamorada» y temía que si no hacía lo que él deseaba, la dejaría y volvería a estar sola. Y no podía enfrentarse a eso.

Después de casarse, Tom a veces actuaba como una persona diferente: un extraño irritable. En esos momentos criticaba a Leslie por todo: por hablar demasiado o por hablar demasiado poco, por hacer demasiado o por hacer demasiado poco. Cuanta más presión tenía en el trabajo, más verbalmente abusivo se volvía.

Los buenos tiempos se hicieron menos y menos frecuentes, y sin embargo se aferraba a ellos como a la vida misma. Si no los tuviera, podría haber tenido razones para considerar el abandono. Incluso aunque tenía un buen trabajo propio, no tenía hijos, y podía hacerse cargo de sí misma económicamente, cada vez que la idea de vivir sola entraba en su cabeza le inundaba el pánico.

Si simplemente sintiese un intenso deseo de establecer una relación amorosa, Leslie habría estado bien. Podía haber dejado a Tom y divertirse quedando con otros hombres hasta encontrar a «el marido ideal». Pero no deseaba —necesitaba— una relación amorosa basada en el día a día. Sin ella se sentía sola, terriblemente sola. Y vacía, terriblemente vacía.

Por tanto Leslie continuó con Tom y sufrió su abuso verbal. ¿La solución? Transformar su horrenda necesidad de establecer una relación en simplemente un deseo intenso. Sus dos intensas —muy intensas— obligaciones eran: «Debo tener siempre una pareja estable, sino eso probaría que soy una persona inadecuada e inútil» y «Me siento tan vacía y terriblemente sola sin un hombre que debo tener uno, necesito uno, no puedo soportarlo cuando no tengo uno. No puedo aguantar la idea de no tener un hombre; sería simplemente horrible».

Vamos a ver cómo la terapia de la TREC ayudó a Leslie a ver sus necesidades de manera diferente, a hacer nuevas elecciones, y a dar la vuelta a su vida.

En un principio, yo (A.E.) abordé las dos obligaciones de Leslie para mostrarle que aunque establecer una relación saludable con un hombre es un objetivo respetable, su valía como ser humano no depende de ello. Le expliqué que necesita el amor, la atención, y la aprobación de otra persona para sentirse valiosa porque ella misma no se considera valiosa. Cuando se sienta mejor consigo misma y se acepte plenamente como es, no se sentirá tan terriblemente sola y vacía sin un hombre. Puede que quiera y disfrute el estar con un hombre: pero no lo necesita.

Le expliqué las dos filosofías de la auto-aceptación incondicional. Podía elegir verse a sí misma como una buena persona simplemente porque lo es, o podía verse a sí misma ni como una buena persona ni como una mala tanto si tienes éxito como si no en cumplir tu objetivo de establecer una relación con un hombre.

En cuanto a la incomodidad de estar sola y no tener un hombre, le dije: «Es un sentimiento perfectamente legítimo puesto que te gusta formar parte de una pareja. Pero si no obtienes lo que deseas tener, no es horrible y puedes soportarlo. Existen muchos otros placeres en esta vida. Por lo tanto, no tienes que obtener lo que deseas y no te tienes que sentirte terriblemente desgraciada cuando fracasas en obtenerlo. Puedes lamentar no estar con un hombre ahora mismo, pero tener un compañero estable es simplemente deseable: ¡no necesario! Cuando no te sigas desesperando por una pareja, las amistades evitarán que te sientas sola. Y cuando encuentres un nuevo amor, será porque lo deseas, no porque lo necesites».

Cuando Leslie y yo hablamos sobre su antigua creencia irracional de que debía tener un hombre para ser valiosa y sobre su horrenda necesidad de estar con uno, ella fue capaz de abandonar a Tom. Tener un hombre como él difícilmente era un logro; era un perjuicio. Y en verdad no hacía de ella un ser humano valioso.

Decidió aceptarse a sí misma como una persona válida sin hacer caso de cuánto llegaba nunca a lograrlo o no. Cuando adoptó esa filosofía, empezó a conseguir más de lo que nunca antes tuvo. Desarrolló nuevos intereses, hizo amigos interesantes, y pronto tuvo su selección de varios hombres apropiados. Mientras tanto, puesto que en el momento presente no tenía una pareja estable, se sentía apenada y decepcionada cuando llegaba a un hogar que era un apartamento vacío, pero difícilmente se sentía asolada y no se sentía vacía. Todavía quería un hombre en su vida pero ya no necesitaba uno.

Si todavía estás con un hombre abusivo debido a tu gran temor de estar sola, puedes –en lugar de creer que necesitas una pareja– recordarte a ti misma repetidamente estas cosas hasta que estés fuertemente convencida:

1. **Tu valía como persona depende de ti, no del amor de otras personas, y ciertamente no de tus crueles compañías.** Tienes valía simplemente porque eres tú, tanto si tienes pareja como si no. Cuando te aceptes a ti misma de manera incondicional, no necesitarás la aprobación de los demás para sentirte valorada.

2. **Si abandonas, te perderás más el cuento de hadas que la realidad.** Continuar con tu pareja abusiva es aferrarse a un cuento de hadas, es estar viviendo una ilusión. Si fueras a abandonar, ¿verdad que echarías de menos gastar la mayor parte del tiempo sintiéndote mal y recogiendo las migajas? ¿Es eso lo que quieres para siempre? Lo creas o no, tienes una ocasión mejor de llenar tu vacío estando sola que permaneciendo con tu pareja abusiva.

3. **Tu pareja no es el «único» para ti.** Puede que creas que si abandonas, estarás perdiendo el único y verdadero amor de tu vida. Que nunca volverás a sentir de nuevo la excitación y la pasión que piensas que necesitas. Que tu pareja posee alguna cualidad mágica que hace que estés conectada a él para siempre. Con frecuencia, sin embargo, una pasión de esta intensidad es realmente una adicción que se confunde con el amor.

   Si piensas que tu pareja es la única persona en el mundo que puedes amar o con la que puedes disfrutar sexualmente, estás enganchada a una presunción, no a un hecho, y la convertirás en realidad hasta que la abandones. Se trata solamente de parte de una historia de amor imaginaria que has creado.

   Otra cliente de la TREC, Ellen, utilizaba las técnicas de discusión para cambiar su pensamiento insano. Creía que Peter era el único hombre para ella. Era la base de su adicción a él. Incluso aunque estaba siendo verbalmente abusada, se sentía paralizada por el pensamiento de no tenerle en su vida.

En la terapia, Ellen aprendió qué hacer. Empezó por decirse vigorosamente, muchísimas veces: «No necesito a Peter en mi vida. No necesito lo que quiero. Me gusta, lo prefiero, pero se trata sólo de mi insistencia en necesitarlo lo que lo hace indispensable para mí».

Gradualmente transformó su adicción a Peter en un intenso deseo de estar con él. Querer estar con él en lugar de necesitar estarlo le hizo más fuerte y menos dependiente. Era capaz de hacer frente a su relación sabiendo que continuar era una opción y que Peter no era el único hombre al que podría amar.

4. **Puedes apañártelas bien tú sola.** Ciertamente existen ventajas en tener un hombre cerca. Pero también puedes estar a gusto contigo misma, aunque de una manera diferente. Puedes hacer casi todo lo que desees: ver a los amigos, dedicarte a las cosas que te interesan, viajar. Puedes ir a trabajar, encargarte de tus finanzas, criar a tus hijos y todo sin la ayuda de una pareja.

Aunque es probable que fuese más sencillo con ayuda, no la necesitas en absoluto. No te morirás sin ella. Puedes soportar la soledad y sin embargo controlar tu vida y divertirte la mayor parte del tiempo. De hecho, tendrás más libertad y es probable que más diversión sin alguien que contamine tu vida con ansiedad y dolor.

5. **Que estés sola no significa que tengas que permanecer sin amor, sin compañía o sin sexo.** Estar sola no es fácil ni está exento de dolor al principio, pero tu vida no es fácil ni indolora en este momento. Lo importante es que cuando estás sola, se pone fin al dolor. Es sorprendente qué aliviada te puedes sentir cuando no hay nadie que te perturba y que te destroza, qué rápido puedes aprender a disfrutar de la paz y la tranquilidad, y qué pronto encontrarás nuevas aventuras y nuevas personas para llenar el antiguo hueco.

Puede que pienses que no puedes divertirte a menos que estés con un hombre o que las cosas que haces de alguna manera no cuentan. Una puesta de Sol no es tan bella; una charla de corazón a corazón no es tan satisfactoria; y unas vacaciones no son unas vacaciones «reales» sin un hombre. Pero estar sola no significa que no puedas tener a alguien para compartir los acontecimientos diarios, que la belleza del mundo haya disminuido, o que debas vivir sin una diversión alegre, sin una buena compañía, y sin un romance de por vida. Significa que tienes que, por ahora, cambiar tu centro de atención del amor romántico a otros tipos de amores satisfactorios.

Te podemos decir –como tus amigos puede que lo hagan– que no tienes que permanecer sola. Hay mil millones de personas en el mundo, más o menos la mitad de ellos adultos. Muchas quieren compañerismo y amor tanto como tú. Algunas están interesadas en las mismas cosas que tú: libros, películas, música, ejercicio. Puedes hacer nuevos amigos saliendo y buscándolos. Asiste a actos para gente soltera. La compañía se encuentra allí: no sólo para los que la piden, sino para los que persisten. Y persistir te ayudará a encontrar a «tu alguien especial».

Incluso tu temor de estar sin sexo durante un tiempo no será catastrófico porque el «nuevo tú» estará entrando en un nuevo mundo en el cual el amor tiene muchos aspectos y variaciones. El amor es compromiso. La absorción vital de las cosas por las que te sientes apasionada es una forma de amor. Puedes amar cosas tales como el trabajo, el arte, la música, y las causas sociales. Pueden ser satisfactorias y plenas, pero estarán disponibles para ti sólo cuando dejes de enterrarte en tus recuerdos y tu dolor. Si quieres puedes ayudarte recordando esta sencilla ley de la física: «Dos cosas no pueden ocupar el mismo espacio a la vez». Tienes que desprenderte del dolor para dejar espacio al placer.

Tanto si has abandonado y estás viviendo sola como si todavía continúas en tu abusiva relación y estás sintiéndote muy sola, te irá mejor cuando dejes de necesitar desesperadamente estar con un hombre.

CUATRO PASOS PARA REDUCIR EMOCIONES TEMEROSAS

Pam odiaba, detestaba y aborrecía el abuso verbal de su marido. Al mismo tiempo la aterrorizaba la perspectiva de romper con él y estar sola. Era perfectamente capaz de cuidar de sí misma pero estaba convencida de que si se marchaba, la vida por sí sola sería tenebrosa y que ningún otro hombre la volvería a amar o a desear. Después de todo, Craig y ella no habían practicado el sexo durante años y él había dicho que se debía a que ella había envejecido y engordado y que ya no era atractiva.

Si eres exactamente como esta mujer «atrapada» –atrapada no por tu pareja o por una dependencia económica, sino por el horror de abandonarle y encontrarte sin compañía– ¿qué puedes hacer?

Puedes utilizar las mismas técnicas de la TREC para liberarte de tus temores irracionales que has empleando para transformar tus creencias irracionales porque tus temores se basan en tus creencias. Por ejemplo, si tienes un temor irracional a estar sola, es probable que se base en la creencia irracional de que sería horrible –o intolerable– estar sola.

Los siguientes pasos te ayudarán a enfrentarte con cualquier temor que puedas tener. Son similares a los que has aprendido antes y te servirán como una adecuada revisión. Usaremos el temor a estar sola como nuestro ejemplo.

Paso 1

Permítete entrar en pleno contacto con tus sentimientos de ansiedad. De ninguna manera escondas tus sentimientos de ansiedad bajo la alfombra. Reconócelos, siéntelos, date cuenta de su profundidad. Observa que, en su mayor parte, se trata de sentimientos bastante normales, y aunque no todo el mundo en tus circunstancias los tiene, millones de mujeres lo hacen. No quieres estar sola, especialmente si perteneces a un grupo social donde tener pareja es la norma. Estás acostumbrada a tener un hombre, quizá durante muchos años. Realmente quieres la compañía, la seguridad económica, el sexo, y el resto de ventajas de estar junto a él. ¿Por qué no deberías echar en falta tenerlas? ¿Por qué no deberías sentirte temerosa de que podrías no volverlas a tener nunca?

Observa que la mayoría de tus temores son normales y bastante saludables. No te degrades por tenerlos. Reconócelos con honestidad. Permítete sentirlos realmente. Si te sientes temerosa, eres simplemente eso. Si te sientes excepcionalmente temerosa, sumamente espantada, todavía sigues siendo simplemente eso. Permítete sentir lo que sientes.

Paso 2

Busca las cosas que te estás diciendo para crear tus sentimientos y responsabilízate de ellas. Podría ser que te estuvieras diciendo algo como «no debo estar sola porque sería tan horrible que no sería capaz de soportarlo». Escucha las cosas que te estás diciendo.

Responsabilízate de ellas. Quizá el que se abuse de ti te ha hecho sentir menos segura de ti misma y más aterrorizada por un montón de cosas, incluyendo estar sola. De acuerdo, así tu abusador ha creado un entorno que fomenta la inseguridad en ti. Vamos a reconocerlo, y a culparle por la responsabilidad del abuso.

¿Pero qué hay de tu papel en crear tus temores? ¿Tu papel en lo que te dices a ti misma? ¿Cómo estás contribuyendo a tu temor extremo? En verdad, ¿podrías seguir sintiendo el temor de estar sola incluso si no hubieses sido «debilitada» por el abuso? Quizá siempre has temido estar sola. Sé honesta. Busca tus auto-declaraciones –tu papel en el problema– sobre las que posees control, sin importar lo que diga o haga tu abusador. Él no te hace decir «nunca nadie me amará». Observa y «aduéñate» de las cosas que te estás diciendo que te asustan hasta paralizarte y te condenan a ser la víctima de tu propia vida.

Paso 3

Busca las obligaciones, órdenes, deberes y exigencias que estás añadiendo a tus preferencias, y reconócelos como insanos. Las mismas insanas obligaciones, órdenes, deberes y exigencias que exageran y perpetúan tus creencias irracionales también exageran y perpetúan tus temores. Cuando te dices una declaración exigente, como por ejemplo «no debo estar sola porque sería tan horrible que no sería capaz de soportarlo», te estás enviando un mensaje insano y aterrorizador. Cuando te dices una declaración de «preferencia», te estás enviando un mensaje saludable y tranquilizador: «Lo preferiría con mucho, no estar sola, pero no es el fin del mundo si lo estoy; pero no es horrible ni terrible; pero probablemente será sólo temporal».

Si emites preferencias, y no exigencias, tienes opciones de cómo reaccionar ante tus peores temores: sobre estar sola o sobre cualquier otra cosa. Puedes manejar tus preferencias; puedes arreglártelas para vivir con ellas. Pero las exigencias harán tu vida desgraciada.

Busca tus obligaciones, órdenes, deberes y exigencias. No abandones. Observa cómo provocan tus temores y reconoce que sin ellos probablemente no tendrías estos sentimientos.

Paso 4

Reflexiona con energía acerca de tus obligaciones, órdenes, deberes y exigencias, y alcanza respuestas racionales de autoayuda, o

nuevas filosofías efectivas. Sigue observando a tus creencias y temores racionales e irracionales, discute los irracionales, y alcanza nuevas filosofías efectivas.

(Antigua) Creencia irracional: «No debo estar sola porque sería tan horrible que no sería capaz de soportarlo».

Discusión: «¿Es lógico que sea tan horrible el estar sola que no sería capaz de soportarlo?».

Respuesta (Nueva Filosofía Efectiva): «No es lógico que sea tan horrible estar sola que no sería capaz de soportarlo. Simplemente podría darme cuenta que estar sola por algún tiempo no es tan malo. De hecho, puede que incluso me guste. Puede que disfrute de la paz y vea que me gusta estar yo sola y concentrarme en lo que quiero y me gusta hacer. Sería agradable como cambio encontrar compañía en personas a las que de verdad agrade: y que me traten como si les agradase. Aunque preferiría estar con una pareja, sobreviviré y todavía puedo ser feliz y disfrutar con muchos otros aspectos de mi vida. Ciertamente no tengo que seguir asustándome a mí misma por estar sola».

Discusión: «¿Qué resultados obtengo si continúo aferrándome a mi antigua creencia irracional?» «Este pensamiento ¿me ofrece lo que deseo?» «¿Me ayuda a sentirme de la manera en que deseo sentirme?».

Respuesta (Nueva Filosofía Efectiva): «Continuar aferrándome a mi antigua creencia irracional hará que me sea más difícil tomar una decisión racional sobre si continuar o abandonar. Si abandono, aferrándome a mi antigua creencia irracional seguiré sintiéndome temerosa e infeliz. Nunca obtendré lo que quiero ni me ayudará a sentirme de la manera en que deseo sentirme».

Conclusión: «Puesto que ahora veo que mi antigua creencia irracional no es lógica, no me ofrecerá lo que deseo, y es destructiva para mí, me desharé de ella y la reemplazaré por una nueva creencia racional».

*(Nueva) **Creencia racional:*** «Preferiría no estar sola, pero no sería horrible si lo estuviera, y sería capaz de soportarlo. Incluso podría gustarme».

Ahora que nos hemos enfrentado al temor de estar sola, vamos a hablar de los otros dos grandes temores sobre abandonar a nuestra pareja abusadora: los temores al cambio y a lo desconocido.

LOS TEMORES AL CAMBIO Y A LO DESCONOCIDO

Todo el mundo admira a alguien que tiene el valor de abandonar lo familiar y probar algo nuevo: cambiar de profesión a una edad madura o trasladarse a otra ciudad donde no conocen a nadie, por ejemplo. Pero la mayoría de las personas son en su mayor parte criaturas de hábitos. Les gusta la aventura y la excitación pero también se sienten cómodas con las rutinas corrientes porque les son conocidas y tienen un ritmo propio. Incluso las rutinas que no son especialmente satisfactorias son difíciles de cambiar.

Cuanto más inseguras son las personas, más necesitan la estabilidad de los modelos familiares y saber qué esperar. Esto es especialmente cierto de aquellas que se encuentran inmersas en relaciones abusivas. Sus relaciones se convierten en una rutina familiar que parece menos dolorosa que el cambio y lo desconocido. No importa qué mala sea la rutina, posee una cantidad conocida de dureza que puede ser tolerada. El temor a que llevar a cabo un cambio nos pueda conducir a algo mucho peor a menudo mantiene a las personas encerradas en donde están. Creen que «más vale lo malo conocido, que lo bueno por conocer».

Esto se cumplía en el caso de Kathy. Cambiar sus costumbres, y arriesgarse a probar otras nuevas, eran conceptos excepcionalmente «peligrosos» para ella. Había sido tan vapuleada por su marido, Todd, que no podía adoptar ninguna de las cosas que había aprendido que podrían mejorar su situación. Ni siquiera osaba abandonar la habitación cuando se estaba abusando de ella; tenía demasiado miedo. Sabía que algo tenía que cambiar, pero cada vez que pensaba en enfrentarse a Todd de manera diferente o soñaba despierta sobre marcharse, sus temores la detenían de golpe. Si dejaba las cosas como estaban, al menos sabía qué esperar.

¿Cómo venció Kathy su temor al cambio y cómo puedes hacerlo tú? Por extraño que parezca, cambiando. Tu temor a introducir cambios en tu relación o en tu vida marchándote es como la mayoría de los otros miedos. Cuando temes hacer algo que provoca tu temor es que imaginas unas consecuencias terribles, y entonces te convences de que si cualquiera de estos peligros se cruzase en tu camino no serías capaz de enfrentarte a ellos. Por supuesto, puede que se trate de peligros reales. Si montas en bicicleta, puedes caerte y hacerte daño. Si empiezas a tratar a tu pareja de manera diferente, él puede enfadarse. Si te marchas, puedes quedarte sola o encontrar otra pareja abusiva. Si haces que estos temores adopten unas dimensiones gigantescas en tu mente, tendrás demasiado miedo a montar en bicicleta, a enfrentarte a tu pareja, y a marcharte.

Pero tener demasiado miedo de cambiar encierra peligros propios. Tu no-montar en bicicleta, tu no-enfrentamiento con tu pareja, y tu no-abandonar sólo aumenta tu temor. Y cuanto más tiempo esperas, más difícil es actuar. La respuesta se halla en forzarte a ti misma a hacer lo que temes, afrontar la incomodidad, y ver que de alguna manera puedes arreglártelas sin importar lo que suceda. La mayoría de los «peligros» serán menores de lo que imaginabas.

Después de todo, asumiendo que no pienses que tu pareja se volverá físicamente violenta, no puede hacer mucho más de lo que ya ha hecho si cambias tu manera de tratarle. Puede que grite más alto. Puede enfadarse y tener una pataleta, o puede que te lance silenciosas flechas y te trate con frialdad durante quién sabe cuánto tiempo. Pero empeorará tanto si te enfrentas a él como si no.

Puesto que el miedo al cambio es en verdad un temor a cómo puedes manejar las nuevas situaciones o condiciones, la mejor manera para reducir tu temor es forzarte a cambiar algunas cosas de tu vida. Tu coraje para hacer cosas que temes es como un músculo del cuerpo; para volverse más fuerte tiene que ser ejercitado. Has de arriesgarte a una incomodidad temporal para por último encontrarte más cómoda.

Por tanto ejercita tu coraje efectuando actividades que temes llevar a cabo. Piensa, piensa en serio, sobre qué es probable que suceda cuando las hagas. Después medita sobre los peligros escondidos de no hacerlas: letargo, ansiedad continuada, falta de crecimiento y desarrollo. Reflexiona sobre reducir gradualmente tu vida por un temor y una inercia constantes. ¿Dónde se encuentra el mayor mal, en no hacer nada o en tomar algunos riesgos adecuados?

Empieza con pasos pequeños como por ejemplo cambiar algunas de tus rutinas. Toma una ruta diferente para ir al trabajo o al mercado. Después lleva a cabo algunas cosas relativamente sin importancia que encuentres incómodas: habla con alguien mientras haces cola, acude a una reunión donde no conoces a nadie, o vete al cine o a un restaurante sola. Observarás que no sólo sobrevives a esas experiencias sino que te enfrentas a ellas mejor de lo que pensaste. Mientras avances e intentes cambiar otras cosas, puede que cometas algunos errores pero pronto aprenderás de ellos. Con el tiempo, te harás más fuerte y puede que incluso te divierta incorporar cosas nuevas y diferentes a tu vida.

Kathy tuvo un gran éxito cuando empezó a dar sus pequeños pasos. Tenía miedo a cambiar la manera en que se enfrentaba a Todd y demasiado miedo a considerar el marcharse. En terapia aprendió que antes de enfrentarse a estos grandes temores, podía ejercitar su coraje forzándose a llevar a cabo cambios más pequeños y menos perturbadores.

Puesto que Kathy casi siempre se había sentido incómoda hablando con personas que no conocía, decidió intentar cambiar la manera en que reaccionaba ante las personas nuevas que se encontraba en su vida diaria. Sabía que se sentiría nerviosa y que no sería capaz de pensar lo que decir, así que planeó su aproximación por anticipado. Después, en lugar de encerrarse en sí misma, como hacía normalmente cuando hacía cola en el banco o en el mercado, empezó a hablar con la gente: «Las colas son larguísimas hoy. ¿Sabes si siempre está tan lleno los viernes?» «me encanta tu pelo. ¿Te importaría decirme dónde te lo cortaron?» Kathy pronto descubrió qué agradables y amistosas son algunas personas, y realmente empezó a disfrutar de las conversaciones.

Sintiéndose más valiente, Kathy decidió que su nuevo paso sería superar el sentirse intimidada por las personas que consideraba «mejores» que ella a causa de su educación y posición. Se unió a un grupo de mujeres de su iglesia y se obligó a presentarse como voluntaria para servir en un comité de varios miembros que eran justo del tipo que sacaba a la luz sus inseguridades.

En su primera reunión de comité se sintió incómoda y no participó hasta casi el final cuando tuvo que responder a una pregunta. Descubrió que «no se moría» y que nadie la censuraba. De hecho, una de las mujeres dijo, «buena idea. No había pensado en eso». Durante la siguiente reunión, Kathy se obligó a formular una pregunta y a ofrecer un comentario. Se sorprendió de que más tarde las mujeres pidieran su opinión en otras materias. Tras unas cuantas reuniones empezó a hacer amigas, a pesar de sus antiguos temores de rechazo.

Ser capaz de cambiar su conducta y vencer su temor hizo que Kathy se sintiese lo suficientemente fuerte como para tomar incluso un riesgo mayor y llevar a cabo un cambio más grande en su vida. Intentó emplear su nueva pericia con la gente para obtener un trabajo mejor. Era recepcionista y poseía pocas cualificaciones. Aunque acudió a varias entrevistas para trabajar como auxiliar administrativa, se dio cuenta de que era difícil conseguir ese trabajo con su historial educativo y profesional. Asistió a clases nocturnas en la escuela de la comunidad y lo volvió a probar. Tuvo varios rechazos, y sin embargo persistió. Después de numerosos intentos, finalmente consiguió un puesto de auxiliar administrativa. Al principió, Kathy se sentía insegura en el puesto, pero continuó adelante y pronto se sintió cómoda.

Después, con su temor al cambio disminuido y tras probar nuevas situaciones, Kathy fue capaz de enfrentarse a Todd y decirle que si continuaba abusando verbalmente de ella, no iba a seguir aguantándolo y le iba a abandonar. En un principio él se sorprendió tanto que se comportó mejor pero pronto volvió a sus antiguas maneras, después de lo cual ella le abandonó.

Aunque Kathy se sintió muy incómoda en su radicalmente diferente situación, no volvió con Todd. Superar el temor de hacer nuevas amistades femeninas reforzaba su coraje para hacer nuevas amistades masculinas. Después de unos pocos meses se sintió mejor y se puso en camino de una nueva vida satisfactoria.

Temeroso de haberla perdido para siempre, Todd volvió a ser tan encantador y amoroso como lo había sido cuando se habían enamorado. Juró que había aprendido la lección y que había reformado sus maneras abusivas. Aunque era tentador volver con él, Kathy conocía la canción. Tenía varias amigas que habían vuelto con parejas que abusaban verbalmente de ellas bajo condiciones similares sólo para que sus compañeros volvieran a abusar de nuevo de ellas. Finalmente, Kathy le dijo a Todd que dejase de llamarla y no mucho más tarde, se divorció de él.

Puede que nunca te sientas de verdad muy cómoda con el cambio o puede que te acostumbres a él y te guste. Pero de cualquier manera, puedes superar tu horror a él, por tanto nunca más te sentirás pegada a las malas situaciones. Cada vez que experimentes de manera exitosa el enfrentarte con el cambio, te harás más fuerte y menos temerosa. Observar que puedes manejarlo y que el cambio a menudo mejora intensamente tu situación te dará el coraje para entrar en acción.

Este capítulo ha comenzado el proceso de derribo del muro de temor que te ha mantenido indefensa, un muro construido con temores individuales tan fuertemente comprimidos que difícilmente podrías diferenciar uno de otro. Ahora que puedes ver los temores por separado, puedes superarlos uno a uno.

Antes de que pases al capítulo siguiente, discute uno de tus mayores temores. Puedes utilizar el ejemplo de la página 187 como guía. Después discutiremos otra categoría de temores que persiguen las mentes de las mujeres y que las ayudan a continuar en relaciones abusivas que de otra manera dejarían.

CAPÍTULO 13   Cómo silenciar otros temores que te persiguen

Aunque hayas comenzado a utilizar las técnicas de la TREC y el lanzador de sables de tu compañero no te haga sentirte tan ansiosa como acostumbraba, puede que aún te esté diciendo cosas que te alteran. Los pensamientos de abandonar te abren un nuevo reino de posibilidades para crear temor y ansiedad.

Algunos de los temores más debilitadores son los irracionales que se deslizan en tu mente en los momentos de calma y que llevan consigo perturbadoras y vívidas imágenes: imágenes de ti en agonía por haber abandonado a tu «Príncipe Azul» o de él siendo maravilloso y gloriosamente feliz con otra mujer. Este tipo de temores persecutorios pueden paralizarte en tu indecisión sobre abandonar. Como hemos dicho, si has de tomar la decisión adecuada sobre continuar o abandonar, la razón –en lugar de los temores– debe prevalecer. En este capítulo te ayudaremos a detener estos guiones imaginarios desbocados para que no dicten tu futuro.

EL TEMOR A QUE EL DOLOR DE ABANDONAR SEA MAYOR DE LO QUE PUEDES AGUANTAR

Los aspectos emocionales y prácticos de abandonar a un compañero abusivo pueden hacer aparecer un pavor aplastante. Puede que temas tanto al dolor de estar sin tu pareja como a ir por el mundo sin él.

Vamos a considerar el dolor emocional de estar sin tu pareja. No importa cuán abusiva pueda ser en ocasiones, el mero pensamiento de no tenerlo en absoluto puede producir unas poderosas reacciones viscerales, en especial si crees que todavía le amas. El solo hecho de abandonar el cuento de hadas de lo que imaginabas que sería vuestra vida en común sería suficiente para que se te hiciese un nudo en la garganta, sintieses que se te encoge el estómago y te pusieses a sollozar de aflicción. Podrías pensar que no serías capaz de sobrellevar la pérdida. Pero lo harías. Otras personas lo hacen: y lo mismo harías tú. ¿Cómo? Utilizando las nuevas herramientas de la TREC para tomar el control de tus pensamientos y recordarte a ti misma que la decisión racional de salvarte de una vida desgraciada tiene que tener prioridad sobre tus rabiosas emociones e inseguridades.

Marilyn es un buen ejemplo de alguien que fue capaz de conseguirlo. Se encontraba en una relación abusiva y continuó en ella durante años porque sentía miedo a abandonarla. Cuando pensaba hacerlo, se sentía aplastada. Aunque la historia de cada uno es diferente, Marilyn sentía la misma soledad, el mismo dolor por los ataques de su marido, el mismo temor de lo que traería el momento siguiente, la misma preocupación por el bienestar de sus hijos, y el mismo temor de abandonar y de la inseguridad monetaria que puede que estés sintiendo tú. Y sentía algo más: una conexión emocional poderosa con su esposo que no podía siquiera llegar a imaginar con ser capaz de romper, y aun así sobrevivir.

A diferencia de algunas mujeres en su situación, Marilyn tenía una herramienta poderosa: la TREC. Cuando siguió los principios de la TREC y utilizó sus técnicas de la TREC, vio la luz y la niebla empezó a desaparecer. Aprendió que era emocionalmente adicta a su marido. También aprendió que su imaginación había creado el peor guión posible para cada caso, y temía hacer frente a todos ellos al mismo tiempo. No es extraño que se sintiese aplastada.

Pero hizo sus deberes. Discutió sus temores e hizo su lista con las ventajas y las desventajas de abandonar. Pensó en los años de dolor y observó su futuro. Entonces, con un profundo suspiro, se obligó a dar un salto al vacío con los ojos cerrados. Puesto que su marido se había negado a marcharse, cogió a los niños y se trasladó a casa de sus padres. Parecía como si una parte de ella se hubiese desgarrado y su vida se hubiese transformado de arriba a abajo.

Los primeros días fuero duros, disparatados, diferentes. Se sentía perdida. Rememoró, lloró, y se preguntó: «¿He cometido un error? ¿Cómo voy a cuidar de nosotros si no consigo suficientes alimentos y apoyo para los niños? ¿Estarán mis hijos bien? ¿Quién soy sin él y qué voy a hacer con mi vida?».

Cosas inesperadas empezaron a suceder. Se dio cuenta de que los niños charlaban y reían: ya no estaban preocupados sobre «qué» iba a cruzar la puerta de entrada al final del día. Nadie le gritaba. Ya no temblaba. Poco tiempo después estaba gastando menos tiempo recordando y llorando, y más tiempo haciendo el trabajo de su nueva vida.

Encontró un trabajo. Encontró un apartamento para ella y los niños. Encontró paz y tranquilidad. Cambió una gran cocina por viajes a la pizzería de la esquina. Cambió unas vacaciones de lujo llenas de tenis y lágrimas, por tardes de fin de semana de verano en la playa. Después de todo, la vida es buena.

EL TEMOR A NO SER CAPAZ DE SOPORTAR QUE ESTÉ CON ALGUNA OTRA

Incluso si has sido herida hasta la médula y por fin has llegado al punto en el que ya no quieres seguir por más tiempo con tu pareja abusiva, puede que todavía no seas capaz de soportar la idea de que esté con alguna otra. Es asombroso con qué velocidad se evapora el recuerdo del dolor que sientes con frecuencia cuando estás con él tan pronto como le imaginas como su «maravilloso antiguo yo» en los brazos de otra mujer.

Stacy tenía este problema. Durante tres años mantuvo una relación maravillosa con Eric. El amor que se profesaban, su amistad, su vida sexual, su vida social: todo era fabuloso. De tanto en tanto él se ponía excesivamente alterado por algo insignificante, pero ella se imaginaba que un mal día lo puede tener cualquiera. Después empezó a tener cambios bruscos de humor. Al principio ella lo disculpaba, pensando que probablemente estaba trabajando demasiado.

Cuando su negocio se enfrentó a una mayor competencia y empezó a ir mal y Stacy empezó a llevar más dinero a casa que él, Eric cambió radicalmente. Todo lo que antes había sido bueno empezó a ir mal de manera gradual —excepto el sexo— y de alguna manera él creía que era enteramente culpa de Stacy. Parecía deprimido —furiosamente deprimido— a causa de sus problemas en los negocios, y se volvió cruelmente crítico con ella. En lugar de culparse a sí mismo por algo, la culpaba a ella por todo. Las mismas cosas por las que antes la alababa, eran las que ahora criticaba. La activa vida social que ella siempre había organizado con tanto entusiasmo, y que él había disfrutado tanto, era a la que ahora culpaba de apartarlo del trabajo y de aumentar sus gastos. Y la inteligencia y el desparpajo que le habían atraído de ella y que él había apreciado durante sus primeros años, era lo que ahora se tomaba a mal. Y seguía y seguía.

Pero Stacy no estaba segura de que el problema fuera solamente de Eric. Quizá ella no se tomara sus negocios con la suficiente seriedad, como él se quejaba a menudo. Puede que su vida social fuera demasiado consumidora de tiempo y cara. Quizá no debería explicarle qué bien le iban a ella las cosas en el trabajo cuando él tenía tantos problemas en los negocios. Quizá esto, quizá aquello.

Stacy esperaba que si el negocio de Eric mejoraba, dejaría de abusar de ella. Pero cuando mejoró, él no lo hizo. De hecho, su ira se volvió peor. A pesar de lo que Stacy sugería, se negó a hacer nada al respecto: nada de terapia, nada de ejercicio, nada de nada. Lo único que había era su incesante culpabilización sobre ella, lo cual parecía hacerle sentir mejor de manera temporal, mientras que Stacy se iba sintiendo peor y peor. Quizá había algo físicamente equivocado en él. Quizá se sentía celoso del éxito de ella y de manera deliberada trataba de degradarla. Quizá ya no la amaba. Quizá, quizá, quizá.

Tras hablar con su mejor amiga, Stacy se dio cuenta que aunque ella no era perfecta, Eric estaba siendo irrazonable. Un día ya había tenido suficiente, y él lo supo. Después de eso, él se volvió muy agradable durante un tiempo. Estas pautas de ahora sí, ahora no, adelante y atrás, continuaron durante varios años. Disfrutaban de un sexo magnífico: y de un abuso verbal excepcional.

Cuando Stacy empezó la terapia, se hallaba en baja forma, pero aprendió las técnicas de la TREC con rapidez y las utilizó con gran éxito. En poco tiempo estuvo preparada para adoptar una actitud firme. Se decidió a conceder a Eric unos cuantos meses, insistirle para que acudiera a terapia, o le abandonaría a su propia suerte. Pero a pesar de todo él no buscó ayuda, y después de un tiempo, ¡bastaba y sobraba! No podía ser feliz con Eric, y probablemente sería infeliz sin él: pero menos infeliz. Tenía opciones. No soportaría esta clase de tensión y de crítica desleal en el trabajo. Por tanto, tampoco la iba a aguantar en su relación.

Cuando la fecha señalada para dejar a Eric se acercaba, Stacy mudó de parecer. Pensamientos macabros. Empezó a enumerar en su mente todo tipo de perspectivas fatalistas para ella, y de excelentes para Eric. Supongamos, sólo supongamos, que encontrase otra mujer inmediatamente, como amenazaba con hacer. Se lo imaginaba loco de contento con una de las otras mujeres solteras que conocían o con una que con toda seguridad conocería cuando ella le hubiese abandonado. Quizá Danielle, su secretaria ejecutiva, que estaba dedicada a su negocio y parecía que no sabía qué más podía hacer por él. O quizá su antigua novia, Patti, con la cual una vez casi se había casado. Eric le estaría agradecido por eso. Algunas de las imaginaciones de Stacy eran probablemente mucho más gloriosas de lo que la vida de Eric –o de cualquiera– podría nunca ser.

Las mujeres como Stacy a menudo visualizan a sus parejas, sin importar cuán abusivas sean, encontrando la felicidad junto a otra mujer, una mujer que realmente conocen o con una a la que únicamente se imaginan. Agonizan por lo que se perderán por no estar con él, y se torturan a sí mismas por concederle la libertad de ser maravilloso con alguna otra mujer a la que satisfarán todos sus sueños. Se preocupan porque otras personas creerán que hay algo malo en ellas puesto que su expareja es maravillosamente feliz con otra mujer.

¿También tú muestras esta tendencia? ¿Visualizas un éxtasis eterno para tu pareja abusiva después de que le abandones y él conozca a alguna otra? ¿De verdad crees que ha aprendido de sus errores contigo y será diferente con ella? Si es así, puede que te sientas impulsada a continuar con él: y a sufrir. Para contrarrestar este tipo de pensamiento lleno de pánico, tienes que reconocer la tontería que te estás diciendo a ti misma y arreglarla inmediatamente.

1. **Es una tontería pensar que tu pareja será extáticamente feliz en una maravillosa relación con otra persona.**

   ¿Realmente tu abusador disfrutará de un éxtasis eterno con alguna otra mujer cuando le abandones? Puede que pienses eso, o puede que sea así, en un principio. Pero pronto su pauta de encontrar fallos y de abuso verbal inevitablemente se introducirá en su relación con ella. Sólo es capaz de una felicidad limitada, debido a problemas sin resolver y a una profunda rueda de ira que gobierna su vida y contamina sus relaciones.

Ninguna mujer, ni siquiera diez mujeres, y ninguna relación de la tierra podría hacerle eterna y plenamente feliz y en paz consigo mismo.

Su abuso es una enfermedad que le persigue a donde quiera que vaya. Puede que crea que eres la fuente de sus problemas y que le abandonarán cuando tú te marches. Pero pronto despertará para darse cuenta de que la enfermedad que destruyó vuestra relación se ha quedado con él y que tiene que enfrentarse a ella una vez más. Así pues, olvida que vaya a ser extáticamente feliz en una vida gloriosa junto a alguna otra. Estará luchando con sus demonios interiores. Su nueva relación se basará en su mismo sentido distorsionado del amor y la socavarán sus malévolos juegos mentales.

Vamos a suponer que, a pesar de todas estas probabilidades, tu pareja realmente encuentra la felicidad con otra mujer. Supón que ella se ajusta de manera ideal a él, y que encajan a la perfección. Bien, supón que lo hace y supón que no puedes soportar la idea. ¿Te las habrías arreglado para ser feliz si hubieras continuado con él? ¿El hecho de que ella sea feliz a pesar de su abuso significa que tú habrías encontrado algo de felicidad si hubieses continuado? Ya estabas con él y no eras feliz. Por eso te marchaste. Sabes que te mereces algo mejor. Lo que cuenta es si tú puedes ser feliz con una vida de abuso, no si ella puede.

2. **Es una tontería creer que tu pareja va a pensar que la nueva mujer de su vida es tan maravillosa que no abusará de ella.**

¿Podría tu abusador encontrar la mujer ideal para él si le abandonases, y sería tan ideal que no abusaría de ella? Sí y no. Podría encontrar una mujer de la que pensase que es ideal, y mientras siguiese con su mejor conducta, serían como dos tortolitos. Pero incluso si en un principio se las arreglase para ser agradable con ella, para encantarla, sería temporal. Sería sólo cuestión de tiempo hasta que la atacase, como te atacó a ti. Su pauta de enmarañar a una mujer en su telaraña antes de arriesgarse a abusar de ella está asentada, y es improbable que deje de abusar a menos que dé los pasos necesarios para cambiar: los mismos pasos que se niega a dar incluso aunque su rechazo pueda costarle su relación contigo.

Incluso si la nueva mujer de tu pareja es más sumisa de lo que tú eres, hace las cosas un 110 % a la manera de él, se muestra de acuerdo con todo lo que dice, y es bella, competente, inteligente, y más, abusará de ella igual que está abusando de ti. Ninguna mujer de este mundo puede ser lo suficientemente buena o perfecta para satisfacer a un abusador durante mucho tiempo, ni para hacerle «feliz».

3. **Es una tontería pensar que la nueva mujer de la vida de tu pareja será gloriosamente feliz con el hombre de sus sueños: tu «Príncipe Azul».**

   ¿Tu pareja tiene sus cosas buenas? Sí, puede que incluso en ocasiones sea tan maravilloso, encantador y amoroso como cualquier mujer haya soñado nunca. Recuerda, sin embargo, que el ser tan maravilloso coexiste con el ser tan abusivo. Puede que al principio su nueva pareja piense que el hombre de sus sueños por fin ha llegado. Pero con el tiempo él encontrará fallos, se comportará irracionalmente, y exhibirá su ira con ella de una manera muy parecida a como lo hace contigo.

   Puede que ella disfrute de algunos buenos momentos: los mismos buenos momentos que te mantienen atrapada en tu relación con él y con los que temes que siempre soñarás con anhelo. Pero también se llevará todos los malos: esos que te están haciendo sentirte desgraciada. Él es un convenio, de otra manera no estarías pensando en marcharte. Ten en mente que su nueva pareja heredará tus antiguos problemas. Ella será la siguiente «víctima», el nuevo vertedero de su abuso. Estará recibiendo lo que tú rechazas, tus sobras.

   Como tú, se irá cansando de la confusión emocional y tendrá que encontrar el camino de regreso a sí misma, y a la cordura. Y como tú, tendrá que tomar la decisión de abandonar o de continuar y trabajar por limitar su sufrimiento y crear su propia paz.

4. **Es una tontería creer que debe de haber algo equivocado en ti si tu pareja tiene una relación «maravillosa» con alguna otra, una relación que de alguna forma no conseguiste tener con él.**

Que tu pareja esté con alguna otra no significa que haya algo equivocado en ti o que ella sea mejor que tú. Significa que ella está donde una vez estuviste tú: al comienzo de una relación con él. Él la ama, como una vez te amó a ti. Es feliz estado con ella, como una vez fue feliz estando contigo. Y, con el tiempo, abusará de ella, como abusó de ti. Entonces, su relación ya no seguirá siendo «maravillosa», tampoco. Los abusadores hacen lo que hacen: abusan.

Por tanto quizá él no estuviese satisfecho de ti. Quería que fueses diferente, mejor, más. Pero ¿quién le dio el derecho de dictar las normas sobre quién está bien y quién no? ¿Encuentras que tiene sentido juzgarte a ti misma por sus percepciones distorsionadas?

No fuiste la única responsable del estado de tu relación con tu pareja. Intentaste todo lo que te fue posible imaginar para devolverla al buen camino. Incluso si lamentas algunas de las cosas que dijiste e hiciste, y no deseas repetir la misma conducta en tu próxima relación, eso no significa que haya algo equivocado en ti por haber reaccionado al abuso como lo hiciste. Es probable que estar junto a tu pareja sacase lo peor de ti. Pero no existen razones para que te vapulees y te degrades por tus pasados esfuerzos. En aquel momento lo hiciste lo mejor que pudiste. Nada de lo que pudieras haber hecho lo habría mejorado. Sólo él podría haberlo hecho mejor: deteniendo su abuso.

En cualquier caso, era inevitable que perdierais algo de vuestra compatibilidad porque se basaba en su necesidad de alguien de quien abusar y de tu vulnerabilidad ante el abuso. Cuando ya no estuviste por más tiempo dispuesta a jugar tu papel, esa parte de vuestra compatibilidad murió. Por eso él encontró a alguna otra para que interpretara ese papel.

Lo importante es aprender por propia experiencia qué no hacer, qué no aceptar, en qué trampas no caer en el futuro ¡y continuar con tu vida! Eso es lo que importa: no lo que le suceda a tu pareja. En este momento tus prioridades y criterios habrán cambiado, y nunca más te volverás a poner de nuevo a ti misma en la posición de ser abusada en tu relación más íntima.

EL TEMOR A NO SER NUNCA CAPAZ DE AMAR A NINGÚN OTRO DE LA MANERA EN QUE LO AMASTE A ÉL

Puede que creas que tu abusiva pareja es el único verdadero amor de tu vida y estés segura de que nunca amarás tan profundamente de nuevo. Carol se sentía de esa manera acerca de Bill. Desde el momento en que se conocieron, él había sido su «caballero de la brillante armadura». Era alto, fuerte, elegante, y parecía saber cómo hacerlo casi todo. Cuando la cogía entre sus brazos se sentía amada y protegida. Incluso ahora, en sus buenos momentos, ella sentía que era el único para ella. En los malos momentos, él era tan mezquino que ella no podía creer que fuera la misma persona. Pero era al único al que había amado de esta manera. ¿Supongamos que nunca pudiera –¡oh, nunca!– volver a amar así de nuevo?

Carol se hallaba ante un dilema real: odiaba a Bill, realmente le odiaba, cuando él se adentraba en una de sus diatribas pero le amaba, le amaba de verdad el resto del tiempo. En cada ocasión en que él perdía el control, ella decidía no continuar ni por un momento más. Pero no podía aguantar la idea de estar lejos de él y sentía que nunca podría reemplazarlo. Por eso una y otra vez lo pasaba mal cuando hablaba de abandonarle.

Si eres como Carol, y millones de mujeres más, puede que hayas alcanzado el punto de inflexión y todo esté ya decidido para abandonarle, pero no puedes decidirte a hacerlo. Si es así, puedes utilizar algunas de las técnicas de la discusión para mantener la siguiente conversación contigo misma:

«Sí, de verdad que amo a mi pareja más de lo que nunca haya amado a ningún hombre antes, y no sé si puede ser que vuelva a amar a alguien así de nuevo. Pero la clase de amor que siento por él no es un amor saludable. Otras personas han encontrado el amor antes. No hay razón para que yo no pueda también. Tendré muchas oportunidades en mi vida para conocer a gente nueva. Se trata sólo de cuestión de tiempo hasta que conozca a alguien adecuado para mí. Sé que soy capaz de amar profundamente. Y esta vez buscaré a alguien que sea capaz de amarme profundamente, con constancia, y de una manera saludable. Si por alguna casualidad soy incapaz de encontrar a algún otro a quien amar, me sentiré triste y decepcionada, pero no será el fin del mundo. No me moriré por ello. Todavía podré tener la compañía y el amor de otras personas y todavía podré llevar una vida agradable: ¡una vida agradable y sin abusos!».

EL TEMOR A QUE TE NECESITE
Y NO PUEDA SALIR ADELANTE SIN TI

A pesar del frecuente reparto de abuso de tu pareja, crees que te necesita, que no podría cuidarse muy bien sin ti, y que se sentiría desesperadamente sólo y quizá seriamente deprimido si tú no estuvieras ahí. En cada ocasión en que comienzas a marcharte, te dice que «no puede vivir sin ti» y te suplica otra oportunidad. Así que continúas porque te sientes culpable.

Infligir culpabilidad es una de las armas favoritas de los abusadores. Es probable que tu pareja utilice cualquier medio de manipulación necesario para conseguir que te quedes. Debido a su gigantesco temor a ser abandonado, suplicará, se mostrará indefenso y patético, y prometerá no volver nunca a abusar de ti de nuevo. O puede que te amenace con hacer o decir algo que te podría impedir marcharte. Los abusadores son expertos en conseguir que sus parejas continúen. Es una de sus especialidades, y caes directamente en manos de tu pareja cuando te sientes culpable y dejas que tu culpabilidad influya en tus decisiones.

Supongamos ahora que, por alguna casualidad, tu pareja realmente no puede salir adelante adecuadamente sin ti. Quizá caería en una depresión y se desmoronaría sin tu ayuda y coraje: en un principio. Pero de una u otra manera sobreviviría. Puedes abandonarle y continuar siendo una persona buena y responsable. Puedes incluso sentirte apenada y pesarosa por su difícil situación: y a pesar de todo no sentirte culpable.

Desde su marco de referencia, por supuesto, estás equivocada y eres mala. Pero lo que cuenta es tu punto de vista. Aunque está mal robarle a alguien, ¿es una equivocación llamar a un oficial de policía cuando alguien te roba? ¿No tienes derecho y no estás autorizada a protegerte del mal? Seguramente la persona que te roba tendrá una triste historia que te hará sentirte apenada por ella. Y puede que se sienta asolada si haces que le arresten. Pero la ley dice que incluso si matas a un criminal que está amenazando tu vida lo has hecho para salvarte, y no eres culpable. ¿No sirve esto también sobre «herir» a un abusador cuando le abandonas para salvarte a ti misma?

Quizá todavía te parece equivocado abandonar a tu pareja si se encuentra en un grave peligro de caer en una depresión o «no puede vivir sin ti». Pero ¿qué pasa con la gran equivocación de permitirle abusar de ti continuamente? Quizá no se desmorone si continúas con él. Quizá incluso puedes llegar a obtener alguna satisfacción a pesar de su abuso. Quizá eres más fuerte de lo que él lo es y puedes soportar su abuso más de lo que él puede tolerar que le abandones. No importa. Su cruel tratamiento, incluso cuando es sólo verbal, es malvado, equivocado, inmoral, vil, injusto, e inmerecido. Tu abandono, cualquiera que sea el resultado, es seguramente mucho menos malvado y es culpa suya que se haya hecho necesario. Tienes un derecho moral, por no mencionar de auto-protección, para llevar a cabo esta elección.

Dejemos que tu abusiva pareja se compadezca de sí mismo tanto como desee. Dejemos que te suplique que te quedes: ése es su privilegio. Pero tu privilegio y tu derecho es escapar.

EL TEMOR A NO HABER ACTUADO LO SUFICIENTEMENTE PRONTO PARA SALVAR A TUS HIJOS

Puede que sea cierto que hubiera sido mejor si te hubieses marchado más pronto: tus hijos habrían pasado menos tiempo creciendo en un hogar abusivo; habrían pasado menos tiempo sintiendo miedo y menos tiempo asimilando los mensajes equivocados sobre de qué tratan el amor, la familia y las relaciones.

Es demasiado malo que tus hijos hayan sufrido. Es demasiado malo que no fueses lo suficiente fuerte para marcharte, y que no estuvieses preparada más pronto. Pero no lo estabas. Aunque puede que hubieses sabido que sería mejor abandonarle, no pudiste armarte de valor para hacerlo. O podrías haber tenido razones válidas para continuar en el momento actual, como por ejemplo necesitar tiempo para prepararte para un trabajo. De cualquier manera, tus hijos sufrieron. Pero el hecho de que ellos sufrieran y tú no lo detuvieses no te convierte en una persona mala o inútil.

Querías criar a tus hijos en un hogar amoroso, e hiciste todo lo que pudiste para hacer que sucediese. Lo hiciste lo mejor posible para estar allí por tus hijos y protegerlos de tu abusiva pareja. Revolcarte en la culpa y la vergüenza ahora sólo complicará el problema y no hará nada para resolverlo. Sólo te mantendrá en el dolor y agotará la fuerza que necesitas para cambiar las vidas de tus hijos y la tuya propia.

La buena noticia es que hay cosas que puedes hacer ahora que os ayudarán a todos vosotros. Puedes poner a un lado tus emociones, ser honesta con tu situación, y tomar decisiones racionales sobre marcharte. Puedes apoyar de manera emocional a tus hijos, mantenerte alerta ante cualquier problema que se pueda desarrollar, y buscar ayuda profesional para ellos, si fuera necesario: todo esto sin culparte a ti misma ni degradarte. Puedes descubrir por qué te metiste en una relación abusiva y por qué continuaste. Y, si te marchas, puedes asegurarte que nunca vuelva a suceder. Después, puedes enseñar a tus hijos mediante el ejemplo lo que significan una vida saludable y amorosa.

Hasta el momento hemos discutido principalmente las sumamente importantes técnicas cognitivas o de pensamiento para superar tus temores y hacerte sentir mejor y hacer frente al abuso verbal. En el capítulo siguiente aprenderás otras técnicas de la TREC ampliamente utilizadas que conseguirán que lo que ya has aprendido sea aún más efectivo.

CAPÍTULO 14 Cómo adoptar tu nueva filosofía con sentimiento

Supón que estás haciendo todas las cosas correctas –prestando atención a lo que te dices a ti misma, discutiendo para averiguar si lo que te dices es verdadero y probable, y creando nuevas creencias racionales que te sirvan mejor– y que te sientes maravillada y aliviada al descubrir que algunas de tus antiguas creencias irracionales están desapareciendo al ir siendo remplazadas por las nuevas conversaciones asertivas contigo misma.

Puede que hayas comprobado, sin embargo, que algunas de tus creencias son resistentes al cambio, y que no estás enteramente convencida de todas las cosas nuevas que te estás diciendo a ti misma. Por ejemplo, podrías estar diciendo, «no sería tan malo estar sola», pero de todas maneras este pensamiento te da pánico. Charlas contigo misma, sin embargo en ocasiones no te estás escuchando. Bueno, sí, en verdad estás escuchando: principalmente a tu yo débil y temeroso y a tu pareja abusiva. Aunque le oyes a él y a tu yo temeroso con toda claridad, tienes dificultades para oír a tu nuevo y fuerte yo valiente y racional. Como resultado, no te estás sintiendo tan bien como podrías, y en consecuencia no estás actuando en tu propio interés.

¡No te desesperes! La TREC prevé –incluso espera– que esto suceda. Las técnicas cognitivas o de pensamiento por sí solas en ocasiones no son suficiente para vencer a las creencias y temores bien asentados. Esta es la razón por la que la TREC enseña una gran variedad de técnicas emotivas y conductuales. De hecho, una razón por la que es tan exitosa en ayudar a la gente con sus problemas es que se trata de una forma de terapia multimodal. Por todo el mundo, los terapeutas y las personas que utilizan la TREC por sí mismas confían en las técnicas emotivas y conductuales para ayudar a erradicar las creencias y los temores irracionales que persisten tenazmente, incluso tras muchas discusiones.

La razón por la que una combinación de técnicas puede producir unos resultado rápidos y duraderos es porque tu pensamiento, sentimientos y conducta ejercen una poderosa influencia los unos sobre los otros. Cambiar cualquiera de ellos afecta a los otros dos. Es por eso que el atacar tenazmente a las antiguas creencias irracionales por los tres frentes puede ser tan efectivo.

Este capítulo describe varias de las técnicas emotivas más populares y muestra cómo utilizarlas. Puede que te agraden unas más que otras, y algunas pueden funcionar mejor que las demás debido a creencias y te-mores particulares que encuentras dificultosos. Te sugerimos que te familiarices con todas las técnicas. Pueden marcar la diferencia entre tener o no tener éxito en cambiar tu perspectiva y tus sentimientos. Cuando combinas las técnicas cognitivas, emotivas y conductuales, acrecientas las oportunidades de alcanzar tus objetivos de sentirte mejor, hacer frente mejor a tu abusiva pareja, y conseguir un mejor control sobre tus decisiones y sobre tu vida.

LA DISCUSIÓN ENÉRGICA GRABADA

Normalmente las personas que están aprendiendo a discutir piensan que están discutiendo de una manera lógica y *vigorosa* cuando no lo están haciendo. Suenan de manera muy diferente a como ellas piensan que lo hacen. De hecho, la mayoría de la gente no es consciente de cómo suenan en realidad. Esta es la razón por la que algunos políticos, actores, vendedores y aspirantes a un trabajo utilizan grabadoras cuando desean perfeccionar sus discursos, papeles o comunicación.

También tú puedes beneficiarte de escuchar lo que estás diciendo y cómo lo estás diciendo. Puede que te sorprendas, incluso que te conmocione, de qué manera tan débil estás discutiendo en un principio y de qué manera mucho más fuerte lo harás con práctica. En la TREC, el utilizar una grabadora para practicar la discusión se le denomina Discusión Enérgica Grabada.

A finales de los años setenta, yo (A.E.) creé la técnica de la Discusión Enérgica Grabada. Desde entonces la he utilizado con cientos de clientes para ayudarles a abandonar sus creencias irracionales y los sentimientos y acciones perturbados subsiguientes.

La Discusión Enérgica Grabada hizo maravillas con Sondra. Su marido, Ronald, se enfadaba con frecuencia y era verbalmente abusivo. Vislumbraba graves problemas en lo que eran las actividades normales de un hogar ocupado. También le acusaba de muchas cosas, incluyendo ser una esposa despreocupada, una pareja sexual inadecuada y una mala madre para sus dos hijos, Mary de tres años y Jimmie de siete.

Dado que Jimmie se encontraba en la frontera de la hiperactividad, con frecuencia era difícil de controlar. Ronald se adentraba en una diatriba de diez minutos cada vez que Jimmie se portaba mal, gritándole a Sondra, «¿por qué no puedes controlar a este crío? ¿Qué clase de madre eres? No eres capaz de hacer nada bien». Cuando ella trataba de contestarle, él no la escuchaba.

Sondra vino a mí porque estaba tensa todo el tiempo, se sentía una fracasada, y no podía seguir soportando por más tiempo los gritos y acusaciones de Ronald.

Cuando hablé con ella, se hizo aparente que estaba haciéndolo lo mejor que podía para ocuparse de su abusiva pareja, un niño difícil y una niña pequeña movida. Aunque a veces Sondra creía que estaba siendo atacada injustamente, en otras ocasiones creía que se lo merecía. Una parte de ella temía que quizá era de verdad la madre inadecuada, la esposa despreocupada, la pareja sexual inadecuada que su marido seguía acusándola ser. En esas ocasiones se vapuleaba a sí misma sin misericordia.

En nuestras sesiones de terapia, insistí en recordarle a Sondra estos puntos importantes:

- Las acusaciones de Ronald normalmente eran o bien infundadas o exageradas, lo cual es algo típico de la conducta abusiva.

- Aunque sus acusaciones hubieran sido ciertas, eso no significaría que ella fuese un fracaso como persona, o que se mereciese que se abusase de ella.

- De manera inadvertida, ella estaba provocando que su culpabilidad fuese peor al caer en ella y se culpaba de no ser perfecta.

Pero Sondra todavía seguía aferrándose a sus creencias irracionales.

- Si de verdad fuese una buena esposa y madre como ella pensaba que debería serlo, Ronald no se enfadaría con ella ni la criticaría.

- Puesto que a veces cometía errores, él podría estar justificado cuando la gritaba y la culpaba.

- No podía soportar la injusticia de que Ronald la culpase de cosas que ella sabía que no eran culpa suya.

- Debía darse cuenta de cuán injusta y cruelmente la estaba tratando en esas ocasiones, y debía dejar de hacerlo.

Cuando la llevé a discutir estas antiguas ideas ella lo hizo, pero no de manera convincente. Para hacer que fuese consciente de con qué debilidad estaba llevando a cabo su discusión, le pedí que utilizara una grabadora.

En primer lugar, hice que grabase sus principales creencias irracionales. Fue fuerte, muy fuerte, al plantear el caso contra sí misma y en presentar como catastrófica la situación en la que se encontraba, y en demostrar que no había salida.

En segundo lugar, le hice grabarse a sí misma discutiendo sus creencias irracionales y escucharlas en el casete. No podía creer lo que oía. Sonaba como una niñita sumisa: «No tengo que creer lo que Ronald dice y no me merezco que me trate de esta manera. Sólo porque en ocasiones cometa errores no es una buena razón para que él sea mezquino conmigo. Quiero que deje de tratarme así pero no tiene que...».

No hizo falta mucha persuasión para que Sondra volviera a llevar a cabo su discusión. Escuchó cuánto mejor fue la segunda vez. Después lo grabó varias veces hasta que por fin, con mucha fuerza, alcanzó declaraciones como éstas:

«Los comentarios sarcásticos y la ira de Ronald son el resultado de que es abusivo. ¡No son el resultado de nada que yo diga o haga! Es irracional cuando se está comportando de manera abusiva y nunca, nunca tengo que creer lo que dice. ¡Tampoco nunca, nunca me he merecido este tratamiento! Me disgusta profundamente que Ronald me grite y me culpe, pero definitivamente puedo soportarlo, ¡no importa qué falsas o injustas sean sus palabras! He estado aguantando su conducta hasta este momento, y todavía sigo aquí: y soy fuerte, fuerte, más fuerte que nunca. Me merezco respeto –por parte de él y de mí misma– a pesar de mis defectos y mis errores humanos. Incluso cuando no haya hecho algo tan bien como me hubiera gustado, ¡me niego definitivamente a degradarme! He acabado con eso: sin importar qué mal lo haga ni lo que diga Ronald. Bien puedo tener limitaciones como esposa, madre y persona, pero eso sólo significa que soy falible como ser humano. ¡Y qué! Eso lo somos todos. E incluso si a veces cometo errores serios, siempre me aceptaré como una persona valiosa. ¡Lo haré, lo haré!

¡Mis días de ayudar a que las demás personas abusen de mí se han acabado! ¡Se han acabado para siempre! ¡Me niego completamente a unirme al "grupo humillante" de personas que me critican con crueldad e injusticia: incluyendo a mi propia madre humillante y gritona. Ronald y ella han salido del mismo molde. De hoy en adelante lucharé por mí y por mis hijos: sin importar qué mezquino e injusto sea Ronald. Ninguna ley del universo dice que se tenga que dar cuenta de qué injusto es cómo me trata o que deje de hacerlo. Pero no importa. Puedo enfrentarme a ello. No le dejaré que me intimide. No me responsabilizaré de su ira. ¡Y no le dejaré que arruine nuestras vidas! ¡No lo haré, no lo haré, no lo haré!».

Sondra continuó grabando su discusión en casa, escuchándose a sí misma, y decidiendo cómo podía hacerla más poderosa y convincente. Tras varias semanas, se produjo un cambio total en ella. Dejó de encogerse cuando Ronald se adentraba en su diatriba habitual y, siempre que le era posible, se marchaba con calma. Cuando no podía salir, prestaba poca atención a sus palabras pero se hablaba con firmeza a sí misma, empleando su nueva conversación saludable consigo misma. Reconoció que la ira de él era su problema, no el de ella. También practicó el concederse auto-aceptación incondicional en especial cuando no hacía algo tan bien como le hubiera gustado.

Después de un tiempo, apoyada por su nueva filosofía efectiva y por la conversación saludable consigo misma, se hizo lo suficientemente fuerte como para enfrentarse a Ronald. Sin entrar en detalles ni emitir acusaciones inflamatorias, le dijo que su conducta era inaceptable y que la estaba dañando a ella y a los niños. Dejó claro que haría lo que fuese necesario para protegerse a ella misma y a ellos. Le dijo que le gustaría mantener a la familia unida y le preguntó si estaría dispuesto a acudir a terapia con ella. Él reaccionó de la manera habitual: gritó y continuó haciéndolo. Sondra se marchó. Al día siguiente, se lo volvió a decir. Y de nuevo al otro día. Esta vez él accedió a pensar en ello. Ella le preguntó cuándo obtendría una respuesta. Airadamente, aceptó dársela al día siguiente. Se puso de mal humor. Se puso furioso. Pero aceptó hacerlo.

Sondra y Ronald han estado en terapia durante varios meses. Sondra continúa su crecimiento y Ronald está haciendo algunos progresos. El tiempo dirá cuáles son los resultados. Mientras tanto, Sondra ha dejado de vapulearse a sí misma. Ha ganado el control sobre sus emociones y sobre su vida.

También tú, puedes beneficiarte de la Discusión Energética Grabada si tienes dificultades para convencerte a ti misma de cualquiera de tus nuevas filosofía efectivas. Empieza por grabar tus creencias irracionales en un casete durante diez o quince minutos. Intenta discutirlas con mucho cuidado e intensidad y escucha los resultados que obtienes. Si tienes una amiga íntima a la que te sentirías cómoda pidiéndoselo, haz que también escuche el casete. Observa si ella cree que tu discusión y tus respuestas son lo suficientemente fuertes. Si parecen débiles o ligeras, o simplemente no te las creas, hazlas más fuertes y repítelas una y otra vez hasta que te convenzas de ellas. Te sorprenderá qué saludable se volverá tu conversación contigo misma utilizando esta técnica.

LA INTERPRETACIÓN DE UN PAPEL: HAZ FRENTE AL ABUSO VERBAL

J.L. Moreno fue un psiquiatra que, en los años veinte, empezó a experimentar con la representación de un papel y otras técnicas dramáticas para enfrentarse a las situaciones problemáticas. La TREC utiliza una forma especial de representación de un papel para ayudar a las personas a enfrentarse a las situaciones que les hace sentirse ansiosos, y a resolver su ansiedad. Por tanto, si sientes pánico o estás deprimida cuando tu pareja abusa de ti mordazmente, si apenas puedes pensar en algo que decir o hacer, si muestras tendencia a perder los nervios y a llorar por su ataque, o si caes en el error de explicarte y defenderte, la interpretación de un papel puede ser algo inestimable para ti.

La interpretación de un papel con una amiga, un familiar, un miembro del grupo de terapia, o un consejero o terapeuta es una manera segura de tomar el control de tus emociones y hacer frente a tu pareja abusiva.

En la clase de representación de un papel de la TREC, asumes tu propio papel de persona abusada, y alguna otra persona adopta el papel de tu abusador. Cuando esta persona te condena severamente, en lugar de permitirte a ti misma sentirte terriblemente alterada e incapaz de pensar qué hacer –como normalmente sucede con tu pareja real– te mantienes firme y te enfrentas a ello a la manera de la TREC. En este entorno seguro, respondes a la persona que está interpretando el papel de tu pareja abusiva con calma y firmeza. Sigues trabajando el no asustarte a ti misma por las acusaciones. Aprendes a ser fuerte simulando ser fuerte. Dejas claro que sabes qué está sucediendo y que no lo permitirás. Contestas a los comentarios de tu pareja en la interpretación del papel lo mejor que puedes diciendo algo como «¡para! no está bien que me hables así». «no voy a seguir escuchando esto por más tiempo». «si continúas abandonaré la habitación».

Después de interpretar esta difícil situación durante un tiempo, y de hacer todo lo posible para aguantarlo, la persona que está interpretando contigo te da la valoración: qué has hecho bien, que podrías haber hecho mejor, cómo podrías haber manejado ciertas partes de la situación de manera diferente. Esta persona puede sugerirte afirmaciones alternativas que puedes usar y acciones que puedes tomar para ayudarte a decir las cosas más apropiadas y llevar a cabo acciones más convenientes en la vida real. Después vuelves a efectuar la interpretación otra vez, y continúas repitiéndola hasta que reduces tu temor y eres capaz de pensar, sentir, hablar y actuar de una manera más efectiva.

Recuerda, con la interpretación de un papel, tú tienes el control. Sin embargo, si te sientes alterada o aterrorizada, puedes interrumpir el ejercicio para descubrir qué te estás diciendo a ti misma. Por ejemplo, supón que la persona que está interpretando a tu abusador exclama, «¡cómo pudiste hacer eso! ¡Eres una idiota! ¡Nunca haces nada bien!» Al escuchar este abuso, podrías romper a llorar y venirte abajo de manera automática. Ahí es cuando dejas la interpretación e investigas lo que te estás diciendo irracionalmente a ti misma para hacerte sentir tan odiada. Podrías estar diciendo: «¡Tiene razón! ¡Soy idiota! Debería haberlo sabido. Es verdad que nunca hago nada bien, y probablemente nunca lo haré. Tengo suerte de que aún esté aquí. ¿Quién más me amaría nunca?» Analizas las creencias irracionales que estás empleando para crear tu sufrimiento y tu parálisis y, con la ayuda de tu pareja interpretativa, las discutes y respondes. Después vuelves a la interpretación del papel.

Si llevas a cabo este tipo de interpretación de un papel muchas veces, y lo haces con parejas que conocen tu situación y cómo pueden apoyarte en ello, encontrarás que a pesar de que se está abusando de ti, serás capaz de pensar qué decir y qué hacer. Cuando una situación similar a la de la interpretación suceda de verdad en tu vida diaria, estarás mucho más preparada para manejarla.

LA INVERSIÓN DE PAPELES: HAZ FRENTE A TUS ANTIGUAS CREENCIAS IRRACIONALES

Otra técnica emotiva excelente es la inversión de papeles. Es efectiva para discutir tus creencias irracionales y consecuentes sentimientos y conductas de auto-derrota. La interpretación opuesta es especialmente útil cuando los métodos normales de discusión no funcionan o cuando sólo lo hacen temporalmente.

En la interpretación de un papel opuesto, tu pareja en la interpretación y tú desempeñáis los lados opuestos de vuestra discusión: conversación contigo misma saludable e insana. Tú interpretas tu yo saludable y la otra persona representa tu yo insano. La otra persona simula tener una de tus creencias irracionales, y se aferra a ella con fuerza y se niega a abandonarla. Tú tomas el papel opuesto de la discusión de la creencia irracional y lo haces lo mejor posible para disuadir a tu pareja en la interpretación. No importa qué bien que argumentes contra la creencia irracional, tu pareja en la interpretación intenta rígidamente mantenerla. Persistes en tus argumentos, sin importarte cuán tenazmente se aferre tu pareja a su visión irracional. Sigues haciéndolo hasta que sientes que puedes realmente luchar contra esa visión y hacer que se agote. Mientras estés convenciendo a tu pareja para que abandone su antigua creencia irracional, te estarás convenciendo a ti misma para abandonarla también.

Yo (A.E.) he utilizado la interpretación de un papel opuesto en mis terapias de grupo e individuales durante mucho años con mucho éxito. Paula, que estaba en uno de mis grupos de terapia, encontró esta técnica muy útil para enfrentarse a sus más paralizantes creencias irracionales. Estaba convencida de que nunca podría vivir felizmente sin su atractivo y exitoso novio, Brad, incluso aunque éste no era nada cariñoso y se mostraba verbalmente abusivo. Pensaba que puesto que carecía por completo de formación profesional nunca podría alcanzar por sí misma el estilo de vida que disfruta con él. Paula también creía que si le dejaba, sus brillantes y bien educados amigos, con la compañía de los cuales disfrutaba, no querrían verla nunca más. Por tanto, según su perspectiva, si perdía a Brad se veía privada de su alto nivel de vida, un círculo de amigos interesantes, y de un hombre cuyas miradas había adorado desde que lo había conocido y se había trasladado a vivir con él cinco años atrás, a los diecinueve años. Su vida entera, pensaba, estaría arruinada, y no habría nada que pudiera hacer para que fuera satisfactoria de nuevo. Paula se sentía desesperadamente inepta y estúpida, de la misma manera en que Brad no paraba de decir que lo era, y estaba segura que se derrumbaría y se colapsaría si de verdad él la dejase, como no cesaba de repetir.

Paula intentaba llegar a la raíz de sus creencias irracionales y rebatirlas, pero continuaban volviendo para atormentarla. No era nada sin Brad. No podía en absoluto desenvolverse financieramente sin su ayuda. No podía tener ningún otro amigo si él no estaba allí para hacerlos y mantenerlos. Era totalmente incapaz de conseguir otro novio que no averiguase enseguida qué inepta y estúpida era y que, como Brad, se volviese abusivo. Su única oportunidad de felicidad en la vida se hallaba en continuar de alguna manera con Brad y ser un paño de cocina para él. No tenía ninguna otra, absolutamente ninguna otra, buena alternativa.

Una y otra vez Paula continuó con estas ideas fatalistas, y se convenció aún más de su absoluta verdad. Eran tan tercas que nada que yo ni su grupo de terapia pudiésemos hacer para interrumpirlas o demolerlas funcionaría. En el mejor de los casos, las abandonaba por un día o dos y después rápidamente las volvía a conectar para aferrarse a ellas rígidamente y continuar de manera compulsiva con Brad, incluso aunque casi todo el que la conocía, incluyendo sus familiares más cercanos, la aconsejaban que le abandonase.

Finalmente, le sugerí a Paula que probase la interpretación de un papel opuesto. Otra miembro del grupo de terapia, Laura, simuló ser Paula y con fuerza y firmeza adoptó sus ideas derrotistas. Imitando al yo insano de Paula. Laura insistía en que no podía abandonar a su novio verbalmente abusivo porque en verdad no tenía otra opción. Preferiría ser desgraciada con él que ser aún más desgraciada sin él.

Laura hizo un excelente trabajo al interpretar a Paula, y se aferró con rigidez a las locas ideas y conductas de Paula sin importarle con cuanta energía ésta (interpretando a su yo saludable) intentaba hacer desistir de ellas a Laura. Paula intentó una y otra vez hacer desistir a Laura de sus «simuladas» ideas derrotistas. Se trataba de una victoria para Laura el estar tomando una posición de fuerza y razón. Las dos mujeres hicieron esta clase de interpretación del papel opuesto varias veces en el grupo de terapia, mientras el resto del grupo las observaba y criticaba lo que estaban haciendo. Después se encontraron unas pocas veces fuera del grupo para continuar con el aferramiento de Laura a las tercas irracionalidades de Paula, y con Paula intentando enérgicamente hacerle desistir de ellas.

Tras varias semanas realmente hicieron progresos. Los argumentos que Paula había estado utilizando con Laura acabaron por abrirse paso en su propio cerebro. Paula se dio cuenta de que tenía otras elecciones además de continuar con Brad, de que definitivamente estaba peor con él de lo que lo estaría sin él, de que podía desenvolverse financieramente si viviera por su cuenta, de que no necesitaba a Brad como novio sin importar cuán atractivo fuera, y de que podía encontrar amigos por si misma si le abandonaba y ninguno de sus amigos actuales quería continuar viéndola. Al convencerse a sí misma de estas creencias irracionales, Paula decidió abandonar a Brad como prueba. Se las arregló para desenvolverse tan bien en su propia vida que nunca volvió.

La interpretación del papel inverso te ofrece la oportunidad de practicar la utilización de la conversación saludable contigo misma para liberarte de tus creencias irracionales. Es particularmente efectiva porque vas escuchando a tu propia voz que te envía mensajes saludables racionales.

LA METÁFORA RACIONAL EMOTIVA

Una de las mejores formas de superar tus temores es utilizar la Metáfora Racional Emotiva. Esta técnica fue inventada por un psiquiatra, Maxie C. Maultsby, Jr., que estudiaba en el Instituto para la Terapia Racional Emotiva Conductual de Nueva York a finales de los años sesenta. La técnica permite a las personas practicar para lograr superar sus temores en un entorno seguro y no amenazador. La Metáfora Racional Emotiva te proporciona una oportunidad para que practiques el tener el control de tus emociones en lugar de tener a tus emociones controlándote. Entonces, cuando se abuse de ti, no te sentirás perturbada o indefensa.

Para utilizar la Metáfora Racional Emotiva, imagina una de las peores series de estados en los que te puedas encontrar como por ejemplo estar sola y sin ayuda financiera si debieras dejar a tu pareja abusiva. Imagínate realmente a ti misma en esa «terrible» situación. Permítete experimentar los sentimientos que tendrías bajo esas circunstancias, como por ejemplo el pánico, la depresión, y la auto-compasión. Después usa tus antiguas conversaciones negativas insanas contigo misma para hacer que estos sentimientos sean más fuertes. Hazlos tan intensos como te sea posible.

Puesto que creaste esos extremos sentimientos negativos insanos y fuiste capaz de empeorarlos, puedes transformarlos en sentimientos negativos saludables, como por ejemplo la tristeza, la decepción y la frustración que te harán sentirte menos alterada. Efectúa este cambio concentrándote en mantener la misma «terrible» situación en tu mente mientras transformas tu conversación contigo misma de insana a saludable. Repítete con fuerza las declaraciones racionales de enfrentamiento como por ejemplo: «Qué mal que esté sucediendo esto en mi vida, ¡pero lo puedo manejar!» «Es de verdad muy duro estar sola y no tener el apoyo financiero de mi pareja, pero sería mucho más duro si continuase viviendo con él». «Esta situación que estoy imaginando es muy, muy mala, y ciertamente podría llegar a suceder. Pero todavía podría manejarla para conseguir hacer muchas cosas y disfrutar mi vida. Además, si continúo con él, seré desgraciada de todas maneras e incluso puede que enferme».

Observa que cuando transformaste tu conversación contigo misma, tus sentimientos también cambiaron. Repite el mismo proceso durante diez, veinte o treinta días, hasta que estés convencida de que la muy frustrante situación que estás imaginando no es un horror sagrado, y que puedes sobrevivir a ello y continuar siendo una persona relativamente feliz. Si continúas llevando a cabo la Metáfora Racional Emotiva de esta forma durante un tiempo, tenderás a cambiar de manera automática tu filosofía fatalista por una sensata y te inclinarás a reaccionar ante la situación imaginada –o ante una que realmente tenga lugar– de una manera saludable.

Para mostrarte cómo utilizar este método, examina el caso de mi (de A.E.) cliente Julie. Su marido, Bob, era verbalmente abusivo. Su relación se había estado deteriorando durante años y aunque todavía practicaban el sexo, se trataba de un puro formulismo. Había muy poca intimidad. Julie se ponía enferma con frecuencia y sufría el síndrome del intestino irritable. Su médico le había explicado que sus problemas físicos se debían al estrés. Con el tiempo sus síntomas habían ido empeorando y ella tenía miedo de qué le podría suceder. Sin embargo, aunque no amaba a Bob como una vez lo hizo, estaba convencida de que necesitaba continuar con él por razones prácticas, incluyendo la de que él y su hermano tenían negocios juntos y ambas familias se ayudaban a sostener a sus ancianos padres.

Al principio, la creencia irracional de Julie de que no podría evitar el alterarse y ponerse enferma cuando su marido abusaba de ella se resistió a la discusión. Entonces empleé la *Metáfora Racional Emotiva* con ella haciendo que se imaginase algunas de las peores cosas que podían sucederle. «Cierra los ojos e imagina vívidamente» –le dije– «que Bob sigue abusando verbalmente de ti, igual que ha estado haciendo durante los pasados años: sólo que más cruelmente. Nada que puedas hacer le detendrá. Te insulta de todas las maneras, te critica y te culpa por todo. No admitirá ninguna responsabilidad por sus acciones. Insiste en que sólo está alterado a causa de tus debilidades y estupideces. Lo que es más, intenta convencer a casi todo el mundo que es tan puro como la nieve y que tú eres como una patada en el culo que le va distrayendo y le hace sentirse desgraciado. ¿Puedes imaginártelo realmente? ¿Puedes verle volviéndose cruel y censurándote sin cesar?».

—Oh, verdaderamente puedo imaginarme que eso sucede –replicó Julie.

—Vale. ¿Cómo te sientes cuando lo imaginas? ¿Qué es lo que honestamente sientes en tus entrañas y en tu corazón.

—Como si me hubieran vapuleado. Me siento nerviosa y temblorosa, muy enfadada, y me duele el estómago.

—Bien. Entra en contacto con esos sentimientos, y hazlos aún más fuertes. Siéntete severamente vapuleada, extremadamente ansiosa, furiosa, y percibe de verdad que te duele el estómago.

—Oh, lo hago. De verdad que lo hago. Me siento tan alterada que casi no puedo soportarlo. Siento furia y me duele el estómago.

—Bien. Permítete sentir lo que sientes. No lo refrenes. Siéntete tan alterada como puedas estarlo. Y ahora, puesto que tú creaste tus sentimientos, tú puedes cambiarlos. Quiero que hagas simplemente eso. Emplea la conversación contigo misma para reducir tu extrema ansiedad y furia. Transfórmalas en sentimientos apropiados y saludables de desasosiego e irritación. Puedes hacerlo. Dímelo cuando realmente lo consigas cuando, al menos temporalmente, te sientas desasosegada e irritada, en lugar de extremadamente ansiosa y furiosa.

Durante los dos minutos siguientes, Julie trabajó en transformar sus sentimientos, y después me dijo que realmente lo había hecho así. «Me siento un poco nerviosa e irritada por lo que está pasando», dijo, «pero ya no estoy temblando ni furiosa. ¡Y adivina qué! Mi estómago ya se siente un poco mejor».

—Bien. Te dije que podías hacerlo. Ahora, ¿qué hiciste exactamente para transformar tu sentimiento? ¿Cómo lo cambiaste?

—Bueno, inspiré profundamente, medité sobre lo que estaba sucediendo en mi imaginación, y después me dije, «Ciertamente es malo. Lo que me está sucediendo es exactamente lo que no quería que sucediese: que se me gritase, que se me culpase por provocarme mi abuso, y sufrir dolor físico. Es muy frustrante e irritante. Y nunca me gustará. Pero no es el fin del mundo».

—¡Muy bien! –le dije–. Lo hiciste muy bien lo de transformar tus sentimientos insanos en saludables, al menos de momento.

—Sí, supongo que lo hice. Al principio, no creí que pudiese cambiar mis sentimientos insanos porque eran aplastantes. Pero continué trabajando en ello, y al final lo conseguí.

—Perfecto. Ahora lo que quiero que lleves a cabo es un proceso de aprendizaje, para que cuando te enfrentes con situaciones como la que has imaginado, te sientas inquieta e irritada en lugar de ansiosa y furiosa. Quiero que hagas la misma Metáfora Racional Emotiva una vez al día, durante los próximos treinta días. Como puedes ver, sólo se tarda un par de minutos en hacerlo. Primero, imagina una de las peores cosas que te pueden suceder, igual que te hice hacer hoy. Permítete sentir lo que sientes. Entra en contacto con ello, siéntelo de verdad. Exagéralo. Después cambia tus sentimientos con las mismas declaraciones para hacer frente que utilizaste esta vez y con varias similares que probablemente se te ocurran. Siente tus sentimientos perturbados y después trabaja para cambiarlos. ¿Lo entiendes?

—Sí. ¿Dijiste que era un proceso de aprendizaje?

—Sí. Lo que normalmente sucede es que al ir pasando los días, y mientras vayas transformando tus sentimientos, empezarás a entrenarte a ti misma para sentir de forma automática tus emociones negativas saludables cuando imagines que suceden cosas muy malas o cuando realmente estén sucediendo. Después de diez o veinte días te darás cuenta de que puedes controlar tus sentimientos y que cada vez te resulta más facilidad hacerlo. ¿Harás esto diariamente, hasta que tus nuevos pensamientos y sentimientos se vuelvan automáticos?

—Sí, lo haré.

—Sólo para estar seguros de que seguirás haciéndolo –puesto que muchas personas se vuelven perezosas después de un tiempo– déjame explicarte otra técnica de la TREC que te ayudará a que consigas continuar utilizando la Metáfora Racional Emotiva. Se trata de una técnica de refuerzo que también sirve como ayuda para conseguir que hagas realmente cualquier otra cosa con la que te comprometas.

LAS RECOMPENSAS Y LOS CASTIGOS

B.F. Skinner era un brillante psicólogo que recomendaba la utilización de refuerzos o recompensas, siempre que se desease cambiar la conducta, en particular para establecer y mantener una conducta constructiva. (Yo [A.E.] añadí los castigos a los premios, y así creé una nueva técnica de la TREC).

Cuando se te recompensa por una nueva conducta, tiendes a repetirla y a aferrarte a ella sólidamente. Cuando no se te premia por ella o realmente se te castiga, tiendes a abandonarla. Estos principios de refuerzo afectan a buena parte de nuestras vidas. Trabajamos, por norma general, porque se nos paga al final del mes. Vamos al supermercado porque nos proporciona comida. Intentamos evitar los alimentos grasos, aunque sean apetecibles, porque hacen subir nuestro colesterol y nos hacen ganar peso.

Estos mismos principios pueden ser usados de manera efectiva cuando desees cambiar el pensamiento, los sentimientos o las acciones que te mantienen indefensa en tu abusiva relación. Este método de refuerzo puede ayudarte a superar la inercia y la falta de resolución que de otra manera podrían impedir que utilizases las técnicas de la TREC de manera regular.

Empieza por confeccionar una lista de varias actividades que encuentres valiosas, como por ejemplo tomarte un café por la mañana, efectuar llamadas telefónicas personales, o mirar las noticias por la televisión antes de irte a la cama. Después haz una lista de varias de las cosas que te son duras y que has estado evitando, como por ejemplo llevar a cabo tu discusión o utilizar otras técnicas de la TREC, o hacer frente a tu pareja abusiva. Permítete los placeres o recompensas sólo después de que hayas llevado a cabo quince minutos de discusión o hayas utilizado alguna de las otras técnicas de la TREC, o después de que te hayas enfrentado a tu pareja.

El castigo, también, puede ser una herramienta de refuerzo efectiva. Las personas a menudo tienden a desempeñar una tarea que no quieren hacer, como por ejemplo las técnicas de la TREC, si eso les ayuda a evitar una tarea que todavía quieren hacer menos, como por ejemplo arreglar los armarios. Para que esta técnica sea efectiva, debes forzarte a completar el castigo si no has llevado a cabo nuestro cometido.

Las recompensas y los castigos no poseen un poder milagroso. Son, sin embargo, técnicas maravillosas para hacer que empieces a tener nuevos hábitos saludables.

Vamos a ver como yo (A.E.) le sugerí a Julie la utilización de técnicas de refuerzo para asegurarnos que haría la Metáfora Racional Emotiva cada día. Empecé por preguntarle:

—¿Qué te gusta hacer cada día, que encuentras muy agradable, y lo haces de manera regular simplemente porque disfrutas de ello?

—Mmm… déjame ver. Bueno, escuchar música, –me respondió.

—Vale. Durante los próximos treinta días, escucha música sólo después de que hayas realizado la Metáfora Racional Emotiva y transformado tus sentimientos perturbados por otros saludables. Haz que el escuchar música dependa de que lleves a cabo el método de la metáfora. Será tu recompensa.

Después le pregunté:

—¿Qué trabajo rutinario o tarea odias y evitas por norma general?

—Bueno, limpiar mi casa. A menudo evito hacerlo.

—Muy bien. Cada día durante los próximos treinta días cuando llegue el momento de irte a la cama y no hayas realizado la Metáfora Racional Emotiva, te infligirás el castigo de seguir levantada una hora más y limpiar la casa. ¿Lo intentarás?

—Vale, eso suena lo suficientemente horrible. ¡Creo que llevaré a cabo la Metáfora Racional Emotiva de manera regular!

—De eso se trata.

—Julie, como se le instruyó, efectuó la Metáfora Racional Emotiva para reducir su ansiedad y su ira, utilizando las recompensas y los castigos cuando lo necesitó. Tras dos semanas, percibió una diferencia en su respuesta automática cuando Bob abusaba de ella. Se sentía menos alterada y no notaba tanto dolor en su estómago. Julie empezó a creer en conversaciones saludables consigo misma y fue capaz de discutir con más energía sus creencias irracionales. Al final de los treinta días, aunque Bob no abusaba menos de ella, se sintió mucho menos perturbada, y el dolor de su estómago había disminuido muchísimo.

Acabas de aprender varias técnicas emotivas que te ayudarán a cambiar las pautas de conducta que te hieren hiriente desde hace mucho tiempo. Has visto cómo la interpretación de un papel y la interpretación de un papel opuesto pueden facilitar que te enfrentes a tu abusiva pareja. Has aprendido cómo la grabación de tu discusión y escuchar cómo suena pueden ayudar a que tus nuevas creencias racionales tomen forma. Y has sido testigo del poder de la Metáfora Racional Emotiva. En el siguiente capítulo, vamos a enseñarte algunas inestimables técnicas conductuales que complementan y apoyan las técnicas cognitivas y emotivas que has aprendido.

CAPÍTULO 15   Cómo tomar medidas cuando te sientes mal

Tus nuevas técnicas emotivas se confirmarán como armas importantes en tu lucha contra el abuso. Las técnicas conductuales también serán poderosas aliadas. En este capítulo, te mostraremos qué puedes hacer conductualmente —esto es, cómo puedes tomar medidas— para enfrentarte y cambiar algunos de tus sentimientos perturbados, y remplazarlos por sentimientos que sean saludables y apropiados.

INSENSIBILIZACIÓN EN VIVO 1

QUÉ COMPORTAMIENTO HAS DE TENER EN UNA SITUACIÓN VERBALMENTE ABUSIVA CON PERSONAS QUE TIENEN UN PAPEL ESPORÁDICO EN TU VIDA

En el capítulo anterior aprendiste que mediante la interpretación de un papel, podías practicar tu discusión y conseguir experiencia manejando situaciones abusivas en un entorno «seguro». ¿No sería fantástico disfrutar de una manera segura de practicar el manejo de situaciones abusivas cuando aparecen en la vida real? Ése es exactamente el propósito de la Insensibilización en Vivo. Te permite que practiques el enfrentarte a tus temores en un entorno no-amenazador. En el caso del abuso verbal, esto significa utilizar tus encuentros con otras personas abusivas diferentes a tu pareja para desarrollar las habilidades para enfrentarte a ellas.

La ventaja de usar este método es que estas técnicas son mucho más fáciles de aprender cuando la persona que lo administra no es tan importante como tu pareja. Hay menos en juego, sus comentarios y el mal trato que te da no hiere tan profundo, y no estás obligada a pasar tanto tiempo con ella. Las habilidades que desarrolles te servirán en la relación con tu compañero.

No estamos tratando de hacer que te guste o aceptes la conducta abusiva de estas personas más de lo que lo hacemos con la conducta abusiva de tu pareja. Pero enfrentarte con las personas abusivas en lugar de evitarlas te ofrece una excelente oportunidad para aprender cómo manejarlas a ellas y a ti misma mejor.

Cuando estás empleando la Insensibilización en Vivo, trabajas el no conceder al abuso una super-importancia ni a hacerlo más horrible, sino a verlo como altamente indeseable. Con el tiempo te será más fácil reconocer cuándo se está abusando de ti y permanecer relativamente intocable por estas situaciones. A la larga, por supuesto, puedes evitar a estas personas desagradables o tener poco que ver con ellas. Pero cuando no puedes evitar el contacto, al menos no seguirás alterándote: un agradable beneficio para esta faceta.

El objetivo es conservar la calma y enfrentarte al abuso de manera efectiva. Con poco tiempo, serás capaz de hacerte sentir muy apenada y decepcionada por ello, los cuales son sentimientos negativos saludables, en lugar de hacerte sentir los sentimientos insanos de ansiedad, pánico, depresión y rabia.

He aquí cómo se utiliza la Insensibilización en Vivo. Sin duda, en tu vida diaria te has encontrado con numerosas personas —vendedores, personal de servicios, y otros— que se comportan de manera ruda, insultante y humillante. Cuando empieces a sentir esa familiar «vaga incomodidad» préstale atención. Pregúntate inmediatamente qué te la está provocando. Reconoce que se está abusando de ti. Se trata de un proceso importante, porque es probable que estés tan acostumbrada a ser tratada de forma irrespetuosa que con frecuencia no te des cuenta hasta más tarde —cuando te sientes tan extremadamente alterada y emocionalmente gastada— cuando el abuso ha tenido lugar por completo. Entonces te sientes frustrada por haberte permitido a ti misma ser tratada tan mal.

Una vez que seas consciente de que se ha abusado de ti, practica la discusión de tus pensamientos irracionales sobre la situación y remplázalos por otros pensamientos racionales. Cuando te halles en un marco de autoayuda mental, serás capaz de decidir de forma racional si la situación garantiza que puedas protestar ante el mal trato que estás recibiendo. He aquí cómo funcionó la Insensibilización en Vivo para una cliente de la TREC.

Kelly vino a mí (A.E.) porque se encontraba en una matrimonio verbalmente abusivo y deseaba aprender cómo tener más control sobre sus emociones. Cuando su esposo se hallaba en una de sus diatribas, ella se alteraba tanto que no podía pensar en qué decir o hacer. Después de que Kelly aprendiese las bases de la discusión de la TREC, le expliqué la Insensibilización en Vivo y le sugerí que comenzase a utilizarla.

Su primera oportunidad llegó cuando llevó su coche a reparar. Kelly trató de explicar al mecánico el ruido que estaba haciendo el coche. Éste le interrumpió, diciéndole que él sabía lo que estaba haciendo. No necesitaba que ella le explicase cómo hacer su trabajo. Cuando le sugirió tímidamente que si sabía cuándo estaba haciendo el ruido podría serle de ayuda para encontrar el problema, la espetó, «¿Quién es el mecánico, señora, usted o yo?».

Kelly sintió esa sensación familiar en el hueco de su estómago. Se disculpó y dejó su coche en el mecánico. Mientras su amiga la llevaba a trabajar se dio más y más cuenta de cuán perturbada se sentía. Aunque pensó que el mecánico había sido rudo, no parecía que el trato que la había dispensado fuera tan malo. Quizá estuviera exagerando como le decía su marido tan a menudo, pero no podía dejar de pensar en lo que había sucedido.

Después de un rato se dio cuenta de que el mecánico se había comportado con grosería y con falta de respeto. No se lo había estado imaginando. Pero no se percató de que su antigua conversación automática insana consigo misma había entrado en acción de todos modos: «Debería haberme dado cuenta de que el mecánico estaba insultándome desde el primer momento en que sucedió. No tenía derecho a hablarme de esa manera, y fue algo estúpido no habérselo dicho. ¿Por qué estoy siempre haciéndolo?».

Durante la hora de comer Kelly fue consciente de lo que se había estado diciendo a sí misma. Remplazó su conversación insana por una conversación saludable: «Sé que oí lo que oí. El mecánico fue inexcusablemente más que grosero. Pero esta conducta no puede perturbarme a menos que yo se lo permita. Y me niego a hacerlo.

También me niego a denigrarme por no darme cuenta antes que se me había tratado de manera abusiva». Después se acordó de la Insensibilización en Vivo y decidió enfrentarse al mecánico para practicar la superación del temor y de los sentimientos perturbadores que normalmente experimentaba cuando trataba con personas abusivas.

Después del trabajo, mientras su amigo le volvía a llevar al taller de reparaciones, Kelly practicó su nueva conversación saludable: «El mecánico está siendo abusivo y preferiría que no lo fuera. Sin embargo, tiene el derecho de ser abusivo o de ser cualquier otra cosa que desee. No voy a alterarme por ello. No voy a dejar que me menosprecie. Voy a defenderme por mí misma, y puedo utilizar esta experiencia para hacer frente a mi esposo. Entonces, la próxima vez, podré hacerme valer en cualquier sitio».

Cuando llegaron al taller de reparaciones, Kelly se sentía nerviosa pero determinada. No iba a permitir que el mecánico la alterase de nuevo. Él le explicó que había probado el vehículo pero que no hacía ruido. «Probablemente lo imaginó. De todas maneras, le tengo que cobrar».

Le preguntó si había probado el coche dando marcha atrás, como le había sugerido antes. «Ya le he dicho que lo he probado,» ladró. Ella hizo un momento de pausa, mientras su timidez habitual se acercaba con sigilo. Entonces, apoyada por su nueva conversación saludable, reunió todo su valor y dijo: «Cuando dejé el coche intenté explicarle que el ruido sólo se oía cuando daba marcha atrás. No le voy a pagar a menos que escuche el ruido que hace cuando se da marcha atrás».

El mecánico empezó a protestar. Con su corazón martilleando, Kelly le repitió su afirmación con calma pero con firmeza. De mala gana, él se subió al coche y empezó a dar marcha atrás. Ella oyó el ruido de siempre y le dijo: «¿Ha oído eso?» él la espetó, «Antes no se oía. Vale, déjelo. Se lo arreglaré».

Cuando Kelly se montó de nuevo en el coche de su amigo estaba temblorosa pero contenta. ¡Lo había hecho! Por primera vez desde que era capaz de recordar, se había mantenido lo suficientemente en calma para ser capaz de pensar qué decir y decirlo de verdad. Había tomado el control de la situación y era maravilloso. Pensó en todas las veces que se había sentido demasiado temerosa para protegerse de las palabras de su marido y de otras personas. Pudo observar que aunque había sido difícil enfrentarse al mecánico, era mucho más fácil que enfrentarse a su marido, se prometió continuar practicando su nuevo ejercicio de la TREC hasta que pudiese enfrentarse a cualquier situación verbalmente abusiva sin sentirse temerosa o alterada.

INSENSIBILIZACIÓN EN VIVO 2

PERMANECE EN UNA SITUACIÓN VERBALMENTE ABUSIVA CON PERSONAS QUE TIENEN UN PAPEL RECURRENTE EN TU VIDA

Es natural querer evitar a la gente abusiva de tu vida. No obstante, como aprendiste en la sección anterior, es útil estar cerca de ellos temporalmente para practicar el hacer frente al abuso verbal. Te sugerimos que empieces con personas difíciles que se cruzan brevemente en tus actividades diarias. Una vez que te des cuenta de que eres capaz de manejar estas situaciones mejor, puedes optar por dar el siguiente paso: practicar con las personas abusivas que juegan un papel recurrente en tu vida, como por ejemplo familiares, amigos y compañeros de trabajo.

Kelly, de la que hablábamos en la sección anterior, no tenía nada que perder por enfrentarse al mecánico porque podía llevar a arreglar con facilidad su coche a otro sitio y no volver a verle nunca más. Si embargo, cuando la persona abusiva es un familiar, un amigo o un compañero de trabajo, puede que existan razones válidas para no abandonar la relación, igual que puede que suceda con tu abusiva pareja.

Practicando con personas abusivas que no juegan un papel recurrente en tu vida consigues dos cosas en una. Primero, te ayuda a que aprendas a manejar su abuso para que cuando los veas tengas un mayor control de tus emociones y te altere menos su conducta. Segundo, te ayuda a desarrollar la habilidad para enfrentarte al abuso de tu pareja. No estamos sugiriendo que busques cultivar situaciones verbalmente abusivas, sino que permanezcas de forma deliberada en las ya existentes –incluso cuando te llevan a alterarte o a enfadarte– hasta que hayas trabajado el disminuir estos sentimientos.

Selecciona una o dos personas para utilizar tus sesiones prácticas de Insensibilización en Vivo. Los compañeros de trabajo son buenas elecciones porque estás con ellos casi todo el día. Los miembros de tu familia también son una buena elección, porque tu relación con ellos se parece en algunas cosas a la que mantienes con tu pareja abusiva. Con miembros de la familia, las expectativas son mayores y la ira puede haberse estado construyendo durante años, y sin embargo las personas están menos dispuestas a acabar con la relación.

Una vez que hayas elegido a alguien para utilizar tu ejercicio, empieza examinando las obligaciones, las órdenes, los deberes y las exigencias absolutas que estás empleando para alterarte a ti misma por la conducta de esa persona. Por ejemplo, «Mi madre (padre, hermana, hermano, compañero de trabajo) de ninguna manera debería hablarme así». Después discute tu pensamiento absoluto y transfórmalo en un pensamiento preferente. Cuando reemplaces tu conversación insana contigo misma por una conversación saludable, se reducirán tus sentimientos de perturbación.

Cuando no sigas ahogándote en tus propias emociones, serás capaz de decidir racionalmente si vale la pena continuar con estas relaciones. En ocasiones decidirás seguir con ellas por numerosas buenas razones, y a veces decidirás que a pesar de las buenas razones, no vale la pena. En cualquier caso, una vez que hayas experimentado la transformación de tus sentimientos con otras personas, te sentirás más segura al enfrentarte a tu pareja abusiva.

Todavía te seguirá disgustando la conducta abusiva de tu pareja y de las otras personas, pero serás capaz de negarte con tenacidad a irritarte a ti misma por ello y sentirte totalmente desgraciada. Cuando te traten de manera abusiva, podrás enfrentarte a ellos. Si no funciona, decide si continuar o no con la relación.

Una advertencia: a veces los temores pueden ser de utilidad. Puede que sean signos de advertencia de un peligro potencial. Si tienes alguna razón para pensar que la persona que has seleccionado para practicar una sesión puede causarte algún daño, tu temor es apropiado. No utilices ninguno de los ejercicios de la Insensibilización en Vivo para insensibilizarte a ti misma de un temor válido o para practicar con alguien que pienses que podría volverse violento.

TÉCNICAS DE APRENDIZAJE

Literalmente millones de mujeres de las que se abusa verbalmente son incapaces de defenderse por sí mismas. Sin saberlo transmiten a sus parejas el mensaje de que no pueden marcharse porque no serían capaces de desenvolverse por sí mismas. («Te necesito. No importa lo que me hagas, nunca podría dejarte»). El hecho, por desgracia, es que con frecuencia es verdad.

Ésta es una de las principales razones por la que las mujeres continúan en la relación aunque sean infelices.

La falta de asertividad y la incapacidad para enfrentarse a las situaciones de la vida debilitarían a cualquiera. Y son particularmente destructivas en el caso de las mujeres abusadas. No importa cuánto ansíen marcharse algunas de ellas, protegerse a sí mismas y a sus hijos de la ansiedad, el temor o la ira, porque creen que no pueden hacerlo. Se sienten indefensas porque no están preparadas para asumir la completa responsabilidad de sus vidas.

Si eres una de estas mujeres, el mero pensamiento de tener que mantenerte financieramente a ti y a tus hijos puede que te parezca abrumador. Quizá te casaste joven, tuviste hijos, y nunca trabajaste. Quizá has estado separada a la fuerza del trabajo durante muchos años, o puede que hayas estado trabajando pero que no ganes el dinero suficiente para vivir por ti misma.

También puede que tengas lagunas de conocimiento en lo referente a llevar a cabo tareas prácticas de cada día: desde programar el vídeo hasta saber cuándo cambiar el aceite del coche, desde reparar el desconchado de una puerta hasta administrar las finanzas familiares. Puede que te haya sido más fácil dejar que fuera tu pareja el que se encargase de estas tareas por ti. O, con un hombre fuerte y controlador en casa, quizá no se te concedió la oportunidad de aprender a hacer algunas de estas cosas. Puede que incluso se te haya dicho que no serías buena haciéndolas. A pesar de todo, has pagado un precio por no saber hacerlas: la indefensión.

La auto-suficiencia es un gran ecualizador de poder en las relaciones. Cuanto más auto-suficiente eres, más arriesgado es para tu pareja abusar de ti. Y la única manera en que puedes decidir con libertad si deseas continuar o abandonas a tu abusiva pareja es que sepas que puedes arreglártelas por ti misma. Si decides continuar, el ser auto-suficiente te hace más fuerte y menos controlable. Si decides marcharte, hace que tu vida sea infinitamente más fácil.

Nunca es demasiado tarde para ser auto-suficiente. Ni el ser incapaz de mantenerte, ni la falta de conocimiento sobre cómo efectuar las tareas diarias te impiden necesariamente volverte independiente. Sólo porque no sepas cómo hacer algo no significa que no seas capaz de hacerlo. Lo único que significa es que todavía no lo has aprendido. De hecho, cuando pruebes cosas nuevas puede que te des cuenta –para tu gran sorpresa– que puedes llevar a cabo más de las que nunca creíste posible. Quizá descubras que eres hábil en el hogar y que eres buena arreglando problemas electrónicos y mecánicos.

Aunque hayas sido un ama de casa durante años y sientas aprensión ante la idea de conseguir un trabajo o por volver a asistir a clases para aprender un nuevo oficio, puedes ensanchar con facilidad tu exposición al mundo exterior empezando por un pequeño paso, como por ejemplo de voluntaria en un colegio, hospital, o residencia de ancianos. Pronto te sentirás cómoda en tu nuevo papel como persona separada de tu pareja, y aprender a ser financieramente independiente te parecerá menos aterrador.

Si tienes miedo de no disponer del tiempo, la energía, o la habilidad para aprender nuevas habilidades, o de ser incapaz de hacer juegos malabares con todas las responsabilidades que son necesarias para ser auto-suficiente, recuerda que la TREC siempre está contigo. Cuando utilices tus nuevas técnicas de la TREC de manera regular, ya no seguirás gastando un tiempo y una energía valiosas en preocuparte, analizar, obsesionarte y vapulearte a ti misma sin sentido. Serás más capaz de canalizar tus esfuerzos hacia objetivos positivos y productivos. Y, una vez que estés más calmada y que pienses de manera constructiva, te sorprenderá cuánto eres capaz de hacer y qué bien serás capaz de hacerlo.

Empieza por hacer un inventario de las habilidades que te serían necesarias para ser independiente. Determina cuáles son cruciales y cuáles tienen importancia pero pueden aprenderse más tarde. Elige las habilidades cruciales que deseas aprender en primer lugar. Por ejemplo, tu primera prioridad puede que sea aprender cómo mantener tu casa y tu coche, o cómo ser más asertiva. Puede que sea cómo manejar las financias familiares o cómo apoyarte financieramente a ti misma.

Cualesquiera que sean las habilidades que desees aprender, la ayuda es abundante y fácil de conseguir. Puedes discutir tus necesidades con amigos y pedir sugerencias. Existen grupos de autoayuda que tratan una gran variedad de problemas. Puedes asistir a alguna terapia u obtener consejo profesional. También puedes acceder a una información valiosa de muchos libros excelentes disponibles y de los artículos informativos que aparecen regularmente en las revistas femeninas y en Internet. Los temas se extienden desde trabajar el crecimiento personal a volver a entrar en el mundo laboral. Muchos institutos ofrecen clases para adultos. Las escuelas de la comunidad ofrecen cursos de preparación. Los centros de preparación especializados ofrecen varios programas para obtener títulos. La lista sigue y sigue.

Tu falta de habilidades para ser una persona independiente es algo serio y no tiene que ser ignorada. Pero no es insuperable. Con algo de reflexión, planificación y acción puedes volverte auto-suficiente. Imponte un objetivo pequeño cada vez. Da un pequeño paso cada vez. Ten fe en tu propia habilidad, y después básate en esa fe con determinación y perseverancia. Antes de que te des cuenta, sentirás la ráfaga de excitación que sobreviene de forma natural cada vez que haces algo que nunca soñaste que podrías hacer.

Yo (A.E.) todavía recuerdo la ocasión en la que me topé con una antigua cliente de la TREC a la que acostumbraba a llamar la «reina del yo no». Cuando le dije por primera vez que podía aprender a sentirse menos alterada por ser verbalmente abusada, me respondió, «quizá algunas personas puedan, pero yo no». Cuando le expliqué por primera vez que podía aprender a ser fuerte e independiente me dijo, «quizá algunas personas puedan, pero yo no». Y cuando le dije por primera vez que podía ser feliz sin un hombre, me dijo, «¡De ninguna manera! Ni por casualidad. Quizá algunas personas puedan, ¡pero definitivamente yo no!».

En esa ocasión, parecía una persona diferente mientras corría hacia mí. «¡Dr. Ellis! ¡Dr. Ellis! ¿Se acuerda de mí? ¿De la "reina del yo no"? Bueno, quiero decir que yo era la "reina del yo no": al menos así era como solía llamarme. Pero ya no lo sigo siendo. ¡Usted tenía razón en todo! Sobre el abuso, mis sentimientos, ser independiente: incluso sobre ser feliz sin un hombre. ¿Se lo puede creer? ¡Yo siendo feliz sin un hombre! Casi ni yo misma puedo creerlo.

Me di cuenta de que podía hacer toda clase de cosas que pensé que no podía hacer. Hago pequeñas reparaciones por la casa y puedo hacer funcionar el vídeo: yo, la persona menos mañosa de todos los tiempos. Sé cuándo cambiar el aceite del coche y a veces voy sola al cine. Incluso hice un viaje a Cancún sola el mes pasado: bueno, no exactamente sola, el Club Med, ya sabe. No estaba segura de que pudiese hacerlo, ¡pero me empujé a hacerlo y me lo pasé genial! Fue un alivio no tener a ya-sabe-quién allí para que me lo estropease todo. ¡Y adivine qué! Usted también tenía razón en lo de que yo era capaz de mantenerme por mí misma. Asistí a algunas clases de informática y conseguí un puesto en el que me encanta trabajar en una agencia de colocación. Conozco gente interesante y he hecho algunos amigos nuevos. También me he puesto un nuevo apodo: la "reina del yo puedo hacerlo". Me imaginé que me lo había ganado. ¡No es increíble: yo de entre toda la gente!».

También tú puedes convertirte en la «reina del yo puedo» incluso si has estado diciendo «yo no» durante la lectura de este libro.

LOS MÉTODOS DE RELAJACIÓN

Estar inmersa en una relación abusiva te puede mantener en un estado de tensión constante que haga difícil que llegues a relajarte nunca. Abrirte camino a través del frenesí de pensamientos y de los tirantes y dolorosos músculos se convierte en una prioridad.

Durante miles de años, las personas que se hallan intensamente alteradas han utilizado métodos de relajación, como por ejemplo el yoga o ejercicios de respiración, para entrenar al cuerpo y a la mente a que se relajen.

Tienden a funcionar, y a hacerlo casi de manera inmediata, porque interrumpen los pensamientos creadores de ansiedad y hacen que sea casi imposible que nos centremos en ellos. Funcionan mejor cuando se usan de forma regular, no sólo cuando te sientes perturbada. Por lo tanto, establece una rutina y síguela. Las recompensas físicas y emocionales merecerán el tiempo y el esfuerzo que inviertas.

Existen muchos métodos de relajación para que elijas. Algunos te pueden atraer más que otros. Puede que ya te sean familiares los métodos que te gustan, o quizá desees probar unos cuantos de los más sencillos que se muestran aquí.

En el momento en que estés más tranquila, serás capaz de centrarte en discutir de manera efectiva tus creencias fatalistas, y, por fin, empezarás a escuchar a tu yo fuerte, racional y valiente que hará disminuir tus temores y ansiedades y te guiará para que actúes por tu propio y mejor interés.

EJERCICIOS DE RESPIRACIÓN

Una de las cosas más sencillas y automáticas que haces es también una de las técnicas «instantáneas» más prácticas que puedes emplear para tranquilizarte. Es tan simple como respirar. De hecho, es respirar. Cuando se hace conscientemente, pone en marcha un proceso de relajación que puede reducir tu ansiedad y tu temor.

¿Cuántas veces has oído que cuando estés alterada debes respirar hondo? Se dice porque funciona. Aunque existen muchas técnicas diferentes, la mayoría se basan en una respiración profunda y diafragmática. Estos ejercicios pueden hacerse de pie, sentada, o estirada. La técnica de respiración es similar para las tres posiciones.

De pie o sentada. Las posiciones de estar de pie y sentada son buenas para situaciones de «urgencia» casi en cualquier momento y en cualquier lugar. Empieza por estar de pie o sentada erguida y centrándote en tu respiración. Inhala de forma lenta y profunda, elevando tu caja torácica y expandiendo tu abdomen. Mantén la respiración durante varios segundos, y después exhala con lentitud a través de tu boca, liberando toda la tensión de tu cuerpo mediante tu respiración. La comprobación para ver si estás haciéndolo correctamente es colocar tu mano sobre el abdomen y observar si se expande cuando inhalas y se contrae cuando exhalas. Repite este ejercicio varias veces o hasta que sientas que te estás tranquilizando. Detente inmediatamente si empiezas a sentirte mareada.

Tumbada. Efectuar respiraciones profundas tumbada produce una respuesta de relajación más meditativa. Estírate plana en el suelo o en una cama, dobla las piernas y deja que tus rodillas desciendan juntas. Coloca los brazos en los costados, con las palmas hacia arriba. Da una lenta y profunda inspiración y siente cómo se eleva tu abdomen. Mantenlo durante unos cuantos segundos. Después exhala lentamente a través de la boca, liberando la tensión de tu cuerpo.

Siente cómo se contrae tu abdomen hacia tu espina dorsal. Repítelo varias veces.

Si practicas la respiración profunda con regularidad, serás capaz de confiar en ella cuando te halles en medio de un incidente abusivo y en otras ocasiones en que te sientas particularmente ansiosa. La respiración profunda puede calmar tus pensamientos acelerados durante el tiempo suficiente como para que te enfrentes mejor a cualquier situación.

RELAJACIÓN PROGRESIVA

Puede que estés familiarizada con la conocida técnica de la Relajación progresiva que Edmund Jacobsen de la Universidad de Chicago desarrolló en los años treinta. Básicamente, la técnica consiste en tensar, y después relajar grupos de músculos de todo el cuerpo en un orden específico.

La Relajación progresiva incrementa el conocimiento del cuerpo. La técnica también ejerce un efecto calmante sobre tu mente, puesto que te centras en tu cuerpo, en lugar de hacerlo en tus pensamientos inquietantes. Es de especial utilidad si te encuentras bajo un estrés crónico y el estar tensa se ha convertido en algo tan «normal» que has olvidado cómo es sentirte relajada lo cual es bastante común entre las personas abusadas.

Mientras lleves a cabo este ejercicio, no te preocupes por seguir el orden exacto de la secuencia muscular que te damos. El ejercicio será efectivo mientras te muevas desde las manos y brazos, hasta llegar a tu cabeza, y bajando por toda la longitud de tu cuerpo hasta los pies, tensando, reteniendo, y relajando los grupos de músculos al ir haciéndolo.

Empieza por adoptar una posición cómoda, ya sea sentada o tumbada, y cierra los ojos. Deja que cualquier pensamiento que puedas tener se deslice por tu mente y permite que se vaya.

De manera gradual, cierra ambos puños con fuerza. Mantén la contracción durante aproximadamente diez segundos, prestando atención a la tensión que se va formando en tus brazos, manos y dedos. Céntrate en la tensión y descríbete a ti misma lo que sientes: incómodas sensaciones de tirones, quemazón, o rigidez, por ejemplo.

A continuación, libera la tensión y permite que tus manos y brazos se relajen durante aproximadamente treinta segundos. Céntrate en la sensación cálida, pesada y relajada de tus manos. Descríbete lo que sientes, y reflexiona sobre cómo difiere de cuando estás apretando los puños. Observa cómo progresa la relajación de los músculos durante los treinta segundos posteriores a que hayas relajado la tensión. Puede que desees intentar inhalar lentamente durante la fase de tensionado y exhalar cuando comiences a relajar los músculos.

Tras ejercitar tus manos y brazos, contrae y libera cada uno de los siguientes grupos de músculos en el orden siguiente: antebrazos, frente, ojos, nariz, mejillas, boca y mandíbula, cuello, hombros, pecho, espalda, abdomen, nalgas, muslos, pantorrillas, tobillos y pies. (Algunas personas prefieren seguir la secuencia primero en un lado del cuerpo, después en el otro, y así poder comparar el lado tenso y el lado relajado).

Al ir avanzando por los grupos de músculos, sentirás que una maravillosa tranquilidad se extiende por todo tu cuerpo. Tu mente se sentirá más calmada al irse enlenteciendo tus pensamientos. Repite el proceso varias veces o hasta que todo tu cuerpo se sienta cálido y relajado. Acuérdate de prestar atención a la rigidez y las sensaciones de tirón cuando los músculos estén tensados, y a la sensación de calidez, pesadez y relajación cuando son liberados.

Cuando hayas terminado, inspira profundamente y mueve los dedos de manos y pies. Haz otra profunda respiración y estira el cuerpo. Respira profundamente de nuevo y abre los ojos.

Al principio, mientras estés aprendiendo, es preferible que ejercites cada grupo de músculos por separado, como te hemos descrito. Más tarde, una vez que conozcas la técnica, puedes ejercitar algunos de los grupos de músculos al mismo tiempo (las manos y brazos y antebrazos, por ejemplo). Con la práctica, deberías ser capaz de relajar el cuerpo entero de una sola vez.

MEDITACIÓN

La meditación es una antigua técnica que utilizan millones de personas por todo el mundo. Si no la has experimentado, podrías empezar escuchando cintas de imágenes guiadas que te orientarán a través de la relajación mental y la experiencia emocional. Pueden transportarte a un bello paraje mental donde tus problemas parecerá que desaparecen.

También existen otros muchos tipos de casetes, incluyendo los que alivian, ayudan a dormir, curan el cuerpo, y llenan tu mente de pensamientos positivos.

La mayoría de las técnicas de meditación se hacen sin casetes. Parecen sencillas, pero no te engañes: pueden producir en ti profundos cambios. La meditación es un viaje interior que te puede tranquilizar y cambiar tu visión del mundo. También puede enseñarte muchas cosas sobre ti y proporcionarte un nuevo camino de crecimiento personal.

Una forma muy conocida de meditación es la Meditación Trascendental (MT). Los experimentos han demostrado que conduce a sentimientos de relajación y proporciona una amplia serie de beneficios físicos, como por ejemplo la bajada de la presión sanguínea, la liberación de la tensión y el dolor físicos y la reducción de los problemas cardíacos.

La MT requiere la utilización de mantras, por ejemplo, el muy conocido *om*. Se trata de una palabra sin significado, pero con un efecto vibratorio. Es recomendable que un profesor entrenado seleccione un mantra personal para los nuevos practicantes y les enseñe la técnica de meditación. Sin embargo, muchas personas que han leído libros sobre la MT han aprendido la técnica y elegido su propio mantra. Una vez que se ha seleccionado un mantra, se repite una y otra vez, suprimiendo la charla mental y provocando una sensación de paz. Si estás interesada en aprender más sobre la MT, lee cualquiera de los excelentes libros disponibles o localiza un centro de aprendizaje en tu zona.

El Dr. Herbert Benson, del Harvard Thorndike Memorial Laboratory, ideó un método de meditación denominado la Respuesta de la Relajación. Se ha vuelto muy popular porque es sencilla y efectiva.

Para empezar, siéntate en una postura cómoda, cierra los ojos, y respira de manera lenta y natural, inspirando y espirando. Relaja todos los músculos, empezando por los pies y subiendo hasta los de la cara.

Ahora toma consciencia de tu respiración. Inhala por la nariz. Al espirar, dite a ti misma la palabra uno en silencio. (O puedes usar otra palabra, como por ejemplo paz). Repítete uno a ti misma cada vez que espires. Inspira… espira y di uno. Si se inmiscuye algún pensamiento, ignóralo y desaparecerá.

Cuando acabes, permanece sentada en silencio durante unos minutos. Utiliza esta técnica diez o veinte minutos, una o dos veces al día. (No emplees la Respuesta de relajación en las dos horas siguientes a una comida).

También existen otras formas de meditación que te pueden resultar atractivas. Tómate tiempo para aprenderlas. Explora y experimenta hasta que encuentres una técnica con la que te encuentres cómoda. Entonces toma el hábito de reservar unos pocos minutos cada día para meditar.

YOGA

El yoga es otra antigua técnica inmensamente útil. Es particularmente beneficiosa porque distrae tu hiper-reactiva mente al exigirte que te centres tanto en tu cuerpo como en tu respiración. Mientras te concentras en los lentos, suaves y complicados movimientos, descubrirás que ocupan plenamente tu mente, apaciguando tu agitado pensamiento. Mientras aminoras tu cuerpo, también aminoras tu mente, acelerando el desarrollo de una inusual clase de paz. Aunque los ejercicios de yoga puede que no te calmen de manera permanente, te proporcionan veinte minutos o más de descanso. Las personas que practican yoga con regularidad descubren que desarrollan un «estado mental yoga» y son más capaces de volver a ese estado de paz cuando la vida se vuelve complicada. Puedes aprender yoga tomando clases o de cualquiera de los libros o vídeos que están disponibles.

MÚSICA

Escuchar música es también una forma maravillosa de provocar un sentimiento de relajación y de bienestar. Encuentra una música que resuene en tu interior de una manera especial e invítate a ella con frecuencia. Puede ser una forma de auto-terapia. Te ayudará a tranquilizarte cuando estés ansiosa y te animará cuando estés deprimida. Sentirte absorbida por la música puede cambiar tu doloroso estado emocional y aliviar la tensión de tu cuerpo. La música es especialmente útil para interrumpir los pensamientos obsesivos. Es mucho mejor escuchar música que a una mente enloquecida.

EJERCICIO FÍSICO

Además del yoga, muchos otros tipos de ejercicio hacen maravillas con el cuerpo y la mente. Si no estás ya haciendo ejercicio con regularidad, te recomendamos encarecidamente que empieces ahora. Incluso unas cuantas veces por semana marcarán una gran diferencia en la manera en cómo te sientes. Escoge una o más actividades que pienses que te podrían divertir. Consigue la aprobación de tu médico en primer lugar si sufres cualquier tipo de problema físico que necesite ser tenido en cuenta. Empieza lentamente. No te excedas. Si no te divierte una actividad, prueba otra.

El ejercicio aeróbico, el entrenamiento con pesas, el toning, y el stretching (la gimnasia de estiramientos o elongaciones) pueden todos ellos tener un efecto positivo. Ya des un paseo diario o corras, levantes pesas, asistas a clases de aeróbic en un club o en un gimnasio, o sigas vídeos de ejercicios en la habitación, te sentirás mejor física y mentalmente. Una actividad física tan diversa como el entrenamiento en un arte marcial, el Taichí, el kickboxing y la danza pueden ser tanto divertidas como beneficiosas.

El ejercicio presenta beneficios tanto a corto como a largo plazo. Desvía tu foco de atención de manera temporal de tus problemas y tu charla mental negativa. Te ayuda a reducir tu nivel de estrés global y aumenta la producción natural de substancias de tu cuerpo como las endorfinas, que te proporcionan una sensación de bienestar. Fortalece tu cuerpo y te ayuda a estar más sana: ¡y más delgada!

Ahora sabes que es mucho lo que puedes hacer por ti misma, sólo con que estés dispuesta. Puedes practicar el hacer frente al abuso con personas «seguras». Puedes desarrollar habilidades que te ofrezcan opciones. Puedes meditar, hacer ejercicio, y escuchar música para reducir la tensión y muchas cosas más. Llevar a cabo cosas positivas por ti misma es una de las maneras de volver a ser tu mejor amiga. Intenta alguna de las actividades conductuales que te hemos recomendado. Descubre las que más te ayudan y prométete a ti misma que las utilizarás. Haz que sea un regalo para ti. Te mereces sentirte mejor, y sólo tú puedes hacer que eso suceda.

QUINTA PARTE

CÓMO VIVIR FELIZ PARA SIEMPRE JAMÁS

CAPÍTULO 16   Cómo rehacer tu vida

Al principio de este libro se te invitó a que emprendieses una nueva senda de libertad emocional. Has aprendido muchísimo desde entonces sobre tu relación, pareja, emociones, conducta y sobre ti misma. Ahora sabes cómo llegaste a la confusión emocional y qué hacer para salir de ella. Pero para alcanzar la verdadera libertad –tanto si continúas como si abandonas– también debes tomar medidas para recuperar el control de tu vida. Tienes que liberar tus alas y volar en libertad. Deshazte de la confusión de tu adicción para con tu pareja y explora el milagro de ti misma y la magia de la vida.

Este extraordinario estado es probable que te parezca remoto ahora mismo, e incluso imposible de alcanzar. Pero gozas del poder de conseguirlo. Y lo harás, si te propones que sea tu objetivo y continúas dando pasos de bebé, de uno en uno, hasta que lo alcances.

VIVE COMO UNA ADULTA

Recuperar tu vida comienza por aprender a vivir como una persona adulta hecha y derecha –una persona entera separada, con pensamiento independiente, segura de sí misma– en lugar de como una niña intimidada. Esto requiere que tomes decisiones audaces y racionales sobre la mejor manera de manejar la situación. Puede que decidas continuar con tu pareja o abandonarle. Si continúas, puede que decidas enfrentarte a él con respecto a su abuso o no. A pesar de todo, estarás a cargo de ti misma, de tus emociones y de tu vida.

Tienes muchas opciones. Deja que sea la razón, y no el hábito o la comodidad, la que te guíe.

Llévate de la mano y haz lo que sabes que es bueno para ti, aunque te parezca incómodo, incluso si tienes que forzarte a ti misma. Esto puede que signifique pedir a tu pareja que cambie y rogarle que busque ayuda profesional contigo. Puede que signifique crear fronteras personales mediante la delimitación de límites sobre la conducta que toleras de él y de los demás. Puede que signifique tomar el control de las decisiones personales que tu pareja ha estado tomando por ti, como por ejemplo cómo gastas tu tiempo y con quién, hacia dónde diriges tu energía, cómo vistes o gastas el dinero. Puede que signifique no actuar por temor a que él explote: no abandonar las reuniones familiares, u otros lugares, antes de lo que deseas; no devolver las invitaciones para almorzar con compañeros de trabajo; no mantener la casa angustiosamente limpia y a los niños tranquilos sólo para evitar problemas.

Cuando vives tu vida con el temor de «remover las cosas» con tu pareja o evitando la «pelea» de ir en contra de sus deseos, estás pagando un chantaje emocional. El precio es algo más que el preciado dinero: tu amor propio. Y cuando vives tu vida como una prisionera por tu temor a sus reacciones, también pierdes tu dignidad, la paz mental, el crecimiento como individuo, el derecho a ser como eres y a elegir por ti misma cómo pasar cada precioso momento.

¿CANSADA DE QUE SE TE PISOTEE? ¡LEVÁNTATE DEL SUELO!

Puedes recuperar tu vida calladamente, con fuerza. Y cuando lo hagas, puede que en realidad seas capaz de iniciar un cambio. No tienes porqué desafiar a tu pareja y hacer algo horrible. Puedes empezar de formas insignificantes. Haz algunas cosas por ti misma. Matricúlate en un curso al que has querido asistir y sobre el que tu compañero objetaba o vete a ver una película que has deseado ver y él no. Y toma el control de cómo, dónde, cuándo y con quién inviertes tu tiempo. Si deseas continuar al teléfono cuando tu pareja te dice que ya has hablado lo suficiente, hazlo. Si quieres ver a un amigo que a él no le gusta, hazlo. Al principio podría enfadarse, pero de todas maneras está enfadado a menudo. Haz lo que tú crees que es bueno para ti en lugar de lo que tu pareja dice que es bueno para ti.

Si decides que existen razones válidas para no ir contra los deseos de tu pareja o para enfrentarte a él ahora mismo, reconoce que estás siendo oprimida por elección. Sé consciente de que todavía estás a cargo de cuánto aguantarás y que puedes trazar el límite cuándo y dónde desees. No estás indefensa y el sufrimiento no es inevitable. Puedes aceptar el abuso por lo que es, permanecer en calma y con la cabeza clara, y tomar una decisión racional en cada situación sobre cómo hacerla frente.

SI DECIDES HABLAR CLARO

Si te decides a enfrentarte a tu pareja, la próxima vez que se comporte de manera abusiva, mírale directamente a los ojos, habla con firmeza, y dile que sabes lo que está haciendo y que no lo aguantarás, que no participarás en ello, y que no dejarás que te afecte como hiciste en el pasado. Sé breve. No permitas que te arrastre a una pelea. El prepararte a ti misma mediante la utilización de la Metáfora Racional Emotiva, la Insensibilización en Vivo, y la interpretación de un papel hará que esto –y lo hará bien– sea más fácil.

Si continúa comportándose de manera abusiva después de que le hayas hecho frente, vete a dar un paseo o a visitar a un amigo, o a otra habitación o a mirar la televisión. Si estás fuera de casa cuando te enfrentes a él, puedes evadirte marchándote al servicio de señoras durante un rato o cogiendo un taxi para volver a casa. (Lleva siempre dinero para una emergencia).

Si estás hablando por teléfono con tu compañero y te habla de manera abusiva, dile con firmeza que te niegas a escuchar cuando está siendo abusivo y que a menos que pare inmediatamente vas a colgarle. Si continúa, hazlo.

Hablar claro, irse, y colgar son formas poderosas de poner límites en el trato que tu pareja te da.

LIBÉRATE Y RECLÁMATE A TI MISMA Y A TU VIDA

Cuando dejas de participar en el abuso, entonces estás reaccionando racionalmente, y controlas tus emociones a la manera de la TREC –tanto si te enfrentas a tu pareja como si no– y a partir de este momento serás testigo de una escena de lo más interesante: a él llevando a cabo su loca, irracional, enfadada, mimada, centrada en sí mismo y exigente rutina infantil. Serás tú y no otra quien habrá tomado el control, tu amor propio aumentará, y el equilibrio de poder empezará a cambiar. Cuanto más fuerte y resuelta seas, más pronto sucederá. Recuerda, tienes tanto poder como elijas tener. El único control de tu pareja es aquél que tú le has concedido e igual que se lo has dado, puedes quitárselo. La intimidación es tu carcelera pero puedes liberarte de ella en cuanto tú quieras. Prepara tu mente para reclamar tu yo y tu vida: ¡y hazlo!

Utiliza un poco de tu recién hallada energía en averiguar quién eres, que les sucedió a tus sueños, qué hace que tu corazón cante. Haz que cada día sea una fiesta en tu honor. Haz algo por ti misma y agradécetelo. Honra siempre tus sentimientos. Sé paciente, amable y gentil contigo misma. Eres como una niñita que da sus primeros pasos. Anímate a ti misma, abrázate, ofrécete cumplidos, dite a ti misma qué buen trabajo estás haciendo. Siente tu poder, vive tu libertad y empezarás a sanar.

ALGUNAS PALABRAS IMPORTANTES QUE PUEDEN SALVAR TU VIDA

Si sospechas que tu pareja se podría volver violenta si vas en contra de sus deseos o te enfrentas a él, no lo hagas sin ayuda profesional. Pero no te engañes a ti misma creyendo que mientras sigas haciendo lo que quiere y no le hagas frente, estarás segura. Recuerda: los abusadores verbales reaccionan ante su confusión interna, y casi cualquier cosa puede desembocar en un ataque físico en un abusador que es propenso a la violencia. Los insultos que rodean tu psique pueden, en un instante, convertirse en dedos que rodean tu cuello. El peligro es real.

Creer que tu pareja es incapaz de tal conducta no te salvará de sus ataques si llegan a darse. Debes conseguir ayuda profesional, desarrollar un plan de emergencia temporal para marcharte con rapidez si lo necesitases, y considerar seriamente el abandonar a tu pareja de manera permanente antes de que se vuelva violento. Tu vida puede depender de ello.

Si no crees que tu compañero pueda volverse violento, aun así necesitas proceder con cautela cuando vayas en contra de sus deseos o te enfrentes a él. Puede enfadarse –quizá enfadarse mucho– cuando cambies tu conducta, y debes calcular el grado de su ira por tu propia seguridad. Mientras que la mayoría de los abusadores verbales nunca se vuelven físicamente abusivos, algunos lo hacen. Todos las parejas que abusan físicamente primero abusaron verbalmente. No existe una manera segura de decir si tu pareja es uno de los que se tornarán violentos.

Si cuando te enfrentas a tu pareja él siempre te amenaza con hacerte daño, o te impide que te vayas, rompe o lanza cosa, golpea con su puño en una pared o puerta, o si las venas de su cuello sobresalen y parece que se está forzando a retener su ira, deja inmediatamente de pretender enfrentarte a tu abusador tu sola, aléjate de él, y consigue ayuda profesional. Se trata de signos de que un ataque físico puede ser inminente.

Haz lo que sabes que es lo correcto para ti y conseguirás la ayuda que necesitas para recuperar tu vida con seguridad. No inventes excusas para tu pareja ni te engañes a ti misma pensando que todo está bien. Piensa racionalmente en lugar de emocionalmente. Haz lo que aconsejarías a una amiga que hiciese si se encontrase en esta situación.

PUEDES VIVIR FELIZ PARA SIEMPRE JAMÁS

A pesar de la gravedad de tu situación recuerda que la TREC está aquí para ayudarte. Utiliza los principios, las técnicas y la filosofía de la TREC de manera activa y regular para enfrentarte a tu abuso, y sus extraordinarios efectos positivos surgirán y abrazarán cualquier cuestión, cualquier problema, cualquier situación que te surja. Ni tú ni tu vida volveréis a ser nunca las mismas. Aceptando la TREC como la base de tu vida harás que cada paso hacia la libertad emocional sea infinitamente más fácil. Y te hará más capaz de hacer frente a cualquier cosa que se cruce en tu camino.

Ahora conoces el secreto para superar el abuso verbal, y sabes que lo que te dijimos al principio de este libro sobre ser capaz de vivir feliz para siempre jamás, después de todo, es verdad. Todo depende de ti.

Ahora, como colofón de este capítulo dieciséis en el que has podido aprender lo muy necesario que es recuperar el control de tu vida, volar y liberarte, te dejamos con este pensamiento guía de Robert Louis Stevenson:

«Ser lo que somos,
y convertirnos en lo que somos capaces de ser,
es la única finalidad de la vida».

CAPÍTULO 17   Unas palabras personales de Marcia Grad Powers

Al acabar de leer este libro y cerrarlo, también estarás cerrando la puerta de un capítulo de tu vida. La niebla de la confusión y del aislamiento se levantará. Aunque el abuso es probable que prosiga si continúas con tu relación, tu nueva comprensión de él y las nuevas herramientas que posees para hacerle frente cambiarán la forma en que lo experimentas. Y cuando en ocasiones regreses con sigilo a las antiguas maneras de pensar y de actuar, te parecerán diferentes. ¿Por qué? Porque la puerta se ha cerrado de golpe para la ignorancia. Sabes qué sabes. No hay vuelta atrás a no saber, y no existe más ocultación de la verdad a través de la negación.

Lo que hagas —o dejes de hacer— a propósito de tu abuso depende de ti. Sin embargo, aquí hay algo crucial que debes tener en mente: te puede parecer que la manera de hacer frente a tu abuso y el decidir si continúas o abandonas te afecta solamente a ti y a un círculo reducido de tu familia y amigos íntimos. No es cierto: lo que haces o dejas de hacer a la larga afecta a muchas más personas de lo que nunca hayas imaginado.

LA SOCIEDAD REFLEJA NUESTRAS VIDAS EN EL HOGAR

Como miembros de la sociedad actual, muchas de nosotras tenemos sentimientos de ira, frustración, y temor. En ocasiones sentimos como si la sociedad estuviera girando sin control. Los crímenes violentos y

247

profesionales se han vuelto comunes. Una falta general de ética, moral, maneras y responsabilidad personal se hace aparente en todas partes; desde una plétora de conductores enfadados y agresivos hasta una epidemia de pleitos culpando a los demás por nuestras malas elecciones, falta de buen juicio y sentido común, y nuestras conductas estúpidas.

¿Nos preguntamos a nosotros mismos qué ha sucedido? ¿Qué ha cambiado que nos vuelve temerosos a hacer las cosas que intensifican la vida que un día hicimos libremente: sonreír a los conductores cercanos en las señales de stop; entablar conversaciones con otras personas en los lugares públicos; pasear por las calles de nuestra ciudad; disfrutar de momentos de tranquilidad en nuestros parques locales; visitar mercados públicos, utilizar los cajeros automáticos, dejar nuestro coche en aparcamientos con la confianza de que él —y nosotros— estaremos seguros?

Nuestros sentimientos de ansiedad, confusión, falta de control, e indefensión acerca de la sociedad en la que vivimos ahora, para muchos de nosotros, refleja los sentimientos que experimentamos en nuestras familias. El abuso es uno de los jugadores principales de los infortunios de nuestra sociedad, y sin embargo lo perpetuamos permitiendo que se prolongue en nuestras propias relaciones. Cuando elegimos no aceptar la responsabilidad individual de detener nuestro propio abuso, estamos ayudando a crear una sociedad que a menudo nos disgusta. Si las cosas han de mejorar alguna vez, debemos asentar una nueva norma de conducta.

DETENER EL LEGADO DEL ABUSO ES LA ÚNICA ESPERANZA DE NUESTROS HIJOS

Se dice que los niños son la esperanza del futuro. De hecho, nosotros somos la esperanza del futuro; porque sin nuestras enseñanzas por ejemplo de lo que significan una vida y un amor saludables, nuestros hijos tendrán dificultades para alcanzarlos.

El crimen, la violencia, y los niños descontrolados; mucho de todo esto empieza con nosotros: las madres, las abuelas, los maestros y otros con el papel de modelos para las jóvenes generaciones. Se nos ha dado una tierna vida joven para que le demos forma y la moldeemos. ¿Vamos a continuar educando a nuestros hijos para que se conviertan en adultos vacíos, enfadados y desautorizados que desahoguen sus frustraciones en sus parejas, sus hijos y en la sociedad?

Cada día estamos siendo emulados por niños que creen que la dominación y la subordinación son aceptables y que es «normal» herir y ser herido en nombre del amor. Algunos de ellos han experimentado todo esto siempre. Aunque la lectura sobre relaciones afectuosas, la visión de ellas en el cine o la televisión, y estar con las afectuosas familias de amigos puede que muestre a los niños que el amor real es posible y puede que influya para que algunos de ellos luchen para conseguir relaciones afectuosas en sus propias vidas adultas, muchos más siguen nuestros pasos y los de sus modelos sociales –atletas de elite y famosos actores– que escriben titulares con sus dramáticas relaciones abusivas y sus adicciones al alcohol y las drogas.

La prueba de nuestra influencia nos rodea por completo. Las relaciones «amorosas» adolescentes abusivas están en alza, como lo está el embarazo de adolescentes, y niños más y más jóvenes se están volviendo abusivos los unos contra los otros y están cometiendo crímenes graves. Los programas para educar a los estudiantes sobre el abuso están apareciendo por todos los colegios del país pero no son suficiente para ellos, y aunque pueden ser extremadamente útiles, ejercen una influencia limitada si los estudiantes están volviendo a hogares abusivos al final del día escolar.

No existe ninguna mujer entre nosotras que desee que sus hijos vivan como ellas han vivido: con ansiedad, inseguridad, indefensión, temor e ira. Y a pesar de todo, sistemáticamente, les enseñamos de una manera exacta a la nuestra al atraparlos en un entorno hogareño que produce estos sentimientos. Depende de nosotras detenerlo. Es la única esperanza para nuestros hijos y nuestra sociedad.

Tenemos la responsabilidad de aprender las verdades universales que dan forma a nuestras vidas –individual y colectivamente– de vivir según ellas y de enseñárselas a nuestros hijos, que nos observan para ver cómo llevamos nuestras relaciones y sus vidas. Debemos crear un entorno familiar en el cual nuestros hijos florezcan y crezcan hasta convertirse en seres humanos felices, completos, afectuosos, psicológicamente saludables, éticos, morales, respetuosos con la ley y con amor propio: seres humanos que sepan cómo hacer frente a sus sentimientos y cómo enfrentarse a las adversidades de la vida con energía, dignidad y un sentido de la responsabilidad personal. Debemos gritar a los cuatro vientos y con convicción: «nos negamos a permitir que nuestros hijos dejen nuestro hogar como miembros de los "heridos andantes", más cómodos con el caos que con la calma, más acostumbrados a amar hiriendo que sintiéndose bien, y llenos de una ira y un dolor que pueden explotar en nosotras, sus parejas, sus hijos y la sociedad».

ENCUENTRA LA FUERZA EN NUESTRO GRAN NÚMERO Y EN NUESTRA SABIDURÍA COLECTIVA

El abuso verbal es secreto, escondido y aislante. Hace que nos sintamos solas en nuestro dolor; pero en realidad, no lo estamos. Lo que nos parece que es —en especial en nuestros momentos más oscuros— una lucha en solitario es en realidad una batalla colectiva. Cada una de nosotras somos parte de una fuerte hermandad de mujeres estimada en millones que han compartido la horrenda experiencia del abuso. Mujeres que quieren hacer algo más que sobrevivir y salvarse. Mujeres que quieren volverse más fuertes, más orgullosas, y más valientes. Mujeres que quieren llevar la cabeza alta, y desean tener la energía para hacerlo. Mujeres que se quieren centrar en lo bueno que es, en lugar de en lo malo que fue. Mujeres que quieren estar en una relación amorosa duradera, protectora, plena, respetuosa y romántica. Mujeres que quieren ser felices, saludables y plenas. Mujeres que quieren detener el legado de abuso que millones de nosotras estamos legando a nuestros hijos.

Existe una gran fuerza en nuestro gran número. Fuerza en nuestro conocimiento colectivo de lo que funciona y de lo que no lo hace. Fuerza en nuestro aplastante deseo de hacer que todo sirva para algo. Fuerza en nuestra determinación de parar nuestro dolor y mostrar a nuestros hijos de primera mano otra manera de vivir y de amar.

Ha llegado el momento para que todas aquellas de nosotras que hemos encontrado nuestro camino, cuyas vidas son por fin plenas, pacíficas y felices, las que lo hemos hecho, las que nos hemos liberado a nosotras mismas emocionalmente, hablemos alto y animemos a otras. Si podemos hacerlo, tú también. Entonces tú también podrás volverte un ejemplo vivo para las mujeres que puede que duden de su habilidad para hacer frente a la debilitadora situación en la que se hallan. Llegará un día en el que tú también podrás tener la satisfacción de hablar claro para animar y guiar a otras. También tú podrás dar ejemplo de una vida saludable y unas relaciones saludables ante tus hijos. Cada una de nosotras que reclama su poder personal se convierte en un modelo de esperanza para otras que no saben cómo o por culpa de quién tienen miedo de intentarlo.

¿Podemos crear las vidas que deseamos y cambiar el curso de la sociedad? ¿Podemos dejar de ser las víctimas oprimidas? ¿Podemos dejar de aceptar menos de lo que nos merecemos? Sí. Lo hemos hecho antes. Las mujeres que se asocian por propósitos loables han sido una fuerza social importante a través de la historia. En verdad hemos hecho historia trabajando duro por la igualdad en el voto, en las facilidades para la educación, y en el lugar de trabajo.

También hemos cambiado de muchas maneras las facetas de las relaciones de hombres y mujeres. Hemos conseguido mucho, paso a paso. Y sin embargo millones de nosotras de las que se abusa verbalmente todavía se enfrentan con uno de los mayores desafíos que hayamos tenido nunca: deshacernos de nuestro cuento de hadas durante el tiempo suficiente para ver y cambiar la estructura de nuestras relaciones amorosas. Dejar de estar tan paralizadas por el presente que no podamos ver el futuro. Suspirar menos, llorar menos, hacer menos concesiones, y hacernos más cargo de nuestras emociones y vidas.

Juntas, con el tiempo, podremos parar esta locura, este encarcelamiento de las psiques y las almas de las mujeres, y la sistemática programación de tantísimos de nuestros hijos para que repitan el ciclo de abuso en el que son educados y por el que están atrapados. Cada una de nosotras que decide salvarse a sí misma ayuda a que nos salvemos todas. Podemos darle la vuelta a todo, de una en una. Cada mujer que triunfa nos hace a todas más fuertes, más determinadas, y más convencidas de que podemos hacerlo, incluso bajo las peores circunstancias.

Tomar el control de nuestras emociones puede literalmente transformar tu vida, las vidas de aquéllos a los que amas, y las vidas de muchas personas que nunca has conocido. Puedes marcar la diferencia. Puedes hacer tu parte en iniciar un cambio importante en la concienciación. El efecto ola para lo bueno y para lo malo inspira reverencia. Así como una persona afectada por la ira, el temor, la indefensión, y la desesperanza se convierte en dos, y dos en cuatro, así una persona afectada por el valor, la autorización, la serenidad, y la felicidad se convierte en dos, y dos se convierten en cuatro, y así sucesivamente. Muchos de los movimientos sociales que cambian la vida empiezan con una o varias personas. Cámbiate a ti misma y habrás hecho tu parte en cambiar el mundo.

HAS SIDO ATRAPADA EN UNA PRISIÓN DE TU PROPIA INVENCIÓN PERO LA PUERTA HACIA LA LIBERTAD ESTÁ COMPLETAMENTE ABIERTA ANTE TI

Atravesar la puerta hacia la libertad significa que te vuelves fuerte en tus convicciones sobre ti misma: tu valor intrínseco, tu merecimiento de respeto, amor, felicidad y paz mental. Significa confiar en ti misma para saber qué es lo que te interesa más, y obrar en consecuencia de acuerdo con ese conocimiento. Sin estas convicciones, renunciarás a todo con facilidad cuando aparezca un «Príncipe Azul» e intente llevárselo todo. Dejarás que te robe los tesoros más preciosos que posees: tu perspicacia, tu amor propio, tu dignidad, tu creencia en ti misma. Serán robados por un camaleón al que le has entregado las armas para dominarte y cogerte de improviso.

Atravesar la puerta de la libertad requiere simplemente que estés dispuesta a poner un pie delante del otro, a hacer lo que haga falta para continuar avanzando. Significa aprender cómo aislarte del daño emocional, psicológico y físico que puede resultar de una relación verbalmente abusiva. Significa reconocer que cada mujer maltratada que acaba en una sala de urgencias fue una vez verbalmente abusada pero creyó que su «Príncipe Azul» nunca la haría daño físicamente.

Puede que creas que no tienes la fuerza o el valor para atravesar la puerta de la libertad, pero estarás equivocada. Se ha necesitado una gran fuerza y coraje para llegar a donde ahora te encuentras, y atravesar esa puerta con determinación puede ayudarte a encontrar más fuerza y valor de los que nunca te diste cuenta que poseyeras. Tanto si puedes llevarte a ti misma a creerlo ahora mismo como si no, eres más fuerte que las circunstancias en las que te hallas inmersa.

¿Qué hay en el lado de la libertad de la puerta? Todo lo que deseas: curación, bienestar, paz, respeto a uno mismo, amor propio, y poder personal. Aun así, puede que te muestres poco dispuesta a traspasarla. Puede que temas a los demonios desconocidos que crees que se agazapan allí esperándote, o quizá creas que lo gran desconocido te tragará. Ten valor. Muchas de nosotras nos hemos sentido como tú, y sin embargo descubrimos que nuestros temores sobre lo que podría suceder eran mucho peores de lo que sucedió.

Se te ha dado una vida para que la vivas. No esperes a encontrarte mirando hacia atrás un día, viendo tan sólo años malgastados, sueños incompletos y una salud mermada. Éste es el lamento de las mujeres que han permitido que la falta de conocimiento o el temor o el rechazo las mantuviese atrapadas en una confusión emocional durante demasiado tiempo. Recuerda que a veces necesitas llegar a un compromiso contigo misma en lugar de con tus sentimientos. Piénsalo con atención. Simplemente porque sientas algo no lo convierte en realidad. Se debe permitir que la razón supere tu deseo de lo que es malo para ti.

Proponerse un cometido a sí mismas por delante de sus nada fidedignos sentimientos ha ayudado a muchas mujeres a continuar avanzando con valor incluso aunque una atemorizada voz de su interior les estaba gritando, «¡No, no, no balancees el bote!» Balancear el bote, sin embargo, no es el problema. El hecho de que te encuentres en un bote que se hunde es el problema. Por tanto no esperes a que «parezca el momento adecuado» para que entres en acción con el objeto de que mejores o abandones tu situación. Puede que nunca «parezca el momento adecuado». Pero es probable que sea la mejor decisión que hayas tomado nunca.

COSAS QUE PUEDES HACER PARA SEGUIR EN LA SENDA DE LA LIBERTAD EMOCIONAL

El propósito de este libro ha sido ayudarte a emprender el viaje hacia la libertad emocional. Recuerda que no estás viajando sola; tienes tus nuevas herramientas de la TREC que te acompañan. Utilízalas para mantener el ímpetu en marcha mientras continúas tu excitante viaje hacia la felicidad y la paz.

- ◆ Remítete a este libro cada día hasta que la manera en que funciona tu relación sea trasparente como el cristal y hasta que las técnicas de la TREC se vuelvan tu segunda naturaleza.

- Lleva a cabo tu discusión y utiliza otras técnicas de la TREC de manera regular.

- Mantén tu lista de auto-declaraciones racionales de enfrentamiento a mano y remítete a ellas con frecuencia.

- Lee *A Guide to Rational Living* del Dr. Albert Ellis y del Dr. Robert A. Harper; *A Guide to Personal Happiness* de Albert Ellis (Doctor en Filosofía) e Irving Becker (Doctor en Pedagogía); *La princesa que creía en cuentos de hadas* y *Carisma: Cómo lograr esa magia especial,* ambos de Marcia Grad. Reléelos siempre que desees que se te inspire o guíe de nuevo hacia un pensamiento y unas emociones saludables.

- Aumenta tu conocimiento de la TREC leyendo las preguntas y respuestas en www.rebt.org, y escuchando las cintas de audio del Instituto Albert Ellis. Para conseguir un catálogo, llama a (800) 323-4738, fax (212) 249-3582, e-mail info@rebt.org, o consulta la web: www.rebt.org

- Encuentra un terapeuta de la TREC experimentado en los problemas del abuso. Contacta con el Instituo Albert Ellis, 45 East 65th Street, New York, N.Y. 10021-6593. Teléfono: 08 (212) 535-0822. Fax: (212) 249-3582. E-mail: info@rebt.org. Página web: www.rebt.org. O llama para obtener referencias de organizaciones que proporcionan ayuda a las mujeres abusadas.

He aquí algunos consejos valiosos de aquellas de nosotras que hemos viajado por la senda de la libertad emocional antes que tú:

- Si has estado manteniendo tu situación en secreto, sácala a la luz confiando en alguien que se preocupe por ti.

- Únete a un grupo de apoyo o terapia para mujeres.

- Contacta con un centro de mujeres o con un centro de servicios para la mujer.

- Forma un círculo de amigos y miembros de tu familia que entienda por lo que estás pasando y que aliente tu crecimiento personal.

- Construye una relación afectuosa, tierna y protectora contigo misma. Háblate con ternura a ti misma. Ofrécete un cumplido cada día. Acéptate y apréciate a ti misma en voz alta. Recuerda que por norma general la gente te tratará de la manera en que tú te trates a ti misma.

- Recuérdate diariamente que tu primera prioridad es cuidar de ti misma.

- Descubre quién eres. Haz todo lo que puedas para experimentarte como una entidad separada de tu pareja. Desarrolla tu individualidad. Persigue nuevos intereses uniéndote a grupos de personas que piensen como tú.

- Desarrolla tus habilidades y aprende técnicas que puedan ayudar a que seas económicamente independiente.

- En los momentos difíciles confía en esta pregunta mágica: «¿Qué diría el Dr. Ellis?».

- Vive tu nueva filosofía de vida cada día. «... Me amaré, seré tierna, y llenaré mis días con personas a las que les importo y que comparten cosas conmigo. Celebraré mi singularidad y mi poder interior. Abriré con alegría mi corazón a los pájaros que cantan, las estrellas que brillan, y las flores que florecen cada primavera».

- Abre tu corazón y habla con otras mujeres. Cuando te abras ante otras mujeres, descubrirás que muchas se encuentran en situaciones obsesionantemente similares a la tuya. Apoyaos las unas en las otras. Todas nos sentimos más cuerdas cuando nos damos cuenta que alguien entiende y ha sentido lo que estamos sintiendo. Comparte el conocimiento y la sabiduría que has recogido de tu experiencia. Recuerda: eres parte de una hermandad que puede ayudar a que las mujeres recuperen sus mentes, sus almas y sus vidas.

Tanto si continúas con tu abusiva pareja como si no, el mantener tus nuevas creencias racionales ocupando el primer lugar de tu pensamiento hará que el día a día sea más fácil de afrontar. He aquí algunas advertencias que te ayudarán a aferrarte a tus creencias:

- El abuso verbal es una forma de violencia, una forma de lavado de cerebro, una forma de tortura psicológica y emocional. Es una forma de control mediante la angustia y la dependencia emocional. No es una forma de amor. No es «simplemente la manera en que tu pareja es».

- El abuso no está nunca justificado, nunca es merecido, y nunca se debe excusar.

- Tú no provocas el abuso. Es tu pareja quien lo hace.

- Nunca puedes ser lo «suficientemente buena» como para acabar con el abuso.

- No puedes cambiarle. Debe hacerlo él por sí mismo.

- Tu pareja no es tu amigo. No está tratando de ayudarte ni de enseñarte y no está interesado en ayudarte a que te sientas mejor. No guarda en su corazón sus mejores intenciones hacia ti.

- No puedes razonar con tu pareja cuando se está comportando de manera irracional. No entenderá tu punto de vista, sin importar de cuántas maneras diferentes intentes explicárselo.

- Si te sientes como si estuvieras siendo atacada es probable que lo estés siendo.

- No debes dejarte enredar en la maraña de locura de tu pareja. Si quieres puedes elegir de qué manera reaccionarás.

- Por norma general, el abuso se intensifica a no ser que tu pareja consiga ayuda profesional y haga todo lo necesario para dejar de abusar.

- Las migajas de una conducta normal, afectuosa, cariñosa y decente no hacen un banquete. Reconoce el hambre y haz algo al respecto.

- Exponerte a un abuso verbal a largo plazo te hace correr riesgos: emocionales, físicos y espirituales. A menos que le abandones, difundir tu reacción tóxica es la mejor manera de limitar el peaje emocional que ello puede costarte.

- El amor propio es como un músculo: cuanto más lo ejercitas, más fuerte se vuelve.

- Te mereces el respeto de los demás.

- No puedes esperar que las demás personas te traten mucho mejor de lo que tú te tratas a ti misma.

- Cuanto más fuerte e independiente te vuelvas, y cuanto más te aceptes a ti misma, más probable será que escojas lo que has de hacer para tu mejor interés.

AL FIN LIBRE. EMPIEZA TU NUEVA VIDA

Tanto si continúas, abandonas, o ya has abandonado, puedes liberarte emocionalmente y ver la vida de nuevo. Un sabio dicho reza así: «Hoy es el primer día del resto de mi vida». Nunca es demasiado tarde para encontrar la paz y la felicidad. Se trata de un «trabajo interior» que puedes empezar ahora.

Muchas de nosotras que hemos estado donde tú te encuentras ahora nos parecía difícil imaginar que el dolor cesaría alguna vez. Ser feliz era apenas un pensamiento; parecía algo muy lejano. Habíamos creído que la vida era un cuenco de cerezas: hasta que un día despertamos y nos dimos cuenta de que alguien había robado todas las cerezas y no había dejado otra cosa que las pepitas. Pero no aceptamos las pepitas indefinidamente. Sembramos nuevos campos fértiles en nuestras mentes y crecimos y crecimos. Ahora el fruto de nuestras vidas es dulce.

¿Cómo lo hicimos? Eligiendo percibir nuestro abuso como una herramienta de aprendizaje y utilizarlo como piedra de apoyo para acceder a una vida mejor y a una mejor comprensión de nosotras mismas. Recobrando con determinación el poder personal al que sin saberlo habíamos renunciado. Aprendiendo a respetarnos a nosotras mismas y sabiendo que somos merecedoras de respeto por parte de los demás. Buscando el equilibrio, el significado y el propósito así como el verdadero amor.

Si estás con nosotras, si deseas hacer lo que hemos hecho, saca tus sueños del baúl y quítales el polvo, porque tus andrajos emocionales están a punto de convertirse en una historia de riqueza.

Ahora, un consejo poderoso de Henry Herbert Hoot, D.H. (Doctor del Corazón) de *La princesa que creía en los cuentos de hadas*.

«Ponte en camino y vive tu verdad suprema, Princesa».

Graba estas palabras en tu mente. Guárdalas en tu corazón. Porque si las vives, si las vives de verdad, elevarán tu espíritu y transformarán tu vida.

Que tu senda esté llena de aprendizaje, amor y risas y que algún día nos encontremos de nuevo por el camino.

LECTURAS RECOMENDADAS

Las siguientes referencias incluyen varias publicaciones sobre la Terapia Racional Emotiva Conductual (TREC) y sobre la Terapia Cognitiva conductual las cuales pueden ser útiles con fines de autoayuda. Muchos de estos materiales se pueden obtener el Instituto Albert Ellis, 45 East 65th Street, New York, N.Y. 10021-6593. El catálogo gratuito del Instituto puede encargarse en días laborables por teléfono (212-535-0822), por fax (212-249-3582) o por e.mail (orders@rebt.org).

ALBERTI, R. y EMMONS, R. (1995): *Your Perfect Right.* 7th ed. San Luis Obispo, CA: Impact. Original Ed., 1970.

BARLOW, D. H. y CRASKE, N. G. (1994): *Mastery of Your Anxiety and Panic.* Albany, NY: Graywind Publications.

BECK, A.T. (1988): *Love is Not Enough.* Nueva York: Harper & Row.

BURNS, D. D. (1989): *Feeling Good Handbook.* Nueva York: Morrow.

DRYDEN, W. (1994): *Overcoming Guilt!* London: Sheldon.

DRYDEN, W. y GORDON, J. (1991): *Think your Way to Happiness.* Londres: Sheldon Press.

ELLIS, A. (1988): *How to Stubbornly Refuse to Make Yourself Miserable About Anything – Yes, Anything!* Secaucus, NJ: Lyle Stuart.

— (1998): *How to Control Your Anxiety Before it Controls You.* Secaucus, NJ: Carol Publishing Group.

— (1999): *How to Make Yourself Happy and Remarkably Less Disturbable.* San Luis Obispo, CA: Impact Publishers.

ELLIS, A. y BECKER, I. (1982): *A Guide to Personal Happiness.* North Hollywood, CA: Wilshire Book Company.

ELLIS, A. y VELTEN, E. (1992): *When AA Doesn't Work for You: Rational Steps for Quitting Alcohol.* Nueva York: Barricade Books.

ELLIS, A. y LANGE, A. (1994): *How to Keep People From Pushing Your Buttons*. Nueva York: Carol Publishing Group.

ELLIS, A. y HARPER, R. A. (1997): *A Guide to Rational Living*. North Hollywood, CA: Wilshire Book Company.

ELLIS, A. y KNAUS, W. (1997): *Overcoming Procrastination*. Nueva York: New American Library.

ELLIS, A y TAFRATE, R. C. (1997): *How to Control Your Anger Before It Controls You*. Secaucus, NJ: Birch Lane Press.

ELLIS, A. y VELTEN, E. (1998): *Optimal Aging: Get Over Getting Older*. Chicago: Open Court Publishing.

FITZMAURICE, K. E. (1997): *Attitude Is All You Need*. Omaha, NE: Palm Tree Publishers. Glasser, W. (1999). Choice Theory. Nueva York: Harper Perennial.

GRAD, M. (1986): *Charisma: How to get «that special magic*. North Hollywood, CA: Wilshire Book Company

— (1995): *The Princess Who Believed in Fairy Tales*. North Hollywood, CA: Wilshire Book Company

HAUCK, P.A. (1991): *Overcoming the Rating Game: Beyond Self-Love – Beyond Self-Esteem*. Louisville, KY: Westminster/John Knox.

LAZARUS, A.; LAZARUS C. y FAY, A.(1993): *Don't Believe It fo a Minute: Forty Toxic Ideas That Are Driving You Crazy*. San Luis Obispo, CA: Impact Publishers.

LAZARUS, A. y LAZARUS C. N. (1997): *The 60-Second Shrink*. San Luis Obispo: Impact.

LOW, A. A. (1952): *Mental Health Through Will Training*. Boston: Christopher.

MILLER, T. (1986): *The Unfair Advantage*. Manlius, NY: Horsesense, Inc.

MILLS, D. (1993): *Overcoming Self-Esteem*. Nueva York: Albert Ellis Institute.

RUSSELL, B. (1950): *The Conquest of Happiness*. Nueva York: New American Library.

SELIGMAN, M.E.P. (1991): *Learned Optimism*. New York: Knopf.

WOLFE, J. L. (1992): *What to Do When He Has a Headache*. Nueva York: Hyperion.

YOUNG, H. S. (1974): *A Rational Counseling Primer*. Nueva York: Institute For Rational-Emotive Therapy.

ÍNDICE ANALÍTICO

CONTENIDO

Criada por un rey y una reina estrictos e inflexibles, la delicada Victoria crece soñando que algún día será rescatada por un príncipe encantador tal y como ocurre en los cuentos de hadas. Pero cuando es rescatada las cosas no suceden como tenía previsto y el príncipe deja de ser encantador y la princesa, siguiendo el consejo de un sabio búho, emprende un emocionante viaje por el Camino de la Verdad, al final del cual descubrirá que los cuentos de hadas pueden hacerse realidad.

Este relato maravilloso, en la línea de *El caballero de la armadura oxidada* simboliza el viaje que todos hacemos en la vida a medida que separamos la ilusión de la realidad y descubrimos qué somos en verdad y cómo funciona ese milagro cotidiano que es la vida.

Marcia Grad, la famosa autora de *La Princesa que creía en los cuentos de hadas*, nos enseña cómo aligerar nuestros corazones y encontrar la serenidad incluso en los momentos más difíciles.

A veces lo que anhelamos no ocurre y en cambio, ocurre lo indeseado. En la vida, todos nos enfrentamos a decepciones, frustraciones y pérdidas. Sin embargo, no siempre conseguimos ser fuertes, mantener una buena actitud y superar las experiencias dolorosas o imprevisibles. En la mayoría de los casos, nos sentimos mal, nos preocupamos, nos estresamos y deprimimos, y esperamos que la situación mejore por sí sola, mientras el corazón se vuelve cada día más pesaroso. Eso es lo que le sucedió al Caballero que protagoniza esta fábula inspiradora. Su corazón se volvió tan pesaroso y cargado de malestar, injusticia y miseria, que llegó a desesperar intentando aligerarlo hasta que encontró el Sendero de la Serenidad…